野村證券
第2事業法人部

横尾宣政

講談社

まえがき

「オリンパスの第三者委員会の報告書には、お前が損失隠しをやったと書いてある。第三者委員会のメンバーは元判事など一流のプロだ。その人たちが名指しで、お前が関与したと言っている。あの報告書に名前が出ていなければ、私もここまで言わないし、疑いもしない」

２０１１年12月、東京・日比谷の法務省・検察庁合同庁舎８階。私は東京地検特捜部の任意の事情聴取を受けていた。初冬の寒さにもかかわらず、部屋には暖房さえ入っていない。そんな中で検事はコートを着ることも許さず、容赦なく私を責め立ててきた。

「いくらオリンパスの連中が主犯だといっても、彼らは立派な会社の役員だ。路上生活者とはわけが違う。その人たちが、お前に損失隠しをやってもらったと言っている。お前が金融の常識を主張しても、司法の世界ではそんなもの全く意味がないんだからな」

丸めた紙で机をバンバン叩きながら、検事は私の闘争心を挫《くじ》こうと躍起になった。

オリンパスが損失隠しに利用した金融・証券取引の一部に、私が関わったことは確かだ。だが「オリンパス側から巨額損失の存在を聞かされ、その解消に協力するよう依頼を受けて取引を行った」などという第三者委員会や特捜部のシナリオは、私には身に覚えのない話だった。

私の主張をいっさい聞き入れようとせず、矛盾した理屈を並べてねじ伏《ふ》せようとする検事に、私は言いようのない怒りを感じた。

この年の7月、月刊情報誌『ＦＡＣＴＡ』の報道から始まったオリンパスの巨額粉飾決算疑惑は10月26日、菊川剛《つよし》会長兼社長（当時）の引責辞任に発展。オリンパスは11月1日、弁護士と公認会計士で構成する第三者委員会を設置して疑惑の調査を始めた。「グローバル・カンパニー・インコーポレート（ＧＣＩ）」というコンサルティング会社で、オリンパスのベンチャー企業投資ファンドの運用に当たった私、羽田拓《はだたく》、小野裕史《ひろし》の3人は、第三者委員会からの要請を受けて関連資料を大量に提出。事情聴取にも献身的に対応した。委員会の複数のメンバーからは「申し訳ありません。横尾さんたちはこの事件に全く関係ありませんから」と言われていた。

だが12月6日に公表された委員会の報告書の蓋を開けてみると、外部関係者のわれわれがあたかも粉飾決算を主導したかのような内容になっていた。そしてこのシナリオに基づいた東京地検特捜部と警視庁捜査2課による家宅捜索と任意の事情聴取が行われ、われわれは12年2月16日、オリンパスの菊川剛・前会長兼社長、山田秀雄・前監査役、森久志・前副社長らとともに証券取引法・金融商品取引法違反（連結有価証券報告書の虚偽記載）の疑いで逮捕・起訴されてしまった。

その後、私と羽田は詐欺の疑いで再逮捕・起訴され、さらに最初の逮捕から1年4ヵ月も経った13年6月には、3人とも組織犯罪処罰法違反（資金洗浄＝マネーロンダリング）の疑いで再々逮捕・起訴された。すべて、われわれにとってはでっち上げとしか思えない罪ばかり。なぜそこまでわれわれを追い詰めるのか、私は今もって理解できない。

われわれ3人はいずれも、自他ともに認める日本の証券業界の雄、野村證券の出身だ。私は1978年、小野は84年、羽田は88年の入社。私と羽田が新設の「野村企業情報」で同僚になったあと、ロンドン現地法人に異動した羽田が小野と同じ職場で働き、98年7月に私と羽田が野村を退社してGCIを始めると、間もなく小野がそこに加わった。

私が野村に在籍した78年から98年までの20年間は、まさに掛け値なしの〝激動の時代〟だった。80年代前半の金融国際化に始まり、85年9月の先進5ヵ国のドル高是正合意（プラザ合意）、87年10月のニューヨーク株式市場の大暴落（ブラックマンデー）、そして86年から89年まで4年間にわたって続いた「トリプルメリット・ウォーターフロント」の大相場。当時の証券界、ひいては日本経済の活況が、今も懐かしく思い出される。

私はこの時期、日本一の経常利益を叩き出した野村の〝華〟と称される第2事業法人部の一員として、会社に多額のコミッション（手数料）収入をもたらした。事法《じほう》は上場会社に資金運用を提案し、株や債券などの金融商品を売り込むだけでなく、上場会社のエクイティファイナンス（株式発行を伴う資金調達）の窓口役を果たすなど、証券会社の〝メインエンジン〟の役割を果たす。各業界を代表する上場会社を分け合う形で担当していた第1事法と第2事法の社員数は、それぞれわずか25人。将来の役員候補と目されるメンバーが集められ、日本の資本市場を動かした。

当時の野村は「ノルマ証券」と揶揄《やゆ》されたように、コミッションのノルマが厳しい会社として知られた。その中でも私は上司から〝コミッション亡者〟と恐れられるほど、徹底してコミッションを追求した。誰も手を付けようとしなかった外国債券の分野に手を伸ばしたり、国際化に合わせた金融商品を開発したり、創意工夫を重ねてコミッションを積み上げた。この頃の私はまだ20代後半から30代前半の若手社員。だが歴代の上司は結果を残す私を評価して、かなりの権限を与えてくれた。当時の野村はつまり、そういう会社だった。

ところが90年代に入ってからの株価暴落と、大口顧客に対する損失補塡《ほてん》問題を契機に、野村は一転して世論の強烈なバッシングを浴びた。さらにその後の総会屋利益供与事件などを経て、野村は今やすっかり別の会社に変わってしまった。われわれ野村ＯＢも常に厳しい世論にさらされ、マスコミは何かというと味噌もクソも一緒にして野村ＯＢを悪者扱いした。オリンパス事件の報道も、まさにその典型である。

私とオリンパスとの付き合いは、第2事法に所属した86年12月に始まった。野村が主幹事証券ではない上場会社を受け持ち、苦心惨憺している私を哀れに思った当時の第2事法部長が、「1社ぐらいは楽な会社を担当させてやろう」と配慮して、私に回してきた会社だった。

ブラックマンデー翌日の東京市場の大暴落により、オリンパスにはわずか一日で３００億円もの損失が発生。私はワラント（新株予約権、当時の呼称は新株引受権）と鉄鋼株を使い、約８ヵ月かけてこの損失をすべて穴埋めした。これを機に財テクから手を引くように進言したにもかかわらず、オリンパスの財テクの責任者だった山田氏は聞く耳を持たなかった。その挙げ句の巨額粉飾決算事件に、私は図らずも巻き込まれてしまったのである。まさに断腸の思いだ。

本書は80年代から90年代にかけて、良くも悪くも世間の注目を浴びた野村證券の最前線の実態を、私の体験を通じて赤裸々に綴ったものだ。あの頃の〝時代の空気〟を感じ取っていただくため、登場人物は原則として実名にさせていただいた。様々な面で停滞状況から抜け出せない今の日本に比べると、当時は何と活気に満ち溢れていたことか。野村がいかにして頂点に駆け上がり、奈落の底に落ちた（突き落とされた）のか、理解していただけることだろう。

そして野村で担当したことから付き合いが始まるオリンパスの粉飾決算事件に、私がいかにして巻き込まれたのか。私、羽田、小野を訴追した検察のシナリオがいかに杜撰《ずさん》なものなのかも、理解していただきたく思っている。国家権力とは大企業を守るため、かくも平然と一個人の暮らしを踏みにじるものなのだ。

目次

装幀　岡 孝治

野村證券　第2事業法人部

第1章 ノルマとの闘い

「銀行とはまるで違う社風じゃないか。エラいところに来てしまった」

1978年4月1日。東京・日本橋の野村證券本社で行われた入社式を終えて、同期生らと世田谷区上北沢の研修センターに移動するバスの車中。首都高速道路から都心のビル街をぼんやりと眺めながら、私は重苦しい気分に襲われていた。

その後20年間にわたってお世話になる野村證券。だが私にとっては、第一志望の会社でも何でもなかった。それまで株を買ったことすらなく、証券会社には全く興味なし。新聞の株式欄に目を通したことは一度もなかった。証券会社がどういうところなのか、ほとんど知らないと言っても過言ではなかった。

そんな私がなぜ「ノルマ証券」と呼ばれ、証券業界で最も厳しいと言われた野村證券に入社することになったのか。この章はまず、そこから始めることにしよう。

都銀より清らかに思えた野村證券

77年秋、京都大学経済学部で公共経済学のゼミを専攻していた4年生の私は、人並みに就職を目指した。当時の就職活動は卒業半年前の10月1日が解禁日で、7月頃から各大学ＯＢの社員がリクルーターとして4年生に声を掛けていた。解禁日の10月1日には、各社が大学周辺に部屋を確保して学生に対応していたので、学生はわざわざ東京や大阪まで出向く必要がなく、楽といえば楽だった。

私は総合商社を志望していたが、76年のロッキード事件の余波で各総合商社は軒並み採用活動を見合わせていた。採用活動をしていたのは丸紅だけ。大学近くの丸紅の部屋に入ってみるといきなり弁当を出され、私はそれを平らげてしまった。そして食べ終わると「ようこそ住友銀行（現・三井住友銀行）へ」。おっちょこちょいの私は部屋を間違えていたのだ。弁当を食べているところを写真に撮られたこともあり、「明日は大阪市の本店まで来てくれ」と言われて、断り切れず大阪に出向いた。だが、やはり住友銀行には馴染めないと考え、その場で断った。丸紅も最終的には受けずじまいだった。

結局、私が就職先に選んだのはゼミの先輩から声を掛けられていた三井銀行（現・三井住友銀行）。三井銀行と住友銀行は採用の際に京大生を優先しており、私も人間関係のしがらみから断り切れず、安易に決めてしまった。ところがそれから連日、迎えのタクシーで大阪市内に連れて行かれ、食事や麻雀で接待・拘束される日々が続いた。

「たった一人の学生を採用するのに、これはちょっとおかしくないか」

大学の授業にはほとんど出席しないくせに、妙に生真面目なところのある私は、兵庫県姫路市の実家に帰った10月下旬、父の定視《さだみ》にこの疑問をぶつけて意見を聞いた。父は当時、姫路市の路線バス会社「神姫《しんき》バス」の専務に就いていた（79年から92年までは社長）。父のユニークなエピソードの数々は後述するが、元海軍の技術将校で、理に適《かな》わないことはいっさい認めない謹厳実直《きんげんじっちょく》な性格。怒るとすぐに手が出てくる昔気質の人間だったが、私が何か重大な決断を下す際はいつも参考になる意見をくれた。その父に「野村證券の姫路支店長に連絡を入れておくから、これから訪ねてみろ」とアドバイスされ、私はその日の午後に野村の姫路支店長を訪ねた。

この日の私は特段の予定もなく、暇つぶしにゴルフの打ちっぱなしに行くつもりだった。支店長との面会もゴルフバッグを携えて行ったほどだ。着ているものもリクルートスーツではなく、上下ともゴルフウェア。野村證券の内定をもらう目的で面会したわけではなく、単に就職に関する一般論を交わすつもりだった。

ところが私の言いたい放題を30分ほど聞いた初対面の支店長は本社に電話を入れ、私がそれまでに話した内容をわずか1～2分で簡潔に伝えた。私は心底驚いた。

「単なる田舎町の支店長に過ぎないのに、野村の支店長とはこれほどまでに聡明なのか。野村にはきっと、すごい人材が揃っているに違いない」

私はすっかり野村證券に惚れ込んでしまった。今にして思えば、父は私の性格が証券会社向きであることを見抜き、わざと優秀な姫路支店長に会わせたのだろう。「その足で大阪に行ってくれ」と支店長から言われ、ゴルフバッグを抱えたラフな姿で大阪支店に着くと、待っていたのは人事部の担当者。そこでこんなやり取りを交わした。

「どこかの会社から内定をもらっていますか」

「いくつかの都市銀行からもらいました」

「都銀を蹴って野村に来た人は、過去に一人もいませんよ」

「いや、僕は来ます」

「来てくれるのなら今日、これで内定です」

「えっ、もう内定ですか？」

何と、いとも簡単に内定が出てしまった。しかも面接の間に出されたのはアイスコーヒーたった一杯。三井銀行の過剰接待に疑問を感じていた私は「たったアイスコーヒー一杯。野村證券は何て清らかな会社なんだ！」と感激し、ますます野村に惚れ込んだ。ところが入社後に聞いてみると、通常の就職活動期間中に内定をもらった同期は、私が三井から受けたのと同様の接待を野村から受けていた。私は就活期間が終わってからの面接だったので、アイスコーヒー一杯しか出なかっただけだったのだ。

そんな単純なことにも気づかず「野村證券は清らかで素晴らしい会社だ」と思い込んだ私は、拘束日に野村を選んで採用された。伝え聞くところでは三井銀行はその年、拘束日の前日から泊まりがけで麻雀三昧だったようだ。

野村を選んだ私への蔑み

私が野村證券を就職先に選んだ理由は他にもあった。姫路市内の県立の進学校を卒業したあと、私は脚光を浴び始めた遺伝子工学やバイオテクノロジーを研究しようと、一浪して74年4月に京大農学部農林生物学科に入学した。しかし型《かた》に嵌《は》められるのが嫌いな性格の私が、農学部の研究漬けの毎日に馴染めるはずもなく、2年生から経済学部に転部する。

当時は神戸大学に通う幼馴染みの女の子と付き合っていたため、京大ではなく神戸大の図書館に京都市内の下宿先から通う毎日。高校生の頃から自宅の納屋にあった贈答用の酒を隠れて飲み始め、大学入学の頃には日本酒なら軽く1升は飲めるようになっていた。だから神戸でのデートを終えて京都の下宿先に夕方帰ると、麻雀と安酒で仲間と徹夜してばかりいた。

そんな不真面目な学生だから、せっかく入れてもらった経済学部の名門ゼミにもほとんど顔を出さず、ゼミ内ではコンパ要員としてしか認識されない始末。幸いにも父親仕込みの実践的な経済知識が担当教授に面白がられ、「君は社会に出て働く人。大学に残すのは国費の無駄遣いだ」という妙な評価で単位をもらえた。卒業間近になって泥縄式に勉強し、不足していた15単位も取得して何とか4年で卒業した。

それゆえ、私の中には「就職先ぐらいは厳しい会社を選ばないと、人間として更生できない」という考えが潜在的にあり、結果的に野村證券を選んだというのが正確だろう。それに何より野村には京大卒の社員があまりいなかった。ノルマ達成のハードルが高すぎて、入社してもすぐに辞めてしまうのだ。会社に入ってまで「××会社京大ＯＢ会」のような過去を引きずった組織に縛られたくない私には、かえって好都合だった。

「野村證券には京大のコネはないし、厳しいし、採用も清らかだ」

どういう会社なのか調べもせず、あっさりと就職を決めてしまった私の野村證券に対するイメージは、そんなどこか明るいものだった。ところが就職が決まったあとの77年11月下旬に行われた京大の学園祭「11月祭」で、私の明るい野村證券像の雲行きはにわかに怪しくなった。学園祭に協力してくれた同志社大学などの女子学生と打ち上げに行き、就職先を尋ねられた時のことだ。「就職はどこに決めたの？」と聞かれた友人が「住友銀行」と答えても否定的な反応はなかった。ところが私が「うん、野村證券」と答えると、彼女たちは「はっ？」と明らかに蔑《さげす》んだ目つきで私を見るのだ。「なぜそんな目つきで僕を見るの？」。野村についてよく理解していなかった私には、その意味が分からなかった。そしてこの約４ヵ月後の入社式と新人研修を経て、私はその目つきの意味を理解するのである。

野村イズムの「刷り込み」研修

野村證券では採用決定後の簡単な集合研修が終わると、入社式までに新人一人ひとりに配属先が通知される。私は石川県金沢市の金沢支店に配属が決まり、京都の下宿先で使っていた家財道具をそのまま、金沢市にある野村の社員寮「明生寮《めいせい》」に送った。当時の野村では、新入社員は原則として全員が寮から新生活をスタートする決まりで、東京出身で都内に配属された新入社員も寮で生活した。

われわれ78（昭和53）年入社組の入社式が行われた野村證券本社ビルは、今も昔も日本橋のたもとにある。まだ大阪市内に本社を構えていた野村が、東京の業務拠点として１９３０年に完成させた、７階建ての旧日本橋野村ビル。西側から旧館、本館、新館の３棟で構成され、２階から６階の外壁には茶色のタペストリータイルが張られて、威厳のある外観を誇っている。長さが東西に約１４０ｍもあるため、「軍艦ビル」の別名でも呼ばれている。

このビルの８階講堂で行われた入社式は、１時間か１時間半であっという間に終わった。第５代社長の北裏喜一郎氏がどんな挨拶をしたのか全く覚えていないが、何か胸を押し潰されそうな、えも言われぬ圧迫感が式場全体に漂っていたことは、はっきりと覚えている。

そして入社式を終えた１６７人の大卒新入社員を次に待ち受けていたのが、京王線上北沢駅から徒歩約５分のところにある研修センターで10日前後行われる集合研修だった。大学４年間ですっかり怠け癖が付いた新入社員に、野村イズムの初歩を叩き込むのが狙い。とにかくプライベートな時間は全く与えられない。午前7時半に朝の会議が始まる野村の日常に合わせ、午前の授業は午前8時から正午まで。昼食が終わるとすぐに午後の授業が始まり、５時か６時まで続く。そのまま夕食を全員で食べると、今度は明日の授業の予習タイム。外出や麻雀などいっさい許されず、遊びのない、見事なまでに軍隊調の厳しい研修だった。

授業では顧客に対するアプローチや名刺交換のノウハウ、それに約定《やくじょう》（証券取引で売買が成立すること）の取り方や注文伝票の切り方、さらには債券の基礎知識など極めて実践的な内容を叩き込まれる。「顧客に言ってはならないこと」など営業マンの「するべからず集」も教わった。また当時は仮名・借名取引に対する規制が緩く、銀行口座から売買代金を振り込みたくない顧客に対応するため、摸擬の1万円札の束を数える訓練も受けた。集合研修はこうした実務論だけでなく、「投資信託は与えられた数量（ノルマ）をきちんとこなさなければならない」といった精神論の授業も多かった。いわば野村イズムの早期の「刷り込み」である。

ミシガンテストという英語の試験も受けさせられた。本書ではこれから私の英語に関するエピソードが何度か登場するが、私は英語が大の苦手である。入社から数年後、人事部の同期にこの時の私の成績を尋ねたところ、１６７人中下から２番目か３番目だったことが分かった。

野村證券本社ビル

88年に上司から米国駐在を打診された際、私が「僕は英語ができません」と言うと、上司は「そんなこと知っている。お前の英語は本当にひどいな。あんな成績、見たことないぞ」と笑われたほどだ。

ところで研修では同じ支店に配属される者同士が、同室で寝泊まりするよう配慮されていた。私と同室だったのは、香川大で少林寺拳法部だった嶋田哲司。私とは何かとウマが合い、のちに野村を退職する時期まではほぼ同じだった。野村を退職した私が設立したコンサルティング会社「グローバル・カンパニー・インコーポレート(GCI)」にも2年ほど在籍し、私とは長年の〝腐れ縁〟になった。研修中に嶋田や他の同期たちが揃って口にした感想がある。

「ここまで厳しい会社だったのか。とんでもない会社に入ってしまった」

「こんな会社だとは思わなかった」

私も全く同感だった。さらに誰が言ったのかは定かでないが、こんな噂も流れた。

「三井銀行では入社式のあと、新入社員が集まって和気藹々《わきあいあい》と麻雀大会を開いたらしい」

三井銀行から内定をもらっていた私は「証券と銀行ではこれほど違うのか。できるなら今から三井に飛んで行きたい」と本気で思った。都銀の内定を蹴って野村に来たのは、本当に私一人だったようだ。ちなみに京大卒の同期は私を除いて3人いたが、早い時期に3人とも辞めてしまった。営業ノルマのあまりの厳しさに耐えられなかったのだろう。

「社長の名刺を毎日10枚集めろ」

10日前後の厳しい集合研修を終えると、各地域の営業本部長に引率されて配属先の支店に向かう。例えば中部営業本部が管轄する金沢支店の場合、名古屋駐在の中部営業本部長が上北沢の研修センターまで迎えに来て名古屋支店まで引率し、そこからは岐阜や金沢、富山など各支店の支店長が赴任先まで引率するのである。

研修センターを出る時の壮行会は、まるで召集令状が来た出征兵士を戦場に送り出すセレモニーだ。赴任先の支店に向かう新入社員は支店ごとに整列し、各営業本部長に率いられて悲壮な表情で研修センターを後にする。次第に少なくなっていく新入社員の数。セレモニーの半ばまで会場にいた私は、「勝って来るぞと勇ましく」という軍歌「露営の歌」が聞こえたような気がした。

名古屋駅でさらに西へと向かう近畿本部の同期連中と別れると、岐阜、福井、金沢、富山の各支店の新入社員は、名古屋支店まで迎えに来た各支店長とともに、北陸方面に向かう同じ特急電車に乗り込んだ。研修センターを出た時に比べると、悲壮感はさらに増している。最後はわれわれ金沢の2人と富山の2人だけになり、順番として私と嶋田が富山の2人より先に電車を降りた。福井と富山の同期はそれから1年ほどで辞めてしまった。

前述の通り、野村證券の支店に配属された新人は原則として寮生活を送る。全国の寮の名称は「明生寮」で統一されていて、金沢明生寮は金沢駅から車で15分ほどの、市営陸上競技場の向かいにある、比較的新しい2階建ての独身寮だった。私が入居した当時は先輩十数人がすでに入居しており、新人の私と嶋田は相部屋になった。住み込みの寮母さんとそのお嬢さんはいい方だったが少し変わっていて、なぜか夕飯におはぎが何十個も出てきたことがあった。眼光鋭く、恐怖感すら覚える顔立ちの寮長は、支店長からわれわれを紹介されても顔色一つ変えず、黙って小さく頷《うなず》くだけ。新生活に対して不安だらけの私だったが、この寮長に会った時はさすがに「これは本格的にヤバいぞ」と戦慄した。

そして翌日から、野村證券マンとしての私の人生が本格的に幕を開ける。

金沢支店には個人や中堅企業に株式、債券、投資信託などの金融商品を販売する営業マンが

15人前後いた。野村にはインストラクター制度と称して、成績優秀な支店の若手社員が同じ支店の新人を公私にわたってつきっきりで指導する仕組みがあり、私と嶋田も4歳年上の関守さんに厳しくしごかれた。野村をはじめとする証券会社は、客が株などを売買した際に発生するコミッション（手数料）を収益の柱にしている。関先輩はこのコミッションをよく稼ぐ人で、のちには各本部長の下で支店の営業を指導する「本部付」のポストに就くほどの腕利きだった（私も93年から1年間、中部・近畿地区担当の本部付になった）。実に気合いの入った人で、どん底状態の金沢支店を立て直すために乗り込んで来たホープの一人だった。

というのも金沢支店は私が来る1～2年前に不祥事を起こしていたのだ。あとで詳しく説明するが、当時の投資信託は買っても客側が絶対に儲からない、つまり「売れない商品」だったのに、販売のノルマだけは厳しかった。行き詰まった金沢支店の営業マンたちは全員が消費者金融などから借金して自分たちで投資信託を買っており、それが発覚して支店長が左遷されてしまった。この不祥事でノルマが引き下げられたにもかかわらず、金沢支店はそれさえ達成できない体たらく。業を煮やした本社は支店の大半の社員を入れ替えて、立て直しを図った。関先輩はそのために他の支店から送り込まれたのだ。

私と嶋田が出社すると名刺がすでにできていた。関先輩に命じられて安い鞄を買ってくると、いきなり「今日から毎日、管内の社長の名刺を一日10枚集めて来い」と指示された。私は突然の無理難題に面食らった。野村では客回りすることを「外交」と呼んでいたが、同じ中部営業本部の管内でも名古屋市のような大都市なら、一つのビルに多くの会社が入っている。しかし地方都市の金沢では、そんなビルはいくつもない。しかも金沢市外にバスで出かけると、一つ一つの会社の間に距離があるので時間ばかりかかって効率が悪い。会社自体も少ないため、いったん外交すると名刺をもらうまでテコでも動くわけにはいかない。10枚集めるまでは帰りのバスに乗るわけにもいかず、途方に暮れた日もある。

くたくたになって寮に帰って休んでいると、午前零時過ぎに聞こし召して帰ってきた関先輩から「気合が入っていない！」などと、深夜の〝訓示〟を約1時間賜る。私と嶋田はその間、正座したまま。軍隊の新兵イジメそのもので、これには本当に閉口した。

支店内にいる間も、関先輩の愛（？）のムチは容赦ない。配属後の最初の2週間は、女子社員とともに店頭業務をこなしたが、「店を訪ねてきたお客に対する『いらっしゃいませ』の声が小さい」と叱られ、立ち上がって大声で「いらっしゃいませ！」と叫ぶ練習をさせられた。これは最初こそ恥ずかしかったが、すぐに慣れた。客のいる前で株価ボードを指差して「新日鐵１００円」などと大声で読み上げさせられたこともあった。関先輩に殴られたことはなかったが、他の先輩から本気で殴られることは日常茶飯事だった。一度など営業課で椅子に座っている時に殴られて椅子ごと吹っ飛び、店内にいた客が総立ちになった。現在の各支店の営業課は店頭のカウンターから離れた場所にあるが、私が新入社員の頃は店頭カウンターのすぐ隣にあり、来店客にまともに見られてしまった。パワハラという言葉など、まだ影も形もなかった時代だ。

とんでもない場面に出くわしてしまったこともある。応接室の前を通りかかると、ノルマを果たせない課長代理を上司が怒鳴りつけているのが見えた。課長代理の横には奥さんが座っていて、上司の怒りの矛先は彼女にも向けられた。

「こいつのために、みんなが迷惑しているんです。奥さん、どうにかしてください」

何だか見てはいけないものを見てしまった気がした。

垣間見えた証券営業の極意

入社直後は日本証券業協会が行う証券外務員資格試験に合格していないので、われわれ新入社員が自分で注文伝票を切ることは許されない。だがそんな言い訳が通用するはずもなく、私は赴任した初日からいきなり「株を買わせろ」と命じられた。稀に注文が取れたりすると、上席の社員の番号で伝票を切ってもらっていた。

当時の証券会社の新入社員には、5月のゴールデンウイークが明けると証券外務員資格試験が待っていた。この資格を取らないと、外回りの営業マンにはなれない。現在は取り扱える金融商品によって資格が細かく分けられているが、当時は「落ちると恥」とまで言われるほど簡単な試験とされていた。私も先輩から「米国の運転免許のようなもので、社会常識があれば合格できる」と聞かされていたものの、関先輩のしごきを受けて勉強する暇などなく、たまに喫茶店で参考書に目を通す程度。「本当に大丈夫なのだろうか」と不安だった。

試験は全国一斉で行われ、野村ではその翌日に167人の新入社員全員が再び上北沢の研修センターに集められた。「この中で万が一、外務員試験に落ちたかもしれないと思う人は手を挙げて」と言われて挙手したのは、金沢支店の私と嶋田の2人だけ。

「だってオレたち勉強させてもらってないもん。7時半から会議で、一日中外交して、夜中まで関先輩の訓示につき合わされて、勉強なんてできなかったよな」

幸いにも私を含む全員が合格すると、中部営業本部ではすぐに「味の素キャンペーン」が始まった。管内に30人いる新入社員の中で、化学調味料メーカー「味の素」の株式を、1ヵ月の間に誰が一番たくさん客に買わせることができるかを競うのだ。新入社員一人当たりの目標は5万株。味の素の株価は当時600円前後で、一人が5万株売っても会社に入るコミッションは30万~40万円程度と、今から考えると大した金額ではない。だが一から顧客を開拓しなければならない新入社員にとっては、たとえ5万株でも容易ではない。当時は今ほど株を買う人が多いわけでもなく、私は必死で新規開拓に励んだ。昼間は手当たり次第の飛び込み外交、夜は電話帳と首っ引きで3時間余りの電話外交。その結果、私は30人の中でただ一人、目標の5万株を達成。本部長賞としてオニキスの真っ黒なカフスボタンとネクタイピンをもらった。一度もこれを使ったことはないが、今も記念として大切に持っている。

とはいうものの、本部長賞受賞の感慨に浸っている暇はなかった。新人キャンペーンで1等賞をもらったといっても所詮は一過性のもの。1年目の新人といえども毎月、先輩の半分に当たる株式のコミッションのノルマを課せられ、最低でもこれだけはクリアしなければならなかった。

新人の証券マンの営業スタイルは基本的に飛び込み営業である。北陸の夏は想像以上に暑い。営業で外を歩いていると喉が渇き、吸い込んだ汗が乾いて安物のスーツが白くなる。汗でベタついた服を着ているので、飛び込みで営業に入った先では「座るな」と叱られる。給料から寮費を差し引かれると、新入社員の安月給などほとんど残らない。昼食は給料天引きで購入した5000円相当の食券を使って近くの定食屋で済ませ、飲み代はすべてボーナスのツケ払い。外交先の牛乳販売会社の社長から「うちのアルバイトの販売員よりも給料が安い」と笑われたこともあった。

交通費は会社から支給されるとはいえ、使った後の精算だから、給料日前など財布には札が1枚もないことがあった。なけなしの小銭で自動販売機のジュースを買うのか、ジュースを諦めて帰りのバス代に使うのか。ジュースを飲みたいが、買ってしまうと夜道をトボトボと小一時間歩かねばならない。こんな究極の選択を迫られた経験も一度や二度ではなかった。

最終的には「もう1軒飛び込めば、お茶の一杯ぐらい出してくれる人がいるかもしれない」と思考回路を切り替え、お茶を飲ませてくれる会社が見つかるまで外交を続けるやり方に変えた。銀行の窓口が営業している午後3時までは銀行で麦茶が無料で飲めたが、5時、6時になって喉が渇いた時は、さらに外交してお茶を飲ませてもらって帰るほかなかった。

ある時、食中毒で40度の高熱を出し、昼休みに病院に行った。医者から「すぐに入院しないと命に関わる」と脅され、その旨を支店に報告すると「あとでアルコール消毒してやるから、仕事に戻れ」と言われてしまった。夜に無理やり飲みに連れて行かれ、アルコールを身体に入れると、翌日には本当にケロッと治っていた。

こんな地道な営業を続けた結果、入社から数ヵ月もすると「頑張っているな」と認めてくれて客になる人が出始めた。それでも、「野村證券です」と口にした途端に灰皿が飛んでくることなど日常茶飯事。関先輩に相談すると、彼はこんな名言（迷言？）を吐いた。

「そんな客には絶対に損をさせてやれ。そのためにはまず買わせないとダメだろう」

最初は「なるほど、上手いことを言うな」と思ったが、そういう客は実は好《よ》い人ばかり。人が好いから野村の営業マンの口車に乗せられて大損していた。「別の野村の営業マンに何か言いたいのではないか」。私は先に苦情を聞く態度に営業スタイルを切り替えることにした。

「何か野村がご迷惑かけましたでしょうか？」

「まあ、ちょっと入って来いよ」

そして話を聞いたうえで「そんなことがあったんですか……」と同情すると、ほとんどの人は私の客になってくれた。「野村は出ていけ！」と物を投げつけてくるような人ほど、このやり方に嵌まった。何か言いたいことがある人のところに、何も知らない新人として飛び込むのだから、私にとっては却って絶好のチャンスだった。

「お前だけはあんな営業マンになるなよ」

「分かりました。ぜひまた来させてください」

こういうタイプの人はそれから2～3回訪問すると必ず何か買ってくれた。入社から半年ほど経ち、私は証券営業の極意が垣間見えた気がした。

悪役の代名詞「ファミリーファンド」

ところで金沢支店の私と嶋田には、関先輩の〝ご厚意〟によって、株式のコミッションのノルマとは別のハードルが用意されていた。あとで聞いたところでは、新人には投資信託の販売ノルマはなかったのだが、私と嶋田は関先輩から「お前らはクソの役にも立たないんだから、投信は2人分やれ」と指示され、諸先輩の倍に当たる額の投信のノルマをこなした。「ファミリーファンド」という投信のノルマを果たせずに辞めていく社員が多い中で、2人で4人分のノルマをこなす新人の存在は、支店の諸先輩にはありがたかったことだろう。

ファミリーファンド（方式）とは、複数の投信の資金をまとめて「マザーファンド（親ファンド）」と呼ばれる投信に投資し、マザーファンドが株式や債券などに分散投資する運用方式のこと。一般の投資家は「ベビーファンド（子ファンド）」と呼ばれる投信を購入し、ベビーファンドがマザーファンドに投資する。ファンドごとに国内株式や外国債券などの銘柄を選択するより、運用効率が上がるとされている。

ファミリーファンドは毎月発売される投信で、われわれ営業マンの間では「出勤簿」と呼ばれていた。コミッションとして営業成績にカウントされるのは株取引の場合だけ。投信はあくまでもノルマなので、顧客に販売しても、営業マンの個人成績表にあたるコミッション表には載ることはなかった。ファミリーファンドのコミッションは額面1万円に対して500円で、

1万円分を購入した顧客は1万5００円を払い込むが、当時は買った瞬間に95００円前後まで値下がりする最悪の投信として有名で、新聞を毎日読んで実情を知っているような人には買ってもらえない代物だった。

当時の証券会社にとってファミリーファンドは、自己勘定による売買で抱えた「しこり玉《ぎょく》」（大幅に値下がりして、売却するタイミングを失った株式のこと）を投げる「最後のゴミ捨場」に過ぎなかった。「投げる」とは、損が出るのを承知で売却すること。証券会社が投資家を巻き込んで好き放題に相場を作り（株価を操作し）、最終的に引き取り手がいなくなった銘柄も、ファミリーファンドに投げていた。あの頃は投信販売会社こそ存在していたものの、投信運用会社はまだ証券会社と分離されておらず、証券会社は好き勝手に投信を利用した。こんなものを買わされる客が儲かるはずもなく、購入直後から値下がりを続ける一方なのだから、新しく発売されるものは売れず、以前買ってくれた顧客からは恨まれ、われわれ営業マンは本当に泣かされた。まさに「悪役の代名詞」だった。

悪夢のロクイチ国債

私が入社した78年は、もう一つの不幸な投資商品が誕生した年でもある。78年4月から79年にかけて大量発行された表面利率6・1％の10年物国債、通称「ロクイチ国債」だ。

ロクイチ国債の6・1％の表面利率は当時の最低水準だったが、金融引き締めを図った日銀が79年4月か

ら80年3月までの1年間で、政策金利の公定歩合を3・5%から9%まで引き上げた。このため79年1月に6%台後半だったロクイチ国債の利回りは、80年4月上旬には12%超に急上昇し、債券価格は額面100円に対して最終的に72円台まで暴落した。この国債を大量に引き受けた都銀などの大手金融機関はパニック状態に陥った。

ロクイチ国債は額面100円に対して99円80銭で隔月発行されたが、新たなロクイチ国債が発行される時にはすでに、2ヵ月前に発行された銘柄が90円前後にまで値下がりしていた。当時は国債の流通市場が未発達で、大蔵省（現・財務省）は実勢金利を無視して表面利率6・1%の国債を発行し続けた。

そしてこの国債の販売に全力を挙げて取り組んだのが、われわれ野村證券だった。「国家予算だ。国のために働け」という錦の御旗の下、金沢支店の営業マンはこう指示された。

「この国債を売りに行く時は、家の門に貼ってある新聞社のシールを見ろ。全国紙なら入るな。地元紙の北國《ほっこく》新聞なら呼び鈴を押せ。出てきた人が60歳以上だと思ったら売り込め」

つまりロクイチ国債の暴落ぶりは、全国紙を取るような家庭なら誰でも知っているので絶対に買わないが、地方紙の高齢読者ならまだ気づいていないかもしれないというわけだ。実勢価格が90円前後まで下落している国債を99円80銭で売ってこいと言うのだから、ムチャクチャもいいところだった。

これは国家が主導した兆円単位の詐欺事件に他ならない。当時の日本国民は文句も言わずによく買ったものだと思う。国家賠償請求訴訟が起こらなかったのが不思議だが、われわれがロクイチ国債を売った相手がそういう人たちではなかったからに過ぎない。

「ロクイチ救済委員会」

ところでロクイチ国債というと、私は金沢支店の2人の先輩のことが忘れられない。2人は「ロクイチ救済委員会」という名刺を会社に無許可で作り、ロクイチ国債の暴落をファミリーファンドの売り込みに利用したのだ。その手口は次のようなものだった。

まずロクイチ国債を購入した客に電話をかけ、こんな文句で勧誘する。

「私は東京本社からしばらく出張で来ている者でして、ロクイチ国債をお買い求めいただいた皆様には大変申し訳なく思っております。お客様には特別にご用意した救済商品がございまして、ファミリーファンドという商品を1000万円までお分けできるのですが、いかがでしょうか？」

この電話に客が反応すると片方が自宅に出向き、ロクイチ救済委員会のもっともらしい名刺を見せて信用させ、ファミリーファンドの知識がないことも確認する。それからおもむろに電話を借りると、支店にいるもう一方に電話して「ファミリーファンドはまだありますか？　えっ、もう1000万円分しかないんですか？」などと言いながら客を焦らせる。そして客に電話を代わり、まんまとファミリーファンドを買わせるのである。私は妙に感心した。

「こんな詐欺まがいの行為がよくバレなかったものだ。それにしても売れない商品の代名詞のファミリーファンドとロクイチ国債をセット販売するなんて、ノルマにとことん追い詰められると、人間はここまで悪知恵を働かせるのか」

とはいうものの、自分自身も客にファミリーファンドを売る際には、まず相手に「ファミリーファンドをご存じですか」と尋ねていた。「えっ、ファミリーランド？」とトンチンカンな反応が返ってくると、「よしっ、この人には売れる」と判断したものだ。ロクイチ救済委員会の先輩２人にも、「この客はクレームなど言ってこない」という確信があったのだろう。

つまりファミリーファンドはそれくらい売れない商品で、そのノルマが営業マンを悩ませていたのである。１６７人いた私の同期のうち、69人が入社から1年以内に辞めている。1年以内の離職率は何と41・４％。北陸３県でも私と嶋田以外の４人は1年で辞めた。その最大の原因がファミリーファンドとロクイチ国債だったことは想像に難くない。国債は満期になれば額面の１００円で償還されるので、途中で売却しない限り損はしないが、ファミリーファンドは買った瞬間に値下がりして、あとは基本的に下がるだけ。こんな商品の販売にノルマを課せられるのだから、普通の神経の持ち主なら辞めて当然だ。

そういえば当時の野村の社員の平均年齢は、他の上場企業とは比べ物にならないほど若かった。若い社員が次々と辞め、新入社員の数はあっという間に半分になるのだから、30歳過ぎで課長になり、一番早いケースでは40歳過ぎで役員になるケースもあった。

1年で辞めた福井や富山の同期とは、研修や会議で会った時に話すことはあっても、支店や寮からお互いに電話を掛けたり、個人的に会った記憶はない。会議の席に彼らの姿がないことに気づき、初めて辞めたことを知った。支店の人から「隣の支店は2人ともいなくなったぞ」と教えられたこともあった。あとで聞いたことだが、私と嶋田が金沢支店に配属された時に「今年の新人2人はどのくらいもつか」と賭けをしたそうだ。大方の私の下馬評は「1ヵ月もたないだろう」。下馬評を覆した私は、先輩たちから「お前は結構図太いやつだ。野村の社風に合っているよ」と言われた。

私は、なぜすぐに辞めなかったのだろう。それは良くも悪くも野村イズムと称される独特の団体意識に、私が馴染んだからに他ならない。支店の先輩やインストラクターとのベタベタの親分子分の関係。「あいつが頑張っているなら」とか「オレがやらないと支店に迷惑をかける」という意識が自分の中に醸成され、辞められなくなったのだ。

もう一つは「稼げば何でも許される」という、横並び意識の強い日本社会では珍しい野村の企業風土に、私自身がマッチしていたことだ。入社後数ヵ月で実績を上げ、「こいつは店を支える重要な男だ」と認められて居心地が良くなった。快適な居場所を与えられると気分も良くなり、「もっと頑張ろう」と思い始める。それに入社から1年経った頃には、どん底状態だった金沢支店はすっかり立ち直り、2倍に引き上げられたノルマもクリアして表彰店になっていた。営業成績のトップは1年目の私ではなかったが、支店を支えている自負はあった。野村から逃げ出す理由は、私にはなかった。

1カ月分のノルマを一日で稼ぐ「一日商い」

野村證券が「ノルマ証券」「ヘトヘト証券」という異名で呼ばれていることは、本書の読者ならご存じだろう。ノルマ証券の名称が営業マンに対するノルマの過酷さに由来することは言を俟《ま》たない。一方のヘトヘト証券は「ヘトヘトになっても働く」という揶揄と、社章にある2つの「〈」（山を表現）と「ト」（創業者野村徳七氏のト）の紋様に引っ掛けたものだ。ここからは70年代末の野村證券の現場で行われていた具体例をいくつか紹介しよう。

ノルマ証券の異名を取るほどコミッションのノルマがキツいとされた野村だけに、「支店のコストに基づいて、このくらいのノルマが達成できればいい」といった生易しいレベルでは、もちろんない。与えられたノルマは形式的なものに過ぎず、その何倍を達成するかが本当のノルマ。現実的な水準に設定すると、営業マンはそれ以上の競争をしなくなるからだ。常にノルマの何倍稼げるかに挑戦させるのが野村流。つまり与えられたコミッションのノルマは最低限達成すべき水準の意味で、そこから先が本当の闘いだった。

その見本が「一日商い《ついたちあきな》」と呼ばれる〝儀式〟だ。株式は売買日を含めて4日後に決済される仕組みになっていて、例えば4月1日に決済されるのは、土曜日と日曜・祝日が入らなければ3月29日に売買したものだ。この3月29日の売買が「4月の一日商い」で、この日だけで4月1ヵ月分のコミッションのノルマを達成させてしまう。一日商いの日は、各営業本部長が数十分間隔で支店長に電話して叱咤激励する。金沢支店なら名古屋支店にいる中部営業本部長が、支店の注文状況をリアルタイムで把握しながら発破をかけるのだ。

コミッションをいつも以上に稼がねばならない一日商いの売買注文は、通常より金額が大きいものが多い。こうした注文は専用のコンピュータではなく、電話で本社の株式部に直接伝えていた。その方が時間的に早いからで、通称「デンダシ」と呼ばれた。例えば新日鐵を100万株買うのなら「金沢支店」「新日鐵」「100万株」「指値《さしね》（価格を指定して注文すること）か成り行き（売買の成立を優先させて注文すること）か」「デンダシ番号（注文番号）」を伝え、少しでも早く約定できるようにする。それからペロ（注文伝票）に発注内容を記載して、これを専用端末に入力し、東京の処理センターにデータを送信するのである。本部長はデンダシの状況を見ているだけで、状況を把握できた。

また支店でも、営業マン自身が営業課長の前に置いてある紙に自分の注文状況を記載し、それを集計したものを前場《ぜんば》（午前の取引）が終わった午前11時過ぎと、後場《ごば》（午後の取引）が終わった午後3時過ぎに本社や本部に連絡した。

こうしてコスト分に見合う最低限のコミッションをわずか一日で確保し、翌日からはノルマの何倍稼ぐかという本当の闘いが始まる。コミッションにカウントされない投資信託でも、営業マンは実際にはノルマの何倍売るかを競っていた。

大切な客を玉砕させた「仕切り商い」

読者は驚かれるかもしれないが、当時の野村は客に勧める銘柄を各営業本部が決めていて、営業マンが自分自身で決めることはできなかった。私が金沢支店に赴任した当初、中部営業本部は管内にある運送業の「西濃運輸」（岐阜県大垣市）と小売業の「ユニー」（愛知県稲沢市）の2銘柄だけを繰り返し売買した。西濃とユニーは東京株式市場だけでなく名古屋株式市場でも上場していたので、東京より高い名古屋市場単独の株価で売買した。

こうした株の売買は「仕切り商い」と呼ばれ、例えば一方が1000円なら、もう一方は1050円というふうに、株価が同じ水準の銘柄が選ばれる。最初に両銘柄を同株数買っておき、仮に一方が30円値上がりすると、これを売ってもう一方を買い増す。すべての玉《ぎょく》（証券業界用語で株式のこと）を野村が支配しているので、このパターンを一定期間繰り返すと両銘柄の株価は簡単に値上がりしていった。

仕切り商いは同じ銘柄で半年以上続けられ、各本部の銘柄を決めるのは本部長の役目だった。本部から前日の夜に「金沢支店は明日の寄り付きでA株の買い注文を50万株、B株の売り注文を50万株」といった指示が来る。クロス取引（ある銘柄について、株数と価格が同じ買い注文と売り注文を同時に発注し、売買を成立させる手法）なので価格もすでに決められていて、これを毎日繰り返すのだ。本当に明けても暮れても西濃運輸とユニーだった。

買った銘柄が多少なりとも値上がりし、野村がコミッションを抜ける水準に株価が達すると、客にその銘柄を売却させて、もう一方の銘柄に乗り換えさせる。客の方は「儲かった」という感覚を持たせてもらえず、最後に株価の天井をつかまされると売り抜ける術《すべ》はない。客は野村がコミッションを稼ぐだけの売買に徹頭徹尾付き合わされ、最後にババを引かされる。

ところが中部営業本部のお膝元で、普段の取引額も桁違いに多い名古屋支店の大口客だけは、必ず最初に仕切り商いから売り逃げていた。この逃亡劇は名古屋から周辺へさざ波のように広がり、金沢支店の客はその波を受け止めて玉砕するのである。何百億円も運用している名古屋の大口顧客に比べれば、金沢支店の数億円の客などゴミのようなものだったのだろう。仕切り商いが末期を迎える頃に、本部から金沢支店に買い注文を入れるよう指示が来ると「これでこの銘柄は終わりだな」と理解した。

仕切り商いには新人時代にこんな思い出がある。金沢支店で西濃運輸とユニーを一番多く抱えていた私は、関先輩から「芸者に足抜けはないが、新人は足抜けさせてやる」と言われ「良かった。これで明日売れば終わりだ」と喜んでいた。ところが午後11時くらいに次席（副支店長）から呼び出され、嫌な予感がした。隣にいた関先輩が切り出した。

「次席はお前に明日もう一度売買してもらいたいと思っておられる。横尾、足抜けしたらお前も気持ち悪いだろう」

「やっぱり来たか」と思って渋い顔をしていると、関先輩の罵声が飛んだ。

「せっかく次席がおっしゃっているのに、お前は『ありがとうございます、受けさせていただきます』の一言も出ないのか！」

私は「ありがとうございます、喜んで受けさせていただきます」と言って、中部本部のノルマを受けた。それで私の大事な客を玉砕させてしまった。つらかった。

私が金沢支店の3年目の時にも、別の客に仕切り商いの初日から3日間連続で付き合ってもらった。２日目以降は誰の客も参加してくれなくなったので、営業課長に「頼む」と言われて仕方なくお願いしたわけだ。

損していようが得していようが、客は売り買いするたびにコミッションを証券会社に支払う。損することが分かり切っている売買に付き合う客は、担当の営業マンをよほど信用しているか、見返りとして将来儲けさせてもらうことを期待する向きだ。もちろん私はその客の了解を得て売買していたのだが、３日目もお願いすると、さすがに「出て来い」と怒り出した。指定された場所に出向くと、予想通りエラい剣幕だった。

「何で毎日オレが同じ銘柄を売って買って、売って買ってしなければいけないんだ」

もっともな話である。私は苦し紛れに言い訳した。

「あなたは素人です。株には価格だけじゃなく、出来高があります。みんながあなたのようなことを言って自分だけ儲けようとすると、株価は上がらない。株式市場はみんなで出来高を作り、みんなで利益を分け合っていくところで、あなたにもこの考え方に賛同してもらわないと困ります。あなたはそれを分かってくれる人だと思っていました」

我ながらメチャクチャな屁理屈だと思ったが、幸いにも客は納得してくれた。支店に帰ると課長が不安そうな顔で「どうだった？」と近づいてきた。私は「大丈夫です、十分に納得してもらいました」と報告するしかなかった。

運用報告書を客に内緒で破り捨てる

ここからしばらくは恥を忍んで、私の金沢支店時代の〝武勇伝〟をいくつか紹介しよう。

ある晩、先輩から「明日の朝一番で加賀温泉（石川県加賀市）へ行け」と言われた。加賀温泉には大事な外交先が何軒かあるので、私が「誰のところに何をしに行くんですか？」と尋ねると、先輩はとんでもないことを言いだした。

「お前の客に旅館の社長がいるだろう。その旅館のポストの前で待っていて、郵便配達が来たら『いつも社長がお世話になっています』と言って郵便物を受け取れ。その中に野村證券と書いてあるものがあれば、すべて破り捨てろ」

「それって犯罪じゃないですか。見つかったら大変なことになりますよ」

「まず3日でバレる。それでもその客がお前を見捨てない自信があるか？」

「無茶を言うなあ」と思ったが、そこで逆らっても殴られるだけ。思わず「そのぐらいはできます、僕と客の関係は深いんです」と見得を切った。先輩の指示通り旅館のポストの前で郵便を待ち、運用報告書が入った野村證券の封書を破り捨てた。すると先輩の予言通り、ものの見事に3日でバレた。客に「なぜ破った？」と問い詰められた私は開き直った。

「また何千万円か損したことが分かると、取り返す気がなくなるでしょ。知らないままなら思い切った勝負ができる。『今度こそ取り返してやる』と思えるじゃないですか」

いつもながらの屁理屈だったが、向こうも「確かにそりゃそうだ」と許してくれた。一度限りの度胸試しのようなものだったが、私に「なぜこんなこと、するんですか?」と尋ねられた先輩の言い草は、私の言い訳よりさらにひどかった。

「損しているのを見れば、お前が電話しても言うことを聞いてくれないだろう。損したかどうか分からなければ、何回転でも売り買いさせられるだろう。気持ちよくあと2回転はさせられるじゃないか」

金沢支店の新人でこんな無茶を強要されたのは、歴代でも私だけだったのかもしれない。おかげで随分図太くなった。

ついた仇名は「社長さん」

私は支店内で「土下座の横尾」と呼ばれた。入社3年目ともなると金沢支店の稼ぎ頭に成長。一日商いの前日の午後3時を過ぎると、営業課長から「ちょっと喫茶店に行こうか」と誘われる。そしてコーヒーを飲みながら「申し訳ないけど、今夜もう一回外回りしてよ。あと××円足りないんだ」。そこで夕方からのコミッション稼ぎの外交となる。当時の私が使った手口をいくつか列挙するとこうなる。

一、土下座は畳の上ではなく、必ず土間でやる。目線は上げても相手のネクタイの結び目ぐらいまで。「じゃあ、どうするんだ?」と問われて、初めて相手の目を見る。
一、支店長車を借りて外交する時は、客の家の前までは行かない。少し遠くに停めて、走っていく。客が呼んでくれた帰りのタクシーは断らず、近くを一回りしたら運転手に「絶対に社長には言わないでね」と釘を刺し、カネを渡して支店長車に乗り換える。

一、客にしたい相手は一発で落とそうとしない。まず朝に訪問して「××を買ってもらえませんか」と頼む。「ダメ」と断られるのは織り込み済み。午後に再度訪ねる際にはいったん外で時間を潰し、近所を走って息が上がった状態になってから飛び込む。驚いた相手に「慌ててどうしたんだ？」と尋ねられると、「いや、今日はこの税金の本をお持ちしようと思っていたのですが、つい忘れてしまって……」などと答え、税金の本を置いて帰る。さらに夕方もう一度訪ねる。すると相手は根負けして「しつこいな、君は」と笑いながら、何か買ってくれる。

一、相手の会社の1階にある公衆電話から社長に電話を入れる。「これから出かけるから忙しい」などと言われることが多いので、いったん電話を切り、10分ほど経ってから社長室に直接乗り込み、相手に「まだ出られてなかったんですか？」と尋ねる。「お前、どこから電話したんだ？」と驚かれると「受付からです」。この手法は成功率が高かった。多くの社長が「しょうがねえなあ」と苦笑いしながら、何か買ってくれる。

ところで3年8ヵ月の金沢支店勤務の途中から、私は「社長さん」の仇名で呼ばれるようになった。寮長になった入社3年目の頃、酔っ払うと「この会社（野村證券のこと）は絶対に存続させてはダメだ、潰すべきだ。それにはオレが社長になるしかない」と口走るのが習慣になり、それから「社長さん」と呼ばれるようになったのだ。その頃の私は、汚いことばかりやっている自分と野村證券に嫌気が差し、「こんなエゲツナイやり方は今だけだ。必ずオレが変えてみせる」と、自分を無理やり納得させていた。

大人物だった電話工事会社社長

仕事にようやく慣れた1年目の終わり頃から、私はある方針を自分自身に徹底させた。それは今まで支店の誰も客にすることができなかった、2億円や3億円損することを屁とも思わない大会社や大金持ちだけを客にすることだ。

もちろんそれが容易でないことは百も承知だった。何と言っても野村證券が何十年も客にできなかった人ばかりなのだ。だが例えば1億円しか持っていない人に2億円損させると、その客はもう自殺するしかない。かといってノルマの達成は必須だ。そうなると自分が客に示せる最大の誠意は、1億円や2億円損しても平気な人を選んで取り引きすることだった。私は資本金・売上高・利益の下限を定めて、法人年鑑でターゲットを探した。当時は所得税の高額納税者公示制度（いわゆる長者番付）があり、個人所得なども分かる。「ここから上」と基準を決めて、それ以下には外交しなかった。

その方が逆に客になってもらいやすいという利点もあった。そうした会社は社員が多く、私と同じ年恰好の社員がたくさんいる。社長に比較してもらえる対象がいるということだ。自分の会社の社員と私を比較して「こいつは立派だ」と思ってもらえれば、客になってくれる可能性は高い。では比較されて私が勝っているように見せるにはどうすればいいのか。夜討ち朝駆けの営業は当たり前で、それだけでは大した効果は上がらない。

そうやって開拓した大事な客の一人が、北陸3県の電話工事を受け持つ「北陸電話工事」のオーナー社長、大西武夫さんだ。大西さんは根っからのアンチ野村證券。「野村とはいっさい付き合わない」と宣言して、山一證券などと取り引きしていた。そこで私は一計を案じた。毛筆でしたためた長文の手紙を、巻紙にして出したのだ。

まず挨拶文を原稿用紙に自分で何十枚か書いて、それを代書屋に持って行き、金を払って筆で和紙に書いてもらう。それを巻紙にして、5段重ねにした私の地元（姫路市）の銘菓とともに会社に持参した。それを読んだ大西社長は心を動かされたようで、秘書から早速「社長が会いたいと申しているので、すぐにおいでください」と電話があった。大西社長からは「君はなかなか達筆だねえ」と褒められたが、さすがに「筆は私ではありません」とは言えず、「両親から教え込まれました」と誤魔化した。この作戦は功を奏し、ついに金沢支店は大西社長（と北陸電話工事）との取引を獲得した。

大西社長には本当に感謝してもしきれないほどお世話になった。疲れた時など、会社の社長室で昼寝をさせてもらい、目が覚めると役員会が開かれていたこともあった。取引を始めて間もない頃、こんなやり取りをしたことがある。

「君はカネを持ってないだろう。サラリーマンをやっていてもカネにならない。20億円出してやるから、君の実名で株を買え。利益は君の取り分で、損はオレが全部被る。口座は野村でいい。コミッションも稼げて利益が出れば、一石二鳥じゃないか」

大西社長は電話工事大手「大明電話工業」（現・ミライト）の大株主でもあり、株を大量に持つ金持ちだった。私は「20億円のお客さんを見つけた」と喜び勇んで支店に帰り、営業課長に報告すると「それは借名取引じゃないか。やってはいけない行為だということを忘れたのか」と怒鳴られた。

「損は全部面倒見ると言ってくれているし、一筆書いてもいいと言ってるじゃないですか」

「それこそ一番やってはいけないことだ。覚えておけ」

仕方なく断りに行き、「野村では名前貸しは許されていません」と話すと、怪訝《けげん》そうな顔をされたが「じゃあ、しょうがないな」と諦めてくれた。個人的には勿体ないことをした。

大西社長とはこんなこともあった。ご自身が支店の店頭まで株券を風呂敷に包んで持って来てくれた時のことだ。大西社長の来店に気づかなかった支店の営業課長が、大西社長の目の前で、部下に向かって「バカ野郎！」と電話機を投げつけ、電話機が粉々に壊れた。大西社長の怒るまいことか。「電話をそんなに粗末に扱うような会社とは付き合いきれん」と帰ってしまった。私は必死に走って追いかけ、何とか株券だけは預けてもらえた。部下に電話機や物を投げつけるのは野村では日常茶飯事で、私は大事な客を失ってしまうのではないかと気が気ではなかったが、幸いにも杞憂に終わった。

入社4年目の81年10月、野村證券金沢支店は市内中心部の南町から、目と鼻の先の下堤町に移転した。新装開店の際には一日商いと同様、1ヵ月分のノルマを一日で果たさなければならない。一日商いは未達でも許されるが、新装開店商いはそうはいかない。しかもその日は折悪しく、オイルマネー（中東筋の投資家）の投げ売り（損失確定売り）で株価は大暴落。白黒からカラーに変わって間もない株価ボードが、値下がりを示す緑一色になった（値上がりは赤で表示）。ドシャ降りの相場環境で新装開店商いが立ち往生する中、私は大西社長に電話した。

「どうしてもコミッションを落としてほしいんです」

「分かった。その代わり必要な額のコミッションが落ちるように計算して、同じ銘柄を使って、同じ値段で売りと買いを同時にやってくれ。そうすればオレの損は、売り買いの手数料と取引税だけですむ」

ちなみにこの手法は「同一投資家による同値クロス」と呼ばれ、今では禁じ手とされている。これを認めると好き放題に出来高を膨らませることができ、相場操縦にもつながりかねないからだ。

その日、大西社長はわざわざ自分で店まで売買代金を持ってきてくれた。緑一色の株価ボードを見て「どうして緑色ばかりなの？」と尋ねられたので、私が理由を説明すると、大西社長は「なるほど、今日一番賢かったのは、数百万円しか損しなかったオレだな。お前の言う通りにやっていたら、今頃は何千万円も損しているぞ」と大笑いしていた。

私はそれ以来、「コミッションのために買ってもらわないといけないが、絶対に損をさせると分かっている」という時には、客に「絶対に下がると思いますが、付き合ってください」と言うように心がけた。そうすることで、客は買ってもできるだけ早く投げることができる。

「上がる、上がる」と嘘をつくより、その方が遥かに気持ちいいし、私の人間性を信頼して可愛がってくれる客のためにもなる。正直に話した方が、やらせてもらえる。客が大損するのは営業マンが嘘をつくからだ。

それから間もなく異動した本社の第2事業法人部でも、この教訓はとても役に立った。のちに北陸電話工事が上場する際に、当時の金沢支店長から「大西さんからお前の名前がよく出るが、どうしても幹事に入れてもらえない。一度電話してくれないか」と依頼されたので、久し振りに電話をすると、とても喜ばれ幹事にも入れてもらえた。大西社長が亡くなられた今も「本当に素晴らしい人に出会えた」と、心から感謝している。

給料を全額、同僚に配れ

入社2年目以降、私のインストラクターは1年目の関先輩から井上啓司先輩に代わった（嶋田は関先輩のまま）。それからの金沢支店での2年半は、井上先輩に公私ともにお世話になった。インストラクターとの関係はなかなか微妙だ。最初はしごかれ、対等に稼げるようになると友達のような存在になるが、ダメならとことん叩き潰される。私自身、他の同期より少し早く2年目の途中からインストラクターになり、1期下の79年入社と2期下の80年入社の社員を指導した。インストラクターがいながら、部下を抱えている状態だ。

最初のインストラクター会議で言われたことは、今でも忘れない。

「お前たちは自分がやられたことを部下にやってはいけない。決して殴ってはいけない。考え方を変えてくれ。これからの新人は『育つもの』ではなく『育てるもの』なのだ。とにかく自分がやられたことだけは絶対に後輩にやるな」

会社がこんな方針転換をしたのは、何のことはない。前述した通り、われわれの同期があまりにも大量に辞めてしまったからだ。関先輩のしごきに耐えた私と嶋田はどうしてくれるのか。「まったく……よく言うな」と腹が立った。

なかなかコミッションを稼げない2期下の部下のインストラクターをした時のこと。寮に帰る私が振り向くと、いつも黙ってあとをついて来ていた。煩わしかったが「まあいいや、一緒に飲みに行こう」と誘うと、子犬のように飛んでくる。私は「ここまで懐かれるとしょうがないか」と諦めた。その後、私が夏休みを申請すると次席が言った。

「夏休みを取ってもいいけど、条件がある。夏休みから帰って来たら、どんな手を使ってもいいのであの新人のクビを飛ばせ。会社にとってもあいつにとっても、ここに残るのはいいことではない。早く踏ん切りをつけさせてやれ」

その夏休みの1週間が辛かったことは、今でも忘れることができない。金沢に戻った日の夜、「飯を食いに行くからついて来い」と彼を誘い、目の前に座らせた。そして「飯は頼むな。水だけ飲んでいろ」と命令してから、気持ちを入れ替えて頑張ってもらうために諭した。

「今度の給料をもらったら、営業の人たちの人数分だけ熨斗《のし》袋を買って来い。それから給料を均等割りして『これまでご迷惑をおかけしました』と配って回れ」

彼は私の言った意味が分かったようで、ボロボロ泣き始めた。

「男がボロボロ泣くもんじゃない！　悔しいと思わないのか？　その性根を叩き直せ！」

翌日から彼と一緒に徹底的に外交して回り、彼はかなり実力をつけた。熨斗袋も配らせずに済んだ。81年12月、私が第2事法に異動したあと、支店にいる次席に電話して「あの時、あいつのクビを飛ばした方が良かったのでしょうか」と尋ねると、次席はこう言った。

「悪い冗談は止めてよ。あいつは稼ぎ頭で、いなくなられたら金沢支店はもたないよ」

私は「人を育てるとはそういうものなのだ」と思った。彼自身もその後、インストラクターになったはずだ。

私が金沢に赴任した当時、インストラクターの関先輩から「9月になったら月1000万円稼げ」と指示された。今から40年前、月に1000万円のコミッションを稼ぐ営業マンは、中部本部全体を見回してもほとんどいなかった。今で言えば1億円プレーヤーだ。それを半年でお客ゼロから達成しろというのだから、関先輩の本気度が伝わって来た。

そこで必死に頑張り、9月から10月になると1000万円以上のコミッションを稼げるようになってきた。客が損をして潰れると一時的にコミッションが減るので凸凹はあったが、慣れてくると「この辺りの客はそろそろ潰れるな」と分かるようになった。そのタイミングで新規顧客開拓の外交を始め、それが首尾よく行くと、コミッションは安定的に入り始めた。

私だけでなく、辞めずに頑張った支店の新人の多くは、経験を重ねるにつれて支店のトッププレーヤーになっていった。3年もすると、先輩たちは別の支店に異動になる。こちらは新人で配属されているので、その地域を最もよく知っている。客も先輩から引き継いだものではなく、自分で開拓しているのだから、支店のエースにのし上がるのも当然だった。

私が異動したあと、私の大口の客はすべて次席が引き継ぎ、転入者には分配されなかった。

「オレの数億、無駄にするな」

この章の最後に、金沢時代の忘れがたいエピソードを記しておきたい。支店の車を使えるようになってから、私は多額のカネが日々動いている加賀温泉の旅館をしばしば外交して回った。金沢市内からは北陸自動車道を使って30〜40分。そこにとてもユニークな大旅館の社長がいた。

彼に客になってもらうまでには3年かかった。加賀温泉まで行き、名刺を置いて「社長いらっしゃいますか」と言っても、初めの頃は全く会ってくれない。それでも必ず2日に1度は電話して、週に1度か2度は名刺を置きに出かけた。電話をかけると5回に1回程度は出てくれる時があったが、なかなか会ってはもらえないので、私は必死に面会の約束を取ろうとした。

「いつ頃お邪魔すればいいですか？」「まあ来月だな」

「来月のいつ頃ですか？」「来月の今日ぐらいにまた電話しておいで」

そこで電話をかけるのを1ヵ月我慢して、約束の日に電話をしたが出てくれない。これを3年間繰り返したものの、いつまで経っても埒《らち》が明かなかった。

ある時、後輩が消化し損なった日本電装（現・デンソー）の公募株の販売を、営業課長に依頼された。半日営業の土曜日のお昼を過ぎていた。しかも募集はその日が最終日。当日中に支店に入金してもらわないと間に合わない。だが土曜日とあって銀行は午前中で終了している。そんな状況下で集める一千数百万円。さすがの私も、すぐに買ってくれる客は簡単に思いつかなかった。

午後1時頃だっただろうか。客の誰かに電話しようと受話器を取ると、ふいに件《くだん》の旅館の社長の顔が脳裏をよぎった。「1％の可能性もないな」とほとんど期待もせずに電話して、「社長いらっしゃいますか？」と尋ねると、いつもつれない対応のご本人が電話口に出て来た。

「何の用だ？」「日本電装の公募株をお願いできないでしょうか」

「何だ、それは？」

「新しく発行される日本電装の株です」

すると驚いたことに社長は「いいぞ、持って来いよ」と即答してくれるではないか。

「持って来いと言われましても、今日これから現金で一千数百万円の金が必要なんです」

「いいぞ、用意しとくよ」

あまりの急展開に、私は半信半疑のまま加賀温泉の旅館まで現金を受け取りに出向いた。出て来たのは社長本人ではなく、奥様だった。

「横尾さん、本当に3年間ご苦労さまでした。努力されましたね。主人は『本当にお疲れさま。今日は会合で出かけるけれど、くれぐれもよろしく』と話していました。『来週にでも、また来てくださいね』と言っていましたよ」

奥様はそう話すと、目の前にポンと現金の束を置いた。やはり見てくれていた。私は目頭が熱くなった。社長は日本電装のことなど何も知らないのに、それまでの私の努力を認めて協力してくれたのだ。それからすぐに社長は数億円レベルの取引を始めてくれた。次に買ってもらったのは新日鐵２００万株など、当時としてはかなり大きな金額。信用取引も手掛けたが、最終的には大きな損失を出し、私の転勤後に口座を閉鎖されたと聞いた。

信用取引とは証券会社に預けた株式や現金を「委託保証金」として担保に入れ、手持ちの資金以上の株式投資を行うこと。売買は委託保証金額の約3倍まで可能で、顧客は投資資金で株式を買う「信用買い」だけでなく、証券会社から借りた株式を売却し、値下がりしたところで買い戻して利益を上げる「信用売り（空売り）」も行える。信用買いでは株価の上昇分が、空売りでは売却時と買い戻し時の差額が利益になる。レバレッジ（梃子）効果があるため、成功時のリターンも失敗時の損失も大きくなる。

81年11月末のあるドシャ降りの夜、本社第2事業法人部に転勤が決まった私は、次席とともに社長の旅館まで転勤の挨拶に伺った。話を黙って聞いていた社長は、不意に「ところで横尾君、君は栄転なのか左遷なのか？」と尋ねた。私が「こんなにご迷惑をかけているのですから、左遷です」と言おうとした瞬間、次席が「お陰様で大栄転です。事業法人部には普通の社員は行けません」と言ってしまった。すると社長はニコッと笑った。

「オレがすった数億円も、君の人生の肥やしになったんだな」

それから社長は仲居を呼んで「うちの旅館で横尾君の壮行会をやるのも失礼だ。隣のホテルの空いている部屋を全部借りてくれ」とまで言った。だが残念ながら私にはまだ、挨拶回り先が何軒も控えていた。

「すみません、社長。お気持ちは本当に嬉しいのですが、他にも社長と同じような状況のお客さんがいらっしゃるものですから、今日中に回らないといけないんです」

納得した社長はドシャ降りの中、傘に私を入れて車まで送ってくれた。そして終生忘れることのできない言葉をかけられた。

「オレの数億、無駄にするな。立派になれよ」

涙が止まらなくなった。迷惑ばかりかけたのに、私は金沢で本当に客に恵まれた。

それから数日後、私は思い出深い金沢をあとに、本社第2事業法人部に赴任するため、東京に向かった。待っていたのは金融国際化の波に乗ろうとする野村證券での激動の日々だった。

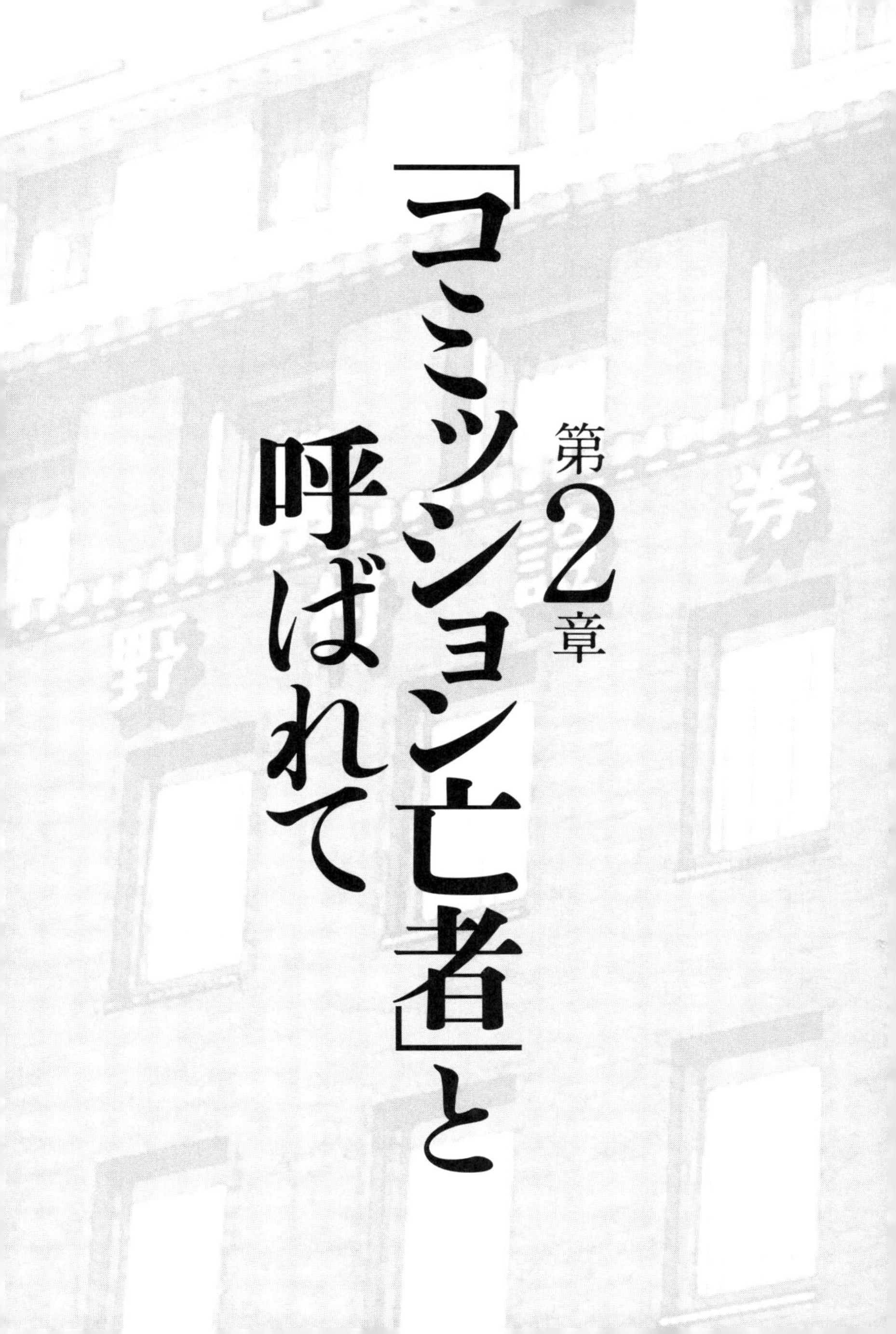

第2章 「コミッション亡者」と呼ばれて

入社からの3年8ヵ月を金沢支店で過ごした私は1981年12月、東京・日本橋の野村證券本社、通称軍艦ビル6階にある第2事業法人部（第2事法《じほう》）に着任した。事業法人とは営利事業を展開している一般企業の意味で、この他に都市銀行や地方銀行、保険会社などの金融法人を担当する金融法人部（金法《きんぽう》）、自治体や公益法人などを担当する公共法人部があった。

本社の事業法人部は首都圏の上場会社と、その未上場の子会社の資金運用やファイナンス（資金調達）を担当する部署だ。インサイダー取引規制がうるさくなった現在では、法人の資金運用を担当する部署と、ファイナンスを担当する部署はファイアウォール（情報隔壁）によって厳格に分離されているが、当時は事法の担当者が一人で、株や債券での資金運用と、社債や株式発行によるファイナンスの面倒を見た。つまりその会社と野村とのビジネスの機会を、一手に担っていたのである。

事法は証券会社にとって「メインエンジン」とも言うべきセクションだ。支店の営業を円滑に進めるためには、客に販売する増資分の株式や、新規発行の転換社債（CB）やワラント債（新株引受権付き社債、WB）を数多く入手する必要がある。そのためには担当する会社の「主幹事証券」となってファイナンスを差配し、最大限の株式、CB、WBなどを手中に収めるのが最も有効だった。主幹事証券になっている会社の数が、そのままその証券会社の実力になるのだ。

転換社債（Convertible Bond）は、発行会社の株価が一定の期間内に決められた価格（転換価格）に達

すると、その会社の株式に転換することができる社債のこと。またワラント債（Warrant Bond）は、発行会社の株価が一定の期間内に決められた価格（行使価格）になると、その会社の株式を取得できる権利（これを「ワラント」という）が付いた社債のこと。80年代後半のバブル期には、日本企業の重要な資金調達手段として内外で大量に発行された。WBは当初、新株引受権付き社債と呼ばれたが、02年4月の商法改正に伴って、CBもWBも新株予約権付き社債に名称が統一され、CBは転換社債型新株予約権付き社債と呼ばれることになった。

ワラント債は、発行後に社債部分とワラント部分が分離され、別々に売買される「分離型ワラント債」のスタイルがほとんど。証券会社の店頭で相対取引されるワラントの価格は、証券会社ごとに異なっていた。のちに価格決定プロセスの透明性が求められ、90年9月には債券の業者間売買を仲介する日本相互証券での集中売買方式に改められた。

第2事法と称するからには当然、第1事法も存在する。とはいっても二つの部は地域や業種、資本金などで担当する会社が分けられているわけではなく、例えば重電メーカーなら第1事法に東芝、第2事法に日立製作所、鉄鋼メーカーなら第1が新日本製鐵（新日鐵、現・新日鐵住金）と川崎製鉄（現・JFEホールディングス）、第2は日本鋼管（NKK、現・JFEホールディングス）と神戸製鋼所というように業種別に均等に分けられていた。

会社が均等割りされているので、部員のコミッションのノルマも全く同額だ。ただ、取り引きする相手は上場企業とその子会社。地方の個人や未上場会社に比べると、株式や債券での運用額は桁違いに大きい。それに伴うコミッションやノルマの金額も当然、支店とはまるで桁が違う。配属2年目の途中から、私は第2事法でトップクラスに当たる月間数億円のコミッションを稼ぐようになり、ファイナンスの面でも会社に多額の収益をもたらした。

試し打ち人事

第2事法に配属された当時、私はまだ27歳。通常なら支店を2ヵ所以上経験した30代の社員が配属される事法に、金沢1ヵ店を経験しただけで異動してきた私は飛び抜けて若かった。支店で「本社の事法に異動」と言われても、まず事法がどういうところなのかよく分からない。金沢支店で私のインストラクターだった4期先輩の井上啓司さんが、半年前に大阪の事業法人部に異動する際、副支店長が「大栄転だ」と話していたので、「凄いところなんだろうな」とは思っていた。しかし、その半年後に私自身が本社の事法、同期の嶋田が大阪の事法に異動になるとは予想だにしていなかった。一つの支店から半年間で3人も事法に異動するのは異例だったようで、不祥事から立ち直った金沢支店の評価の高さを示す証しだった。

伝え聞くところによると、私の人事は事業法人部担当の常務に就任した田淵義久さんの指示で急遽決まったという。田淵さんとは支店で1～2度会っただけだったが、平均年齢の高い事法のマンネリ化の打破と、証券技術の急速な変化に対応する狙いから、自分が事法担当常務に就任するのと同じタイミングで、金沢支店で成果を上げていた私に白羽の矢を立ててくれたようだ。支店1ヵ所だけで事法に配属されるケースは、私の前には同じ課の2期先輩の稲野和利さん（現・日本証券業協会会長）ぐらいだったのではないか。極めて実験的な「試し打ち」人事だったという。

田淵義久（たぶち・よしひさ）　1932年岡山県生まれ。56年に早大を卒業して野村證券に入社し、主に個人営業畑を歩いて77年に取締役に昇格。中期国債ファンド（通称「中国ファンド」）の設立に尽力し、常務、専務を経て85年12月に第7代社長に就任した。同時に会長に就任した田淵節也とは、同姓で出身県も同じだが縁戚関係はない。当時の経済界は会長の田淵を大《おお》タブチ、社長の田淵を小《こ》タブチと呼んでいた。91年6月に発覚した大口顧客に対する損失補塡問題や暴力団に対する融資の責任を取って同月中に辞任したが、直後の株主総会で「損失補塡はすべて大蔵省（現・財務省）に届け、その処理についても承認されていた」と真相を暴露し、物議を醸した。95年に再び取締役に就任して復権を果たしたが、97年の総会屋に対する利益供与事件を契機にすべての役職から退いた。

稲野和利（いなの・かずとし）　1953年神奈川県生まれ。76年に東大を卒業して野村證券に入社し、主に法人営業畑を経験して97年に取締役（人事担当）に昇格。2000年に専務、03年に野村ホールディングス副社長、09年に野村アセットマネジメント会長を務め、11年4月には取締役会議長に就任した。13年7月からは、野村證券出身者として3年ぶりに日本証券業協会会長を務めている。

当時の事業法人部は第1と第2でそれぞれ25人ずつ。各部ごとに5課編成で、一つの課は「課長席」以下5人のメンバーで構成されていた。加えて法人管理部から来た事務職の女子社員が各課に1人。当時の上場会社は約1000社あったが、これをわずか50人で受け持つ〝少

田淵義久
元野村證券社長

稲野和利
元野村ホールディングス副社長

数精鋭主義〞だった。だから事法からは役員が何人も輩出され、事法の課長席経験者の半数以上が役員になった。当時は社長になるのも、すべて事法経験者だった。つまり事法は、将来の役員候補ばかりが集められたエリート集団だったわけだ。

現在の野村には事業法人部という名称の部署はなく、客の資金運用を担当する部署とファイナンスを担当する部署は完全に分離されている。だが前述した通り、われわれの時代は運用面でもファイナンス面でも事法が上場会社の面倒を見ていた。

当時の事法マンの評価は運用でどれだけコミッションを稼いだかで決まり、野村が主幹事証券に就いている会社のファイナンスは、日頃の取引関係や野村の市場でのパワーからみて、取れるのが当たり前。むしろ野村の事法部員にとっては、他社が主幹事になっている上場会社のファイナンスをどのくらい奪えるかが、評価の対象になった。万が一、野村が主幹事の会社のファイナンスを他の証券会社に取られようものなら、担当者は間違いなく次期の異動（年4回）のタイミングで放り出され、二度と日の目を見ることはなかった。

事法は着任する時には栄転と言われるが、成果を出せなかったり、問題を起こしたりして放出される場合は容赦なかった。会社に競争意識を煽られているので、いつ後ろから弾が飛んでくるか分からない、恐ろしい部署でもあった。それでも社内では事法部員としてのメンツは大切にされ、課長席が放り出されても、支店長以外のポストに就くことはまずなかった。

事法担当の役員は3人で、私の着任当時は豊田善一専務、田淵義久常務、鈴木政志取締役という錚々《そうそう》たる顔ぶれ。豊田専務は筆頭副社長から系列の国際証券（現・三菱ＵＦＪモルガン・スタンレー証券）の社長に転じたが、田淵常務と鈴木取締役はのちにそれぞれ第7代と第9代社長に就任する。3人のユニークなキャラクターは章を改めて紹介するが、当時の田淵節也社長も事法出身で、野村はまさに〝事法に非ずんば人に非ず〟の時代だった。

田淵節也（たぶち・せつや）　1923年岡山県生まれ。京大を卒業して47年に野村證券に入社し、事業法人部の立ち上げや国際部門の育成に尽力。78年に54歳の若さで第6代社長に就任した。85年に社長の座を田淵義久に譲った後も実力会長として君臨、リサーチ機関の野村総合研究所と野村コンピュータシステムの統合を実現するなど、野村を世界有数の証券会社に押し上げた。90年には証券業界初の経団連副会長に就任するが、損失補塡問題や暴力団への融資の責任を取って91年に会長を辞任、経団連副会長も解任された。95年に田淵義久とともに再び取締役に返り咲いたものの、97年の総会屋への利益供与事件を契機にすべての役職から退いた。08年6月に84歳で死去。

豊田善一（とよだ・ぜんいち）　1924年三重県生まれ。明治大を卒業して野村證券に入社し、田淵節也とともに事業法人部を立ち上げるなど戦後の野村の基礎を築いた。81年の八千代證券、光亜証券、野村證券投資信託販売の3社合併による国際証券の誕生にも力を尽くす。証券業界では「営業の神様」

として有名で、田淵節也の後継社長の最有力候補だったが、大蔵省の反対を受けて筆頭副社長から国際証券に転じ、社長、相談役を歴任した。国際証券を退いた後はこうべ証券（現・インヴァスト証券）会長も務め、２００４年11月に80歳で死去。

鈴木政志（すずき・まさし）１９３５年千葉県生まれ。58年に東大を卒業後、野村證券に入社し、主に事業法人畑を歩いたあと、第２事業法部長から81年に取締役に昇格。常務、専務、副社長、副会長を経て、94年に会長に就任。96年７月から翌年３月までは日本証券業協会の会長も務めた。97年の総会屋利益供与事件で、当時の酒巻英雄社長が辞任（のちに逮捕・起訴）すると、同年３月半ばから１ヵ月半は社長を兼務し、副社長５人を含む15人の取締役を退任させて「創業的出直し」を図った。98年５月に退任し、２００５年５月に69歳で死去。

担当は取引実績ゼロの会社ばかり

金沢支店での実績を引っ提げて、最年少の私は意気揚々と第2事法に乗り込んだ。絵に描いたような抜擢人事で、しかも引き上げてくれたのは次期社長候補との呼び声高い小タブチさん。天狗になるなと言われても無理な相談だった。

ところが着任と同時に私は「とんでもないところに来てしまった」と絶望感に打ちのめされる。同時期に第2事法に配属された先輩たちの大半は30代。平社員の私に比べ、社内の職位は課長代理か課長ばかりで、着任後すぐに大きな会社を担当させてもらっていた。

ところが私が担当を任された上場会社１００社と、その未上場の子会社１００社は、山一證券など他社が主幹事で、野村は幹事に入れてもらえない会社ばかり。1社を除き、先輩たちが

鈴木政志
元野村證券会長

豊田善一
元国際証券社長

田淵節也
元野村證券会長

過去に一度も取引口座を開けなかった会社だった。そのわずか1件の取引口座にしたところで、預かり資産（証券会社が顧客から預かっている株式や債券など有価証券の金額）はたった1000万円。しかもそれは、よりによってあのロクイチ国債だった。実際に担当会社を外交してみると、同業他社の事法部員はみな年上の課長か次長ばかりで、私は「これなら金沢の客の方が、はるかにマシだった」と途方に暮れた。

　私が配属された第5課の同僚は2期上の稲野さんと4期上の林純一さん。課長席は8期上の後藤博信さんで、次席が7期上の小池雅治さん。中途退社する林さん以外、のちに役員に就任する強者《つわもの》揃いだ。着任早々、私は後藤さんから「事法部員に入社年次は関係ない。お前は最年少といっても、同じ時期に配属された先輩たちと同期だ。だからコミッション実績で負けることは許さない」と宣告された。

　最初の頃は、朝一番から「林、稲野、横尾。お前らは雁首揃えて、どうして月に1000万も稼げないんだ？」と、３人まとめて後藤課長席に怒鳴られてばかりいた。事法のコミッションは株式と債券の2本立てだったが、後藤課長席のいう1000万円とは、３人合わせた1ヵ月分のコミッションが1000万円に満たないという意味。月1000万円のコミッションなど金沢支店で楽にクリアできていた私は、不甲斐ない自分が悔しかった。

毎朝7時半から1時間の会議で、私は連日、後藤課長席の集中砲火を浴びた。

「この会社の電話番号はダイヤルインなのか？」「そうです」

「電話番号を言ってみろ、毎日かけているはずだろう？」「そんなの、覚えてません」

「じゃあ××株式会社の最寄りの駅はどこだ？　何番の改札を出てどう行くんだ？　ここはオレも知っているぞ」

私が適当に答えていると徐々に周囲を固められ、逃げ場がなくなった時点で雷が落ちる。そんな厳しい詰め方をする人で、のちには肝胆相照らす仲になったが、当初は「オッサン、今に見てろ……」と毎日恨めしかった。

後藤博信（ごとう・ひろのぶ）　１９４６年山形県生まれ。70年に早大を卒業後、野村證券に入社し、主に法人営業や人事・企画畑を経験して89年に取締役就任。常務、専務を経て２０００年に副社長となり、03年からは野村総研副会長を務めた。

小池雅治（こいけ・まさはる）　１９４７年新潟県生まれ。71年に上智大を卒業後、野村證券に入社して法人営業畑を歩き、91年に取締役に昇格。常務を経て、98年に野村インベスター・リレーションズ執行役社長兼CEOに就任した。

林純一（はやし・じゅんいち） 1950年生まれ。74年に東北大を卒業し、野村證券に入社。第2事法、公社債部を経て88年にパリバ証券（現・BNPパリバ証券）東京支店債券部長に転じた。別の外資系証券会社を経て2008年6月にはオリンパスの社外取締役に就任するも、巨額粉飾決算疑惑が発覚した11年末に辞任した。パリバ時代の93年から94年にかけ、含み損の解消を目的とする特殊な外国債券（通称「パリバ債」）をオリンパスに約400億円販売したが、逆にそれが損失のさらなる拡大につながるなど、オリンパス巨額粉飾決算事件の元凶の一人と目されたが、最終的に捜査当局の訴追を受けることはなかった。この問題は第7章で詳述する。

担当会社の役員全員に深夜の電話攻勢

幹事関係のない会社ばかりを担当させられ、それでも一緒に着任した先輩には絶対に負けてはならないという、後藤課長席の理不尽な命令。そんなことを言われても、相手の組織が大きすぎて、当たりに行く部署を頭に入れるだけで時間がかかる。必死になって外交しても全く相手にしてもらえず、肝心の社長は見えるところに座っていない。社長に手紙を書いても届く以前にチェックされ、破棄されてしまう。金沢支店とはあまりにも勝手が違い過ぎた。

おかげで着任から1週間が経った頃、私は不眠症になってしまう。見合いで結婚が決まっていたのだが、「野村での人生は終わった」という思いが相手に対する申し訳なさを募らせ、眠れなくなったのだ。結納のため大阪に行く予定だったが、その余裕もなく、休みの日も仕事を続けた。

不眠症になって1週間、私はとうとう過労から40度近い熱を出した。フラフラになって本社に夕方帰ってくると、後藤課長席に「医者に診てもらって、寮に帰れ」と命じられて驚いた。金沢支店にいる頃、食中毒のため40度の熱を出したが、先輩に「夜にアルコール消毒してやるから仕事に戻れ」と言われ、無理して飲みに行ったら翌日には治っていたという凄まじい経験があったからだ。「事法は普段は厳しいが、病気をしたら早く帰れるんだ」。後藤課長席に帰宅を命じられ、私は経験したことのない奇妙な安堵感を覚えた。

この日以降は熟睡できるようになり、翌日からは迷いを捨てて働けるようになった。2ヵ月目に入ると、コミッションを毎月1000万円稼ぐことを目標に、課の他のメンバーが帰宅した午後9時頃から深夜0時頃まで、すべての担当会社の全役員の自宅に、面会のアポイントメントを求める電話を掛け続けた。社長や財務部、総務部の役員だけでなく、直接関係のない技術や製造、さらには販売部門の役員にまで電話した。

事法でそんなことをやっていたのは私一人だったが、何せ担当会社は200社もあり、電話を掛ける先には事欠かない。着任から半年ほどは、午後10時前に会社を出ることはなかった。こうした私の電話攻勢に、相手の会社の秘書室から野村の秘書室に多数の苦情があったようだが、その頃は全店で夜の電話外交をやっていたので、事法の上司からお咎めを受けることはなく、電話した相手の奥様から株の注文をもらう嬉しいハプニングもあった。

創意工夫で担当会社を次々に陥落

毎日電話していると、その会社の社長が自社の財務部に「あいつは何者だ」と問い合わせることがあり、まだ会えていない財務部長から直《じか》に電話が掛かってくるケースも出てきた。こんな絶好のチャンスを逃す手はない。勝負は最初に会った時に決まってしまうので、会話のオプションをいくつか用意して行かないと意味がない。新聞に出ている程度の薄っぺらな知識では、相手にインパクトを与えることはできない。例えば相手の前でこんな言い方をして自らに宿題を与え、次に会う口実を作った。こういう時は資金運用の話をあえて持ち出さないのがミソだ。

「貴社の浮動株（安定株主に保有されず、市場で流通する可能性の高い株）は多すぎませんか？次にお邪魔する時までに浮動株の算定をやっておきます」

「株主数が少ないので、端株《はかぶ》（売買の最低単位に満たない株式）整理を利用して株主を増やしませんか。今度、詳しい資料を作ってきます」

担当会社の組織や体質が呑み込めると、今度は社員や取引業者のような顔をして、勝手に入って行くようになった。セキュリティなどあってなきが如しの、緩い時代である。よほどの大会社でもなければ、財務部長の席ぐらいまでは勝手に行けるが、名刺を出すと当然、「前もって電話してこい」と叱られる。そうなれば、むしろこちらの思う壺。その一言をもらうことが目的なので、ありがたく退散する。翌日からは正々堂々と、前もってアポイント取りの電話が掛けられるからだ。

「今日はご在席ですか？」「今日はこれから出かけるんだ」

「すぐお出かけになるのですか？」「すぐに出る」

「分かりました」と電話を切り、超特急で駆け付けると、相手は推測した通り席にいる。

「どうしたんだ？　出かけると言ったはずだ」

「お出かけの間に資料だけでも届けようと持って来たのですが、予定が変わりました？」

「クソッ、謀ったな。まあ、座れよ」

私にすれば「待ってました！」の瞬間だ。

金沢支店でも使った、相手会社の1階の公衆電話から電話をかける手口もよく使った。

「お忙しいですか？」「今から出かける」

「すぐにお出かけですか？」「すぐにだ」

「20分以内に行きますから」「10分以内には出かける」

「大丈夫、間に合います」「日本橋からなら20〜30分はかかるだろう」

「だから部長の会社の1階から電話しているんです」

「騙しやがったな。まあいいや、上がってこい」

携帯電話がなかった頃の方が、外交は間違いなくやりやすかった。

相手と初めて向かい合って座る際は、売り込みの話は絶対にしない。しびれを切らした相手が「ところで、今日は何の用？」と尋ねた時に初めて、その会社の株や為替の話、さらには野村総研のリポートを取り出して「研究員を連れてきますから、社内で勉強会を開かせてください」などと持ち掛けるのである。

午後5時以降は、社長に会える最大のチャンスだ。一日の仕事を終えた社長が、リラックスした状態で社内の財務の部署に顔を出すことがある。その時、親しげな様子で財務部長の横にいると、必ず「君は誰だ?」と声を掛けてもらえる。こうして幸運にも社長に会えた時でさえ、やはり運用の話はせず、「社長の会社について教えてください。経営方針は?」「少しおかしくありませんか? 他の業界はこうですが、それがこの業界の常識ですか?」などと、その会社と業界の問題に持ち込むのである。

相手が「じゃあ、教えてやるよ」と身を乗り出したら、もうしめたもの。じっくりと話ができるようになる。本業について若造に反論された社長は、むきになって懸命に説明を始める。この瞬間がたまらなく楽しかった。この関係を続けていくと「ちょっと来てくれ」と呼び出され、経営に関する相談を受けるようになる。私は「大きな会社で孤高の存在の社長は、やはり外部の人間の意見を聞きたいのだ」と痛感した。

私の経験則では、インサイダー情報に対して社内で最もルーズなのは社長である。だから仲良くしてもらえるようになると、ファイナンス情報がいち早く入手できた。

創意工夫は父譲り?

ところで困難に直面すると創意工夫して何とか乗り切ろうとする私の性格は、どうやら父の定視譲りのようだ。9人きょうだいの7番目だった父は、美大を出て画家になるつもりだったが、上の5人が病気で亡くなり、祖父に命じられてやむなく東京帝国大学（現・東大）第2工学部に入学した。航空機以外の兵器を開発する造兵学科で学び、水中でも潜水艦に向かって真っすぐ飛んで行く対潜水艦砲の開発に取り組んだ。戦後にこの技術が生かされたのが、クジラを撃つ平頭銛《へいとうもり》だ。

大学を卒業して海軍技術将校になったが、間もなく敗戦。紆余曲折を経て地元姫路市の神姫バスに就職すると兵器設計のノウハウを援用し、車両部長として路線バスに様々な新機軸を打ち出した。これによって特許をいくつも取ったが、父は「バス会社はエリアが分かれているのだから、困っている者同士は技術やノウハウを共有するべきだ」という信念に基づいて、認可が下りたその日に特許を開放していた。

父が考案した路線バスの設備のうち、全国的にポピュラーになったものが整理券と自動両替機付きの運賃箱だ。実はこれ、当時頻発した運転手や車掌の運賃ネコババ（横領）に対抗するための措置だった。父はモニターを使って常にネコババの実態を把握していて、国の了解を得て印を付けた紙幣や硬貨を利用し、回収状況を調べていた。客が出した紙幣や硬貨は、必ず回収できなければならないからだ。

ところが父の会社では、必ずしもそうではなかった。そこで「今日はこの路線で500枚使うぞ」などとあらかじめ宣言して、印を付けた紙幣や硬貨を混ぜておくと、その日だけは例外なく売上高が1割上がった。つまりどの路線でも売り上げの1割は、運転手や車掌が毎日ネコババしている可能性が高かった。

路線バスのような薄利な商売で毎日1割もネコババされるなど、バス会社にとっては死活問題。「一部の社員の不良行為を何とかしなければ」と思案した父が発明したのが、運転手と車掌にカネを触らせないやり方だった。当時の神姫バスの路線は、遠いところでは隣の鳥取県まで走っていた。そうした路線は運賃も数千円レベルで、乗客が出した1万円を乗務員がポケットに入れて、釣り銭の７０００円を会社が払っていたら、会社は何のためにバスを走らせているのか分からなくなってしまう。「何とかしなければ」と考えぬいた結果が、あの整理券と自動両替機付き運賃箱だった。

父が考案した路線バスの新機軸は他にもある。第1次オイルショック直後の74年に実現させた日本初のラッピングバス。当時はラッピング技術がなく、単なる全面塗装に過ぎなかったが、「品がない」という非難を押し切り、８００台の路線バスすべてに地元企業の宣伝広告を塗装。その収入で第1次オイルショックによる経営難を乗り切った。これ以外にもバスの乗車口のドアを全面ガラス張りにしたり、車体に後部カメラを取り付けたりと、父はそれまで日本の路線バスになかった数々の新機軸を打ち出した。

父は私が野村に入社した翌年の79年に神姫バスの社長に就任したが、92年10月30日に69歳で亡くなった。物事をすべて論理的に考えて白黒をつけようとする私の生き方は、紛れもなく父親の影響である。

稼ぎすぎて叱られた

閑話休題。父譲りの創意工夫が功を奏して外交の実績が上がり始めると、私は部内で「コミッション亡者」と呼ばれ始めた。「コミッションを稼ぐためには何でもやる、とんでもない奴」という意味である。

第2事法に着任して客の開拓を始めた頃、最初に客になってくれた会社の一つに「菱電商事」(東京都豊島区)という三菱電機系の商社があった。この会社の資金運用は債券がメインだったが、月末越えの資金が不足するので、月末が接近すると、ただでさえ含み損が生じている債券を、時価とは懸け離れた高い価格で、野村が菱電商事から買い取る。ここでまずコミッションが私の手に入る。そして月が替わると、新たな銘柄の債券を、野村に売却した時よりさらに高い価格で菱電商事に買ってもらった。この時も当然、コミッションが発生する。債券の大半が証券会社と客との相対で取り引きされているからこそできる芸当だった。

「ドレッシング商い」と呼ばれたこの手法は、当時の事法の債券売買としてはごく普通のスタイルだった。客は売却損を計上しなくて済むので、営業マンとしては比較的了解を得やすい。月末越えの資金が必要な菱電商事と、コミッションを稼ぎたい私の利害が一致して始まったドレッシング商いだったが、こんな安易な売買を繰り返していると、私のコミッションは積み上がる一方で、時価とは懸け離れた価格で売買している菱電商事の債券の損失は拡大していくばかりだった。菱電商事1社の1年間の債券のコミッション額が、三井物産を上回ったことさえある。こうしたドレッシング商い自体が問題になり、野村は時価と懸け離れた債券の売買を全社的に禁止した。

ちなみに私はのちに、この菱電商事の損失をすべて取り返している。そのために菱電商事に販売した日本精工のスイスフラン建てCBこそ、野村の本社が仕込んだ外貨建てCBの第1号である。

この頃から私はコミッション亡者と呼ばれるようになる。「どんな無理をしても稼げ」と部員に発破をかけている役員でさえ、コミッションに対する私のあまりの執着ぶりに尻込みした。豊田専務は月初の朝会で、前月のコミッションで優秀な成績を残した数人に5000円の商品券を渡していた。スーツが欲しかった私は、一心不乱にコミッションを稼いでこの商品券を毎月もらったが、「コミッションを稼ぐためとはいえ、あまりに客を蔑《ないがし》ろにしている」と非難された。

さらに直属の上司の第2事法部長からは3度も売買禁止令を出されたり、客から注文を受けて株や債券を売買する前には、役員の検印をもらってから売買伝票の内容を専用端末に打ち込んだりしていた時期もあった。要するに「勝手に売買するな」というのである。自分の成績を上げたいのはもちろんだが、野村の利益のために働いていた私は、鈴木取締役や第2事法部長から「お前はコミッションを追求すると、人間でなくなる」と言われ、大変なショックを受けた。

とはいうものの、着任から3ヵ月経った82年2月に私が稼いだ月間コミッション額は100

0万円を超え、同時期に事法に来て野村が主幹事の会社を担当していた先輩たちを早くも凌駕した。前章でも書いたが、当時の1000万円はかなりの金額だ。2年目に入ると、私は自分のコミッションの月間目標額を5000万円に引き上げ、そこからはあっという間に毎月億単位で稼げるようになった。

実績を上げていくと、野村が主幹事になっている規模の大きな会社や、運用額が大きい会社を担当させてもらえるようになった。異動していく先輩が担当していた会社や、まだ在籍している先輩が受け持っていた会社だ。新しく担当する会社数を上回る会社数を他の部員に渡すので、私の担当会社の数は急激に減っていった。事法の役員や部長は、大事な客を私に担当させていいのかどうか、観察していたのだ。

ただ担当する会社数が減ったからといって、仕事が楽になるわけではない。野村が主幹事の会社でも管理の難しいところや、幹事関係で揉めているところもある。株式の買い占めにあっている最中という特殊なケースもあった。

担当会社の数は、コミッションを稼げば稼ぐほど減っていった。私は全くの平社員で第2事法に着任し、店内主任、主任、課長代理と社内の職位を昇格して、88年10月に野村企業情報に異動する直前の数ヵ月は課長（あくまでも社内の職位上の課長に過ぎず、各課の課長席ではない）になったが、この頃の担当会社数は8社にまで減っていた。ちなみに課長席の担当会社は5社程度。各課の5人のうち2～3人はすでに職位上の課長で、課長席には職位上の部長や次長が座っている課もあった。

第2事法に配属された当初は毎日深夜だった退社時間は、コミッションの実績向上と反比例して少しずつ早くなり、途中からは午後8時か9時には退社するようになった。ただ、毎晩のように銀座や赤坂のクラブで飲み歩いたり、上司や同僚と徹夜麻雀をしたり。途中で抜けられず、バーや雀荘から会社に直行したことも一度や二度ではない。あれには本当に参った。

野村の給与システム

社内の職位の仕組みに触れたので、私が在籍した時代の野村の給与システムにも触れておこう。現在のシステムは知らないが、われわれの頃はいくら稼いでも能力給や歩合給はなく、残業手当や休日出勤手当など、なきに等しかった。

1年目の金沢支店時代の月給は覚えていないが、税金や年金、寮費などを差し引いた手取りはわずか1万~3万円だったことは覚えている。残業手当も午後6時か6時半から8時までしか付けさせてもらえず、それと知らずに全時間付けた際には、人事部から次席に連絡があり、注意されてしまった。また社則では始業は午前8時45分なので、毎朝7時からの会議に出席すれば早朝出勤手当を付けられるはずだが、そんなことをする同僚は誰もいなかった。

私が平社員で第2事法に配属されたことは前述したが、野村では入社5年目から店内主任という職位になり、頑張った社員は基本給が月3００円引き上げられる。成果を出すと6年目にもさらに月3００円引き上げられ、7年目に主任に昇格。基本給はさらに月6００円引き上げられる。実績を上げている社員はこのパターンで職位と基本給が上がっていき、最速で9年目に課長代理、11年目に課長になる。一度も躓《つまず》かず、同期のトップで課長に昇格することを「フルマーク」と呼び、基本給は初任給に比べて月５４００円増えている。この差は当然ボーナスに反映されるが、逆に言うと同期内の給与格差はこの程度でしかなかった。ちなみに私はこの「フルマーク」だった。

この昇給・昇格の仕組みは事法の営業マンであろうと、債券ディーラーであろうと変わらない。どんなに頑張って毎月億単位のコミッションを稼いだところで、入社から10年間は月に数百円から数千円しか差がつかなかった。全身全霊を傾けて第2事法でコミッションを稼いでも、当時の私の年収はせいぜい１０００万円くらいだった。

野村は87年9月期決算（当時の証券業界は9月期が本決算）で過去最高の４９３７億円の経常利益を叩き出し、トヨタ自動車を抜いて日本一になった。だが社員の給料はたかが知れたレベルに過ぎない。社員が必死に稼いだコミッション収入を適正に配分しないのだから、利益が日本一になるのも、ある意味で当たり前だった。

入社10年目の88年頃、一度だけヘッドハンティングの誘いを受けたことがある。外資系証券会社に移籍する話で、昼休みの1時間という条件で、面白半分に東京・丸の内の東京會舘でヘッドハンターに会った。カレーをご馳走になりながら話を聞き、「いくらもらえるんですか？」と聞くと、何と「支度金20億円、給料は別途相談」。年収１０００万円前後の私には、想像すらつかない金額だった。

もしスカウトに応じて条件交渉していれば、当時なら稼いだコミッションの2割程度は手にできただろう。コミッションを月に2億円、年間24億円稼いだと仮定すれば、年収は5億円ほどになる。私は「外資系証券は何の苦労もせず、なぜこんなに給料がもらえるのだろう」と不思議でしょうがなかった。野村を辞めることなど端《はな》から頭になかったので、私は即座に断った。

それから約10年後の98年でも、野村を辞める44歳の私の年収は約2500万円だった。野村の社員は世間で言われているほど、高額の給料を得ているわけではない。私が在籍した当時の野村の営業収益（一般企業の売上高に相当）は常に、他の大手証券3社（大和、日興、山一）の営業収益の合計とほぼ同額だったが、給料にはほとんど差がなかった。3分の1ほどの仕事量で同額の給料がもらえるなら、他の3社に行った方がはるかに楽だ。それ故に野村で働くのはキツいし、辞めていく社員は後を絶たなかったのだ。

外債販売で大儲け

話を元に戻そう。事法は支店とは違い、コミッションは株式と債券の二本立てだ。部員が稼いだコミッションは月末になると集計され、一覧表にまとめられた。いわば月ごとの通信簿だ。これをコピーして自宅に持ち帰り、あれこれと思いを巡らせる。そして翌日からは、また新たなコミッション競争が始まるのである。

そんな時、私は先輩たちがあまり手を出していなかった外国債券（外債）に着目した。当時はレーガン米政権が高金利政策を採用した関係で、とりわけドル建て債券の利回りが高く、為替相場も日本人投資家に有利な円安ドル高の傾向にあった。ドル建て債に投資するには、絶好の環境だった。

価格変動リスクの高い株式より、満期には額面の100円で償還される債券で資金運用する会社の方が多く、中には債券取引しか認めていない会社さえあった。コミッションは株式と債券の二本立てと書いたが、取引額がより大きい債券の方がコミッションをコンスタントに稼ぐことができる。私が事法に来て数年間は、国内社債のコミッションは額面の100円に対して数十銭とまだ高く、日本国債では同1円も取れたため、先輩たちもこちらでコミッションを稼いだ。だが、われわれには極めて美味しかったこの高い手数料も長くは続かず、最終的には額面に対して1銭もらえるかどうかという低水準にまで下がったため、旨みはなくなった。

これに比べると外債の場合、コミッションは額面100に対して1%ももらえた。外債のコミッションは売り値と買い値にそれぞれ織り込まれているので、顧客の売買報告書には記載されないが、高値で売れればコミッションはそれだけ増える。当時の日本で、リアルタイムの市況情報を伝えるロイター・モニターやテレレートを常時チェックしながら、米国債やドル建て債券を売買している会社はほとんどなく、世界中で取り引きされているリアルタイムの値動きなど知る術もなかった。日本の証券会社は前日のニューヨーク市場で取り引きされた値幅（一日の価格変動幅）の中で販売していればよく、前日のニューヨーク市場で仕込んだ米国債を、前日の最も高い値段で日本の法人投資家に販売しても、何の問題もなかった。

ロイター・モニターは英国のロイター通信社（現・トムソン・ロイター）、テレレートは『ウォール・ストリート・ジャーナル』紙を発行する米国の経済系通信社ダウ・ジョーンズ社が事実上のオーナーになっていたテレレート社が販売していた市況情報端末。ロイター・モニターは銀行間の外国為替相場、テレレートは業者間の米国債相場の情報に強く、日本の法人投資家は80年代前半からこの２つの端末を導入し、リアルタイムの価格情報を見ながら外国為替や米国債を取り引きするようになった。テレレート社は２００５年にロイターに買収された。

外債を熱心に販売していたのは、私のように担当会社の規模が小さく、運用額も少ない若手の部員だった。とりわけコミッションに貪欲だった私は、83年頃に流行した「パーシャル・ペイメント・ボンド」（分割払込債）と呼ばれるドル建て債券の販売に血道を上げた。これは購入者が額面の１００に対して15を先に払い込み、半年たってから残りの85を払い込む方式で、ドイツの大手化学メーカー「ＢＡＳＦ」など格付けの高い会社が大量に発行した。最初の払込額が少ないうえ、半年後に残りの85を払い込む前に初めの15の分を売却すればよいと考えて、私は運用資金の少ない会社に大量に販売した。第２事法に割り当てられた分のほとんどは、私が販売したと思う。

新規発行の外債なので、コミッションは額面１００に対して１％。15の払込金でも、額面は１００で計算されるので、コミッション率は６・６７％になり、10億円分を販売すればコミッションは６６７０万円にもなる。第２事法に来てまだ１年余りの時期で、コミッション率の高さに目が眩《くら》んだ私は欣喜雀躍《きんきじゃくやく》した。第1事法では誰一人売ろうとしなかったので、激怒した田淵常務は「最年少の横尾があれだけ客に嵌め込んでいるのに、第1事法は何をやっている！爪の垢でも煎じて飲んでこい」と怒鳴ったそうだ。当時の私の課の課長席は、債券の知識が豊富な小池前次席に替わっていたが、「お前は怖い。コミッションと聞くと何でも嵌めてくる」と驚かれた。

ところが米国金利が上昇（ドル建て債券の価格は下落）を始めた時期だったことに加えて、理由は不明だがパーシャル・ペイメント・ボンドの発行に絡んで自殺者が出たりして、半年後の85の分の払込時期が来ても、15の分を利食い売り（利益が出ている株や債券を売却して利益を確定させること）する状況は到底訪れなかった。当然、85の分を払い込めない会社が続出し、こうした会社は株取引で損失を穴埋めするしかない事態に追い込まれた。「株には投資しない」と宣言していた会社も、これで株式運用に乗り出さざるを得なくなった。つまり、株の売買で私に入ってくるコミッションまで図らずも増えてしまった。パーシャル・ペイメント・ボンドを買ってくれた会社には申し訳なかったが、私にとっては思わぬ〝怪我の功名〟になったのだった。

米国債をめぐる日商岩井との攻防

日本での外債取引は、日本時間の夜の間に証券会社がニューヨークなど海外市場で仕込んだものを、昼間に顧客と売買することになる。ゼロクーポン債など特殊な外債は、昼間のうちに公社債部（のちの債券部）の外債課に仕込みを依頼しておく。ニューヨークやロンドンとは時差があり、当時の日本の会社は大手商社を除けば、夜間にテレレートでニューヨーク債券市場のリアルタイムの市況情報を見ながら、東京からニューヨークに直接注文するようなところは存在しなかった。

ゼロクーポン債とは債券の利札（クーポン）がない代わりに、発行価格が額面から割り引かれる債券のこと。償還は額面で行われ、発行価格と額面との差額が収益になる。割引債やディスカウント債とも呼ばれるが、海外ではゼロクーポン債（クーポンがゼロ＝存在しない）と呼ばれることが多い。

日本の昼間の時間帯に、私の担当会社だった日商岩井が5億ドルの米長期国債（通称トレジャリー・ボンド）を売ってきたことがあった。1回で5億ドルもの売却額は、当時は野村證券始まって以来の大きな金額だった。驚いた私が外債課にいる同期の北村に「どうする？」と尋ねると、北村は顔色も変えずに「取るよ」と答えた。日商岩井の5億ドルの売り注文を、野村證券で抱えるというのである。「今晩のニューヨーク市場は少し不穏な雲行きじゃないの？」と忠告しても、北村は「日商岩井もそう思っているから、あえてぶつけて来たんだろ」と平然としている。私は禅問答でも聞いている気分だった。

その日の米国債市場は私の予想通り、不安定な値動きを示していた。この頃の米国債市場には金利の先高観（債券価格の先安観）が広がっており、5億ドルの買いポジション（持ち高）を抱えていると、取り返しのつかない損失が発生するおそれがあった。普通に考えれば、早い段階で「投げる」に越したことはない。ところが北村は予想に反して全く売却せず、数日後に相場が持ち直して米国債が値上がりに転じた段階で、ものの見事に利食い売りした。北村はこの利益の中から、私に多額のコミッションをくれた。

北村が5億ドルの米国債を利食い売りした直後、私は日商岩井本社で財務部の副部長と面会した。彼は野村證券が5億ドルの米国債を投げなかったことに、心底驚嘆していた。

「5億ドルを1社に持たせれば、持ち切れずにすぐ投げるだろうと思っていた。そうなると相場が暴落するので、下値に買い指値注文を入れて待ち構えていた。ところが野村が売ってこないので、買い戻しできなかった。お宅の外債課には肝の据わった凄い人がいるね」

つまり日商岩井は、手持ちの米国債をいったん手放して野村に持たせ、軟調な相場の中で野村がこれを投げたところで買い戻し、帳簿上の購入価格（簿価）を引き下げようと狙っていたのだ。とんでもない食わせ者である。その意図を見抜いた北村は、5億ドルという金額に怯えることなく、米国債を持ち続けたのだ。

もし北村がビビって投げていれば、野村はかなりの損失を出したに違いない。副部長が「野村はエゲツナイね」と言うので、私は「エゲツナイのはお宅でしょ」と言い返した。

天国地獄債

コミッションを稼ぐためには、とにかく担当会社に商品を何か買ってもらわなければ話にならない。だから私は「どういう債券を出せば売れるのだろう」と考え続け、「売れるように工夫した債券を作って、どこかに発行してもらおう」と、始終目論んでいた。

その一つが85年に日本ＩＢＭの金融子会社「ＩＢＭクレジット」から発行され、金融証券業界で話題になった「天国地獄債」という名称の債券だ。日本の会社が発行した「仕組債」の第1号と言われ、フランスの有名な賞を獲得した。

仕組債とは一般的な債券に、後述するスワップやオプションなどのデリバティブ（金融派生商品）を組み合わせた特殊な債券。デリバティブを利用することで、投資家や発行会社のニーズに合ったキャッシュフロー（収入から支出を差し引いた現金の流れ）を作り出す構造になっている。この「仕組み」を付けることで債券の発行期間や表面利率、償還金などを、投資家や発行会社のニーズに合わせて比較的自由に設定できる。

スワップとは金利（固定金利と変動金利）や通貨（円と外貨）を交換する取引。企業と金融機関の間か、金融機関同士の相対取引で行われる。スワップを利用することで、例えば金利が低下した時に受取利息が増加するような形（逆に金利が上昇すると受取利息が減少する）の仕組債も作ることができる。

オプションとはあらかじめ定められた価格（権利行使価格）で、将来の一定の期日（権利行使日）に株式や債券などを売買する権利のこと。期日までにオプション自体を売買することもできる。株価が権利行使価格を下回った時にオプションが行使され、償還金額が減るような仕組債も存在する。

天国地獄債は償還時の為替レートによって償還金額が変動するという、いわゆる為替インデックス債。購

入した方が為替変動のリスクを負うため、通常の債券より表面利率が高い。発行会社はスワップを組むことなどにより、資金調達のコストを抑えることができる。

この債券を考えついたのは単なる偶然だった。私は自分の担当会社でなくても、客の資金運用のニーズをある程度把握できている自信があり、「Aさんが担当しているB社なら、こういう商品を買うかもしれない」などと、買い手側の立場で考える習慣がついていた。例えば私が担当していた日本郵船（主幹事は山一）には頻繁に新商品を説明して、前向きに興味を示してもらっていたので、「何か面白いものを考えれば買ってくれるのではないか」と密かに期待していた。そんなある日、午前中からサボって喫茶店でボーッとしている時、ふと思いついたのが天国地獄債だった。

80年代前半の野村には、国際業務部に「スワップチーム」という組織が存在した。仕組債などのハイブリッド債券を考案するチームで、事法からは元理科系の私が週に1〜2回の打ち合わせに出席した。数学の得意な私は複利計算（元金の運用で生じた利息を再投資の元金に組み入れて、元金だけでなく利息にも再投資の利息が付いていくという計算の仕方）やIRR（内部収益率＝複利計算に基づいた、投資に対する収益率）の発想が理解できるので、数学科など理科系の新卒社員の採用も担当していた。上司には使い勝手が良かったようだ。

この債券を考えついた日の夕方、チームの寺西功課長に企画書を持ち込んだ。

「こんな債券を考えたのですが、どうでしょう？　僕の計算が間違っていなければ、この条件で出せるはずです」

企画書に目を通した寺西課長の反応は「これは面白い」と肯定的なものだった。天国地獄債と名付けたのも寺西課長だ。「為替レート次第で、この債券には天国もあれば地獄もある」という意味だった。

寺西功（てらにし・いさお）　１９４７年石川県生まれ。東京外語大を卒業後、71年に野村證券入社。主に債券部や新商品開発部門を経て、90年に取締役に昇格。95年に常務に就任し、97年には野村アセット・マネジメント投信（現・野村アセットマネジメント）専務に転じるが、大蔵省接待汚職事件に連座し、98年1月に東京地検特捜部に逮捕された。

私が考案した天国地獄債の発行や販売はスワップチーム主導で進められたので、何社がいくら発行したのかや、購入した会社の最終的な損益などは、残念ながら私には分からない。考案しただけなので、コミッションももらっていない。野村は発行会社から2％程度の手数料を受け取ったのではないか。仮に発行額が１０００億円なら、野村の手数料収入は約20億円になる。

天国地獄債はフランスで表彰されただけでなく、その年の最も優れた債券ということで、日本経済新聞の1面に記事が掲載された。それを見た事法担当の岩崎輝一郎取締役から「ご苦労さん。ご褒美に高級ブランデーをあげよう」と労《ねぎら》われたので、私はあるお願いをした。

「家で酒は飲みません。その代わり、飲み代のツケが溜まっているので払ってもらえませんか？」

「いいよ、持って来いよ」

それから間もなく、溜まっていたクラブの請求書を岩崎さんに提出した。ツケは全部で200万円近くあった。

「お前、こんなに溜めていたのか？　オレが全部払えるわけがないじゃないか！」

呆れ果てた岩崎さんには結局、30万円程度しか肩代わりしてもらえなかった。

岩崎輝一郎（いわさき・きいちろう）　1937年東京都生まれ。61年に東大を卒業し、野村證券に入社。主に法人営業畑を歩み、85年に取締役（事業法人部担当）に昇格。常務、専務を経て93年に副社長（大阪駐在）に就任。97年には監査役になった。

ゼロクーポン債を使った新商品

事法では各課に1人、債券の担当者と株の担当者が決まっていた。70年代には国内の単純な債券しか存在していなかったが、80年代に入ると、デリバティブを絡めた複雑な外貨建ての仕組債が増え始め、米国の高金利や円安ドル高など投資環境も変わった。古い世代の役員や部長にとって、これを理解するのは至難の業だった。そこで頭の柔軟な若手の社員が、債券売買に責任を持つ担当者として配置されるようになった。私も2年目から債券担当を任された。

基本的に浪花節《なにわぶし》体質の証券会社社員にとって、債券を理解するのは難しい。野村證券で複利計算を理解していた営業マンは、全体の1~2%だっただろう。ただ事法の客である一般企業には金融機関のように債券を大量に購入できる資金力はなく、事法の営業マンも国内債の手数料が急速に引き下げられるに従って、国内債に対する関心が後退した。

そんな中でコミッション亡者の私としては「稼げる債券」として、元本と利息が異なる通貨で支払われる「デュアルカレンシー債」など、投資額の少ない客でも儲けられる可能性があり、しかもコミッション率の高い外債を勧めるようにした。

読者はにわかに信じられないかもしれないが、私はこの頃から急に、客に損をさせることに嫌悪感を覚え始めた。それまでは「買わせた株や債券が値下がりして客が含み損を抱えれば、損が拡大しないうちに投げさせて損切りさせる方が良心的だ」と考えていたし、こちらも売却によるコミッションを得られるので、ついバタバタと客に売買させてしまっていた。それがコンスタントにコミッションを稼げるようになり、精神的に余裕が出てきたのか、「回転商い（過度な短期売買）を止めれば必ず客は儲かる」と思うようになった。「そのためには安定的に収益を生み出して、償還まで安心して保有できる外債を作ればいい」と考えた私は、債券部の1期上の先輩とともに、そうした投資商品を検討した。

その結果として生み出したのが、これから説明するドル建てのゼロクーポン債だ。85年に第2事法の総力を挙げて販売したこの債券は爆発的に売れ、第2事法の月間コミッションの最高記録を塗り替えた。

ゼロクーポン債は毎年の利払いが行われない代わりに、額面に対して大幅に割り引いた価格で発行され、償還時には発行価格と額面との差額がまとめて支払われるので、これが利益になる。いったん購入されると償還まで保有されることが多く、恒常的に品薄状態だった。この時使ったゼロクーポン債は米長期国債やファニーメイ（米連邦住宅抵当公庫）債、ジニーメイ（米連邦政府抵当金庫）債などの米連邦政府保証債、さらにはGMの金融子会社だったGMACやドイツのBASFといった格付けの高い社債で、30から40の価格が最後に100で返ってくるという、主に残存期間10年のドル建て債券だった。

われわれが考えたのは、最後に償還金としてまとめて支払われる利益を毎年1回ずつ、購入者の所有期間に応じて均等に分配するという商品だ。利益の分配は帳簿上だけのことで、キャッシュは償還時まで支払われないが、資金面で余裕のある事業法人には帳簿上だけで十分だった。日本の投資家がドル建て債券を保有する際に付き物の為替変動リスクにも、債券そのものの価格変動リスクにも、ある程度まで対応できるように商品を設計。求める利回りを低く設定しておけば、その分は償還時の為替変動リスクのヘッジ（回避）に回せるよう工夫した。

安定した高利回りが確保できるうえ、為替の安全性もあるため、販売には絶対的な自信があった。そこで外債課にはまず数億ドル分を手当てしてもらった。ところが、その直後に「ゼロクーポン債の税率変更」という情報が流れ、ゼロクーポン債の相場が暴落。日経新聞にも「ゼロクーポン債大暴落」と報道され、これまでに仕込んだゼロクーポン債に数十億円の含み損が発生してしまった。もちろん、まだ販売する前のことである。

まだ入社6～7年目の若造だった私は真っ青になった。担当役員の誰からも了解を得ないまま、全額を事法（つまり私）が買い取る条件で、ゼロクーポン債を勝手に仕入れていたからだ。外債課は私がすべて販売すると信じてくれていたが、どこにも販売しないうちに数十億円の含み損が発生したのだから、さすがに生きた心地がしなかった。

「自信があるならすべて買ってしまえ」

ところが、そこに神風が吹いた。それまで公社債部担当だった森茂副社長が事法の担当になったのだ。森さんが事法担当の副社長に就任した翌日、私は外交に同伴したが、実に穏やかで知的な紳士だった。役員の誰にも報告していないゼロクーポン債の件について、初めて説明する役員が、直前まで債券担当の副社長だった森さんになるとは、これも何かの巡り合わせだったのだろう。車中で私は「副社長、とんでもないことをしてしまいました」と正直に打ち明けた。黙って話を聞いていた森副社長は、静かな口調で言った。

「その運用方法にはそれだけ自信があるのか？　それならチャンスじゃないか。客に嵌め込む自信があるのなら、出てくるゼロクーポン債はすべて買ってしまえ。普段はまとまって手に入らない債券なんだろう？」

私は「ペエペエの僕に、よくもそんなことが言えるものだ」と、森副社長の肝っ玉の太さに驚いたものの、とりあえず役員のお墨付きを手に入れた。急いで本社に帰ると、私は公社債部の仲間を集めて「お許しが出た、徹底的に買ってくれ」と発破をかけ、売りに出されたゼロクーポン債を徹底的に拾わせた。するとその1週間後、今度は「ゼロクーポン債大暴騰」という報道が流れた。そもそも発行額そのものが少ない債券を買い占めたのだから、ある意味で当然の帰結だった。

それからの私は、それこそ寝る間も惜しんでゼロクーポン債を売りまくった。自分の担当会社だけでは資金力が足りず、日立製作所を担当していた竹下賢一課長席に「日立を外交させてください」と頼み込むなどして、同僚が担当している会社にも徹底的に売り込んだ。それ以来、自分の担当以外の会社の財務担当役員とも懇意になり、よく飲みに誘われるようになった。

ちょうどこの頃、私は運用規模の大きい東京三洋電機（群馬県大泉町、86年に三洋電機に吸収合併。現・パナソニック）も担当することになり、このゼロクーポン債を大量に購入してもらった。私が担当会社に販売して得たコミッションだけで月間2億円。第2事法全体のコミッション額も、史上最高額を記録した。

竹下賢一（たけした・けんいち）　１９４６年福岡県生まれ。71年に東大を卒業後、野村證券に入社し、82年から89年まで第2事業法人部課長。新宿野村ビル支店長を経て、91年に取締役に昇格したが、96年に野村不動産常務に転出した。

そしてこの話にもオチがある。コミッション最高記録のご褒美として、当時の第2事法部長だった岩崎輝一郎さんが慰労の席を設けてくれた。酔っ払った私は、調子に乗って内幕をついつい喋ってしまった。私が岩崎部長に何一つ報告せず大量のゼロクーポン債を買い集めたことや、一時的なこととはいえ、ゼロクーポン債に数十億円の含み損が発生していたことなど、目を白黒させながら聞いていた岩崎部長はついに激高。私はまたまた一時的な営業禁止を命じられた。

ところで私の背中を押してくれた森副社長は、同伴営業翌日の85年2月18日にクモ膜下出血で倒れ、そのまま56歳の若さで帰らぬ人となった。紳士的な森副社長が野村を牽引する立場にいてくれれば、その後の野村はかなり違った会社になっていただろう。本当に残念な、早過ぎる死だった。

プラザ合意で死屍累々

このような私の涙ぐましい努力と創意工夫が一瞬のうちに水泡に帰してしまう、天変地異のような出来事が起きた。米国時間の1985年9月22日、ニューヨークのプラザホテルに米国、英国、西ドイツ、フランス、日本の蔵相と中央銀行総裁が集まって開かれた先進5ヵ国蔵相・中央銀行総裁会議、通称「G5」。この場では、参加各国の通貨をドルに対して一律10~12%の幅で切り上げるため、各国が外為市場で協調介入するなど、ドル高是正に向けた行動が打ち出された。いわゆる「プラザ合意」である。

プラザ合意を受けて円高ドル安が一気に進む。プラザ合意の前日に1ドル＝242円だった外為市場の円ドル相場は、85年末には同200円を突破。86年2月末には同180円、4月下旬には同170円と、劇的なスピードで円高が進んだ。その後、5月中旬に1ドル＝160円台前半でいったん底を打ち、同月下旬には同175円前後までドルが反発する局面もあったが、そこからは再び円高基調となり、7月末には同155円を付けた。

この円高ドル安の局面で、私の勧めに従ってドル建て債券を購入した会社は凄まじい為替差損を被った。不運なことに私は「株も債券も客に売り買いさせない」と決めていた。「客は売り買いするから損をする。持ち続けていれば損はしない。そういうドル建て債券を設計するのだ」と意気込んでいたのだ。プラザ合意の前の時点で、ドル建て債を売却した担当会社は1年間でわずか1社。それもごく少額の売りだった。買い注文だけで毎月億単位のコミッションを稼ぐのは並大抵のことではなかったが、それによって客の資産には膨大な含み益が生まれていた。外債の保有残高は私の客だけで第2事法全体の半分に達し、私一人で第1事法の部員全員の客と同額だった。自分が担当している会社にはこうアドバイスしていた。

「アメリカの高金利政策は必ず終わり、ドル建ての金利は必ず下がる（価格は上昇）。だから買ったドル建て債は、償還まで持ち続けるくらいの気持ちでいてください」

そこにプラザ合意後の凄まじい円高ドル安が襲った。客のドル建て債にはあっという間に巨額の為替差損が発生。それまで私を羨ましそうに見ていた同僚たちは、「大変だねえ」などと、一転して憐れみの目つきで見るようになった。

ゼロクーポン債を買ってくれた会社もご多分にもれず、為替差損を抱えた。「商品の設計上、1ドル＝180円程度の円高までは耐えられる」と高をくくっていた私は、プラザ合意の際、「こういう時のために、売り買いを止めさせて含み益を蓄えさせてきた」と自負さえ感じていたほどだ。ところが180円台はいとも簡単に突破されてしまった。客の一部はゼロクーポン債を償還まで保有した上で、損を出した。購入額が大きすぎて、簡単に投げられなかったのである。

その代表例が東京三洋電機。85年から翌年にかけて、製造した石油ファンヒーターの事故が多発し、同社は運用損を抱えたまま86年に三洋電機に吸収合併された。私が88年10月に第2事法から転出するまで、担当した会社の中で損失を解消させられなかった数少ない例だ。

実は私はプラザ合意の1ヵ月ほど前から、「どうも政府・日銀がおかしなことを言っている」と感じていた。「危険だから投げておけ」というシグナルだったのだろう。だが私は「十分な含み益があるから大丈夫」と対応を怠った。油断や思い上がりは資金運用の一番の落とし穴である。

いずれにしても担当会社がプラザ合意後に被った為替差損は凄まじかった。そこで私は「株の運用で取り返すしかありません」と発破をかけ、実際に株で損失を取り返した。その原動力になったのが、80年代後半に野村が仕掛けた「トリプルメリット」「ウォーターフロント」の大相場だった。

第3章 「主幹事」を奪え

1985年9月22日にニューヨークのプラザホテルで開催された先進5ヵ国蔵相・中央銀行総裁会議（G5）でのドル高是正合意、通称「プラザ合意」を受けた急速な円高ドル安。当時のベーカー財務長官らレーガン米政権の高官は、ほぼ1週間おきに外国為替市場に〝口先介入〟して、為替相場をドル安の方向に誘導した。

私が舌を巻いたのは円高ドル安に誘導しようとする彼らのコメントの内容や、それが出されるタイミングの絶妙さだった。プラザ合意から半年ほどの間、高官たちは市場がパニックを起こさないよう慎重に言葉を選びながら、円高ドル安方向に誘導を続けた。あとから考えると、プラザ合意前には彼らの発言から先行きのシグナルが読み取れた。だが日本人は誰もそれに気づいていなかった。かく言う私自身もそうだった。もし気づいていればプラザ合意を儲けの材料に利用していたに違いない。

日本の半導体業界の台頭ぶりを懸念したレーガン政権は、IBM産業スパイ事件を82年に摘発し、日立製作所と三菱電機に大打撃を与えようとした（プラザ合意後の87年の東芝機械ココム違反事件もこの一環）。しかし日本の電機業界が挫《くじ》けないので、輸出産業にとって致命的となる円高ドル安に舵を切った。要するにレーガン政権はドル安というより円高に持って行きたかったのだ。米国は「これで日本のハイテク産業が挫ける」と思ったことだろう。

当時の私が外交していて「この円高に耐えられるのは、ここぐらいだな」と思えたのは、腕時計などのアイデア商品が主体で、商品のライフサイクルが短いカシオだった。「お宅は大丈夫ですか？」と尋ねると、同社の専務はこともなげにこう言った。

「うちはオモチャしか作っていなくて、商品のライフサイクルが半年ですから、同じ半導体を使って機能を増やしていくだけで商品価格に転嫁できる。だから大丈夫です」

半導体にはかなりの容量があり、そこに新しい機能を1つ付けて値上げすれば対応できるというのだ。だがライフサイクルの長い重厚な商品を作っている日本メーカーは、実際にこの円高局面でかなりのダメージを被った。私は「日本の輸出産業もこれで終わりか」と、本気で考えた。

トリプルメリットとウォーターフロント

この窮地から日本企業を救ったのが株価の急騰、誤解を恐れずに言えば野村證券が描いた「トリプルメリット」「ウォーターフロント」のシナリオ相場である。円高、金利安、原油安の3つを「トリプルメリット」と呼び、それを材料に、まず電力会社やガス会社の株価を暴騰させた。まずそこまでやっておいて、次に「ウォーターフロント」を仕掛けたのである。

円高は自動車や電機など日本の輸出産業に打撃を与えるが、一方で輸入品価格の下落につながる。とりわけ日本が消費量のほぼすべてを輸入に頼る原油（資金決済はドル建て）などの資源価格が軒並み値下がりしたことで、国内物価の先高観が抑えられ、日銀に金融緩和政策を実施する余地を与えた。

加えてプラザ合意から2ヵ月後の85年11月、石油輸出国機構（OPEC）の盟主サウジアラビアが原油の需給調整役を放棄して増産に転じた。これによって原油価格は、86年1月からの半年間で約70％も下落す

る。「逆オイルショック」と呼ばれるこの事態は、日本の産業界に強烈な追い風となった。

政府・日銀は窮地に陥った輸出産業の救済と、円高ドル安の維持（日本の国内金利の低下）を求めるレーガン米政権の意向に応える目的で、86年1月から87年2月まで、政策金利の公定歩合を5度にわたって引き下げ、史上最低（当時）の2・5％にした。高金利の米国でも、連邦準備制度理事会（FRB）が日銀と協調して利下げを行った。市場金利は急激に低下し、日本国内は次第にカネ余りの状態になる。金融機関は担保の掛け目を著しく緩和して低利の資金を融資し、法人投資家は金融機関から資金を借り入れて、株式や債券に投資した。この状況に着目して野村が描いた株価上昇のシナリオが「トリプルメリット」と「ウォーターフロント」で、86年から87年にかけて株式市場に巨額の資金を呼び込んだ。

あの2つのキーワードを思いついたのは株式担当だった橘田喜和取締役（当時）だが、ウォーターフロントは彼が自分で思いついたわけではなく、東京都の資料の中から見つけ出してきた言葉だった。「これは使える」と飛びついたところが、いかにも彼らしい。当時はそんな用地の再開発計画など存在しないにもかかわらず、「東京湾岸にある石川島播磨重工業（ＩＨＩ）の工場跡地を開発したらどうなるか」といったシナリオを掲げて、投資資金を呼び込んだのだ。

橘田喜和（きつだ・よしかず）１９３９年大阪市生まれ。和歌山大を卒業後、62年に野村證券に入社し、主に個人営業畑を歩いた。85年に取締役（株式担当）に昇格すると、80年代後半のトリプルメリット相場やウォーターフロント相場を牽引した。常務、専務を経て90年に副社長に就任。田淵義久社長の後継候補の一人と目されたが、92年に野村ファイナンス副社長に転出し、95年に社長。97年からは債券の業者間売買を仲介する日本相互証券の社長を務めた。

橋田喜和
元野村ファイナンス社長

円高、金利安、原油安を囃《はや》して86年から始まったトリプルメリット相場では、この3つの材料の好影響をもろに受ける東京電力、関西電力、中部電力などの電力会社、東京ガスや大阪ガスといったガス会社、それに関電工など電気設備・電力工事会社が買われた。トリプルメリット相場がある程度限界に到達すると、ほぼ切れ目なく、再開発プロジェクトによって地価が高騰した東京湾岸に広大な土地を保有しているＩＨＩ、東京ガス、日本鋼管（88年6月にＮＫＫに社名変更）を〝御三家〟とするウォーターフロント相場が始まる。トリプルメリット相場の時にもウォーターフロント銘柄は買われていたので、内部にいると「トリプルメリット・ウォーターフロント相場」ともいうべき様相を呈した。

証券マンは物事を深く考えない、単純な人間が多い。背景が円高であろうがなかろうが、会社全体の方向がいったん「ウォーターフロントで行くぞ！」と決まると、全社で取り組むので盛り上がるのは当たり前。私が金沢支店で取り組まされた西濃運輸とユニーのように各営業本部が単独で決めるといったシケた話ではない。各本部長が競い合って取り組み、大変な迫力だった。もちろん事法も同じ方向に動く。第1事法と第2事法はそれぞれ5課編成で各課とも5人だが、各課のコミッションは大きな支店1ヵ店分ほどもあり、トリプルメリット・ウォーターフロント相場の時は、われわれ5人で基幹店の虎ノ門支店（東京都港区）1ヵ店分に匹敵するほどの稼ぎがあった。

ところでこの当時、株式市場では「Qレシオ」（実質株価純資産倍率）と称する、株価を1株当たりの実質純資産で割って弾き出す指標が使われた。実質純資産とは純資産に、時価で計算した含み資産を加えたもの。「会社が保有する土地の含み益を考慮すると、その会社の株価は決して割高ではない」と主張するための材料だったが、事業の将来価値を軽んじる可能性があり、私はこの指標だけで株価を考えるのは間違っていると思った。

産業界を救った株式市場

ウォーターフロント相場の中心銘柄になったNKKは、私が第2事業法人部に在籍した7年間のうち、後半の2年数ヵ月間にわたって担当した縁の深い会社だ。担当することが決まった頃、ウォーターフロント相場はすでに始まっていたと記憶しているが、当初は潰しても構わない工場を東京湾岸に所有していたIHIなどの造船株が買われ、NKKなどの鉄鋼株はまだその対象に含まれていなかった。

ある土曜日の午後、私はNKKの扇島工場（川崎市川崎区と横浜市鶴見区にまたがる埋立地に建設された銑鋼一貫製鉄所）から銀座まで、首都高速を使って何度か往復してみた。すると片道わずか15分の近さである。

「これは絶対にシナリオが描ける」

私は扇島工場用地の再開発計画に着目していた。何といっても敷地面積550万㎡、東京ドーム約117個分だ。この広大な土地にマンションを建設すれば、いったいどれだけの人が住めるだろう。しかも銀座から車で15分もあれば帰れる。その数日後、私は都内の支店の営業マンをそこに集め、バスに乗せて敷地内を走らせた。

「ほとんど工場が建っておらず、土地ばかりだろう。ここにマンションが何棟建つと思う？　東京23区の一つの人口がスッポリ入るんだぞ」

次に近畿営業本部長を週末に説得し、週明けの朝に入れるNKKの買い注文1億株を集めてもらった。そこからNKKもウォーターフロント相場に組み込まれていく。自分が担当する会社を推奨することは珍しいことではなかったが、事法の同僚はあまり乗ってこなかった。

いずれにせよ、トリプルメリット相場やウォーターフロント相場に引っ張られて、日本の株価は暴騰していった。そこで起きたのがスイスフラン建て転換社債（CB）やユーロドル建てワラント債（WB）の一大発行ブーム。すなわちエクイティファイナンス（株式発行を伴う資金調達）の大流行だ。CBやWBの特徴は前章で述べたが、株価に先高期待があればWBのワラントの価値は上昇するため、それに合わせて債券の発行価格を低く抑えることができる。ドルと円をスワップして償還時の為替レートを確定しておけば、発行会社はマイナスコストで資金を調達できるという事態さえ起きた。ワラントと為替スワップを利用することで、数千億円という資金がマイナスコストで調達できるのだから、ファイナンスした会社は調達した資金を惜しげもなく、設備投資や研究開発に投じることができた（運用資金を調達する目的だけでエクイティファイナンスを実施した会社ももちろん数多く存在した）。

だから80年代後半の数年間は、エクイティファイナンスで調達した資金を使った生産設備の充実が図られ、技術開発が最も進んだ、日本の黄金時代だった。つまりプラザ合意後の産業界の危機的状況を救ったのは株式市場であり、野村證券が仕掛けたトリプルメリット・ウォーターフロント相場だったと、私は確信している。

大流行した海外のエクイティファイナンス

日本企業が外貨建てのエクイティファイナンスを行うようになったのは、80年代前半のスイスフラン建てCBが嚆矢《こうし》だ。スイスは当時の日本より低金利で、スイスフランは価格変動リスクが比較的小さい。スイス・ユニオン銀行（UBS）、スイス銀行（SBC、現在はUBSに統合）、クレディ・スイスの3大金融機関が販売を引き受けてくれることもあり、日本の株価の上昇基調が続いた80年代後半になると発行額も急増した。その後はドル建てCB、スイスフラン建てWBと続き、80年代後半のユーロドル建てWBで爆発的なブームを迎えた。ピークの89年に日本企業が発行したユーロドル建てWBは620億ドル（89年の円ドル相場の平均値で8兆5537億円）にも達した。

ファイナンスのコミッションは部員個人ではなく、第2事業法人部全体のものとしてカウントされる。「主幹事会社のファイナンスは取って当然」と前章で書いたが、要するに主幹事証券の担当者として、絶対に取られてはならない最低限のノルマ。われわれは〝出勤簿〟の隠語で呼んだ。ファイナンスだけでは、部員はコミッションを取れなかったが、自分の担当会社が発行したWBなどを別の担当会社に購入させると、コミッション額は大きかった。

私は発行前のユーロドル建てWBのワラント部分を、できる限り自分（野村證券）で買い取るようにした。「グレーマーケット」と呼ばれる業者間取引ですべて押さえるのだ。グレーマーケットはそのファイナンスに対する投資家の人気度を測る市場で、そこで付いたワラントの価格でWBの発行条件が決まる。

外貨建てのCBやWBの発行調印式は、スイスフラン建てCBがスイスのチューリヒ、ユーロドル建てWBがロンドンで行われるため、事法の担当者や引受部の社員は、発行企業のトップや財務担当役員に同行して、欧州に頻繁に出張した。だが英語が話せない私は、調印式にほとんど同行しなかった。ところがある日の出勤途中、鈴木政志常務（当時）から不条理な命令を受けた。

「野村の米国現地法人のトップに仕組債とスワップを説明する必要があるのだが、できるやつが誰もいない。お前、そのまま成田からニューヨークに飛んで、ジョン・エフ・ケネディ空港で説明して、すぐに同じ飛行機で帰って来い」

全くとんでもない。私は必死になって行けない口実を作り、米国行きを何とか回避した。

仕組債など高度の数学知識が必要な外債を担当会社に説明に行くと、思わぬ事態に遭遇することがある。私が担当していた日本郵船には、数字に強い社員がいて、仕組債やスワップの説明を喜んで聞いてくれた。先輩が担当していた大手造船会社を訪ねて、仕組債を説明するため確率微分方程式を持ち出すと、話を聞いていた財務担当の取締役から「船の設計でずっと使っていた。懐かしいから聞かせてくれ」と言われ、間違ったことは言えないと冷や汗をかいたこともある。

歴史のある大会社には必ずそんな社員がいて、説明をきちんとこなすと信頼してもらえるようになる。知識欲がある人に新しい情報や知識を提供すると、こちらから「買いましょう」と持ち掛けなくても、向こうの方から買ってくれる。いったん身につけた知識は、どこかで使いたくなるのが人情というものなのだろう。

株価引き上げを要求した群栄

投資家がCBを株式に転換したり、WBのワラントの権利を行使して株式を入手する（その際には別途、購入代金を会社に支払う）ためには、その会社の株価が上昇してCBなら転換価格、WBなら権利行使価格を上回らなければならない。ところが業績が振るわなかったり、不祥事が起きたりして、どうしても株価が転換価格や権利行使価格を上回らないケースが出る。

そうなるとCBやWBを発行した会社は、債券を償還して投資家に資金を返還する必要に迫られる。だがこの資金も投資に回して損失が発生していたりすると、幹事の証券会社に株価を吊り上げるよう（つまり株価を操作するよう）泣きついて、株式への転換や権利行使を無理やり促進しようと画策するところが出てくる。

そういうケースに私も何社か遭遇したが、その最たる例が群馬県高崎市の化学メーカー「群栄化学工業」だ。創業者で社長の有田伝蔵氏（故人）、その長男で副社長の有田喜一氏（88年に社長、2016年に会長）ら有田一族の、ファイナンスのルールを無視するかのような振る舞いにはほとほと困った。

群栄はもともとデンプン糖（分かりやすく言えば水飴）の製造販売会社で、現在はフェノール樹脂と異性化糖を製造している。伝蔵氏は理化学研究所の出身といわれ、喜一氏は日本大学を卒業して東大の大学院に進んだ。本業の業績は恒常的に苦しく、エクイティファイナンスで資金を調達しては、その運用益で本業の不振をカバーしていた。当時の会計基準は購入時の価格（簿価）での計上を認める原価法だったので、群栄は値上がりした株式や債券を売却して利益を計上する一方、含み損が発生したものは放置した。運用資金が底をつくとエクイティファイナンスで調達し、運用益で何とか経常黒字を保つというパターンを繰り返していた。

私は第2事法に異動して約半年後に、この会社の担当になった。群栄は当時すでに日興証券を主幹事にして複数本のスイスフラン建てCBを発行していた。転換価格は300円台後半。表向きの発行理由は「工場建設資金の調達」になっていたが、本当の理由は運用資金の調達だった。

CBの償還期限が迫った83年のある日のこと、伝蔵氏が私に泣きついてきた。群栄の株価はいまだCBの転換価格に達していなかった。

「横尾さん、CBの償還金に当てるカネがない。何とか転換促進をやってくれ。助けてくれ」

「あのCBは、僕が担当する前に日興証券が主幹事で出したものでしょ。野村證券は関係ありません。日興で出されたのだから、日興に頼んでください」

私は伝蔵氏を冷たく突き放した。だがよく考えてみると、会社四季報に掲載されている群栄の主幹事証券は野村だし、お願いを聞いてあげれば次回の海外でのエクイティファイナンスの主幹事を取り返せるかもしれない。ついスケベ根性が出て、私は「何か材料があるのなら」と請け負ってしまった。そこで説明に登場したのが、副社長の喜一氏。「カイノール」という名前の高機能繊維などを見せられた。喜一氏とはこの時期に何度も会い、「じゃあ、やってあげましょうか」ということになった。

私は喜一氏から聞いた内容を数枚のリポート用紙にまとめ、極秘というスタンプを押して、野村本社の株式部の入り口あたりに落としておいた。株式部には業界紙の記者が出入りするので、誰が拾うかは分からなかったが、ダメ元でやってみたのだ。すると早くもその翌日、株式新聞に私が思い描いた通りの内容の記事が出た。さらに東京証券取引所の記者クラブで行った決算発表の記者会見に大量の商品を持ち込み、喜一氏が「夢の電池、カイノール電池」などと、1時間あまり〝独演会〟をやった。

私も複数の担当会社に依頼して群栄の株を買い上げてもらった結果、300円台半ばだった群栄の株価は上昇基調に転じ、めでたく転換価格を突破。株式への転換も順調に進み始めた。

予備株券がない!?

スイスフラン建てCBは基本的に流通市場が存在しておらず、購入したスイスの投資家の大半は、CBを株式に転換してから売却してくる。とはいっても、CBのすべての購入者が株式に転換してくれているわけではなかった。償還資金が不足している群栄は、発行したCBをすべて株式に転換させたいと考えていたので、私はスイスの投資家の転換を促すため、群栄の株価が当初の倍の700円台に入った時点で株価を急騰させ、転換された株式を野村でまとめて買い取ろうと考えた。

そのためには株券が必要不可欠であることは言うまでもない。CBを発行する会社は発行を決めた際、新たに付与する株券を全株刷っておくのが国際的な取り決めである。これを予備株券と称するが、私は群栄も当然、予備株券を刷り終えているものとばかり思っていた。

株価が600円に到達した日、私はスイスの投資家に一気に転換させようと目論み、翌日の取引で、群栄の株価を前日比100円高のストップ高に持って行こうと、朝から客の買い注文を入れた。ところが午前の取引が終わった11時過ぎ、野村を訪ねて来た伝蔵社長と丸山佶延《よしのぶ》財務部長が信じられない一言を口にした。

「横尾さん、いつもありがとう。実はさっき、印刷所へ行ってきてね」

「そうですか。何の用だったんですか？」

「いえね、まさかうちのCBがこんなに株式に転換されるとは思っていないもので、予備株券を半分しか刷っていなかったんだよ」

「えぇ!?　今日ストップ高にして、残りのCBを一気に転換させるつもりなんですよ。かなりの株数になると思いますが」

「でも今は株券がないんだよ」

読者は「ストップ高にして一気に転換させることを、なぜ事前に群栄に伝えておかないのか」と思われるかもしれない。だが予備株券を全株分刷っていないなんて、想定外もいいところ。常識では絶対に考えられない。しかも野村ではなく日興が主幹事で発行したCBなので、筋としてはこちらから言い出すことではない。車を売る時に、誰も「免許証は取得していますね」と聞かないのと同じだ。こんなことが表沙汰になれば、日本の上場会社の信用に関わる。

引受部の田窪忠司部長（当時）に至急報告すると、田窪部長の顔色が変わった。

「バカ野郎、そんなもの、国際協定違反じゃないか。そんなことがバレたら、日本の上場会社は欧州でエクイティファイナンスができなくなるぞ。どこだ、その会社は？」

「群栄化学です」「ああ、あそこかー」

田窪部長が社名を聞いて思わず納得してしまうほど、野村社内でも群栄の名は有名だった。怒っていてもしょうがないので、私は伝蔵社長に「3日待ちます。これからもう一度印刷所に行って、土下座してでも3日以内に予備株券を用意してください」と尻を叩いた。

田窪忠司（たくぼ・ただし）　1937年広島県生まれ。62年に慶大を卒業して、野村證券に入社。主に引受と債券畑を歩き、航空機リース事業の子会社「野村バブコック・アンド・ブラウン」に出向したあと、同社常務から87年12月に野村證券常務に就任した。取締役を経ずに子会社役員からいきなり常務に就任するのは、野村では初のケースで、経済界で話題になった。専務を経て90年に副社長となり、97年に野村アセットマネジメント投信社長に就任。だが98年10月に解任され、その半年後には朝日ライフアセットマネジメント社長に就任して再び話題になった。

問題は群栄の株価だ。午前中にすでにストップ高にしてしまった。私は群栄の株を買ってもらっていた、自分の担当会社に頭を下げて回った。日頃から馴染みの深い、私とはお互いに貸し借りのある会社ばかりだ。

「実はこういう訳で、大変な問題になってしまうので、今朝の寄り付きで買っていただいた分と、これまでに買っていただいた分を、成り行きで投げさせてください」

「分かりました、さぞお困りでしょう。お好きなようにすべて投げてください」

そこで今度は、群栄の株価を前日比100円安のストップ安まで持って行った。つまり600円から100円値上がりして700円になっていた株価を、今度は500円まで引き下げたのだ。今こんな売買をすれば、たちどころに証券取引等監視委員会（SESC）から呼び出しを喰らうが、幸いにも当時はまだ大蔵省の監視の目が緩かった。それから3日間は株価を上げないように買って、値下がりするように投げる（もちろん売り買いは客からの注文）ことを繰り返した。協力してくれた会社には、とんでもない迷惑をかけた。

約束の3日後に伝蔵氏が来社した。私は「こういう理由で、何社かの上場会社には大変な迷惑をかけた。何億円も損をさせたので、せめて挨拶に回ってお礼を言ってほしい」と頼んだ。ところが伝蔵氏は「横尾さん、それはあなたに頼むわ。オレは忙しいから」と、協力してくれた会社に一言の礼も言わず、さっさと高崎に帰ってしまった。

株価はその後、私の担当する会社に買い付けてもらったお陰で1490円まで上昇し、スイスの投資家が保有していた群栄のスイスフラン建てCB3銘柄は、めでたくすべてが株式に転換された。

群栄が「プリンストン債」詐欺に

98年3月、伝蔵氏が83歳で亡くなった。当時、新宿野村ビル支店長を務めていた私は「葬儀に顔を出してくれ」と頼まれ、高崎市で行われた葬儀に出席したが、群栄の役員の一人が読んだ弔辞の一文に唖然とした。

「この工場があるのは、先代社長がたくさん出したCBが全額転換されたお陰です」

CBがすべて転換されない場合に備えて、伝蔵氏はある程度の償還金を用意していたのだろう。その金が不要になり、工場建設資金に回すことができたに違いない。私は心の中で毒づいた。

「転換させてもらえたのは誰のお陰だ。予備株券を刷っていなくて、私の担当会社に大迷惑をかけたのはいったい誰なんだ」

しかも伝蔵氏は性懲りもなく、その後も日興を主幹事にしてスイスフラン建てCBを発行した。さすがにこれに関しては、野村社内でも私にお咎めはなかった。

群栄の主幹事証券は野村なのに、なぜ海外のエクイティファイナンスの主幹事は、野村ではなく日興なのか。理由は簡単だ。調印式のため欧州に出かけた有田一族に、日興は大名旅行をさせていたのである。日興が主幹事で発行される、スイスフラン建てCBの発行調印式の旅程を見たことがある。何と調印が終わってから1ヵ月間も、豪華なホテルに宿泊して欧州中を観光して回るのである。「野村さんで発行する時も、こういうスケジュールをお願いします」と群栄側に言われ、私は「調印が終わればその日に帰国します。いったい何が悲しくて、野村が有田一族の大名旅行のスポンサーにならなければいけないんですか？」と撥ねつけた。

伝蔵氏から国内の公募増資の依頼を受けたこともあるが、私は断った。群栄が大蔵省の引受審査事項の一つに違反していたからだ。エクイティファイナンスは目的を開示する必要はないが、調達した資金の使途は明記する必要がある。群栄は調達した資金の使途について、毎回のように「工場建設」と書いていたが、実際は財テクだった。審査基準が緩い海外でのエクイティファイナンスに比べて、より厳しい国内で、そんなデタラメが通用するはずがなかった。ところが伝蔵氏は「大丈夫だよ、××先生に頼むから」と地元選出の有力代議士（総理大臣経験者）の名前を持ち出し、平然としていた。

こうした群栄のルーズさが如実に表れたのが、日本の上場会社を相手にした巨額詐欺事件として、99年に世間を騒がせたプリンストン債事件だ。外資系のクレスベール証券東京支店が販売した、プリンストン債と呼ばれる私募債（実態は運用実態が不透明な投資ファンド）を、群栄は約118億円も購入し、そのすべてが戻って来なかった。

群栄はプリンストン債を複数回に分けて購入していた。群栄が最後に100億円分を購入する直前、新宿野村ビル支店長だった私に、群栄の丸山財務部長が「これ、イカサマのような気がするけれど、見てもらえませんか」と、和訳されたプリンストン債の書類を送ってきた。一読すると、運用スキームに登場するSPC（特定目的会社）の名称が、会社名を構成する複数の単語の頭文字をつなげた省略形で表記され、ある有名な会社と同じになっていた。こうした書類では、会社の名称はフルネームで表記されるのが普通だ。私は「これは引っ掛けだ、こういうのは大方が詐欺だ」と思い、丸山部長にその事実だけを伝えて「確証はありませんが、7割方は詐欺です。有田（喜一）社長にそう言ってください」と話した。

間もなく丸山部長から電話が掛かって来た。

「有田は（プリンストン債を考案した）マーティン・アームストロングに惚れ込んでいるようで、横尾さんの意見を説明しても、全然聞かないんです」

その後の結果はご存じの通りだ。喜一氏は伝蔵氏の長男で、88年7月に社長に就任し、16年6月まで28年間もその地位にあった。投資に関する持論があり、こちらが勧めた金融商品を素直に買うような経営者ではない。こちらが勧めても一度は断るか、考えさせてくれと答えるのが常套手段だった。私は94年5月から高崎支店長を務め、97年5月に新宿野村ビル支店長として異動するまで、この会社と再び関わる。さらにオリンパス事件でも、この会社との取引をめぐって謂《いわ》れのない詐欺罪に問われ、喜一氏のコロコロ変わる証言に頭を抱えることになるのだ。読者には群栄化学工業の名前を、ここで脳裏に刻んでおいていただきたい。

日商岩井の株価操作依頼

群栄化学に負けず劣らず面倒だったのが、総合商社の日商岩井（現・双日）だ。当時の社長は、日銀理事から転身した速水優氏（98年3月から03年3月まで日銀総裁）。その甥に当たる加賀誠太郎氏（96年2月に56歳で死去）が、日興証券でスイスフラン建てCB発行の窓口となる「スイス日興証券」のトップを務めていた。日商岩井の主幹事証券は野村だったが、速水社長に取り入ろうとする財務担当の副社長が、海外のエクイティファイナンスの主幹事を日興証券ばかりにやらせようとする。私の前の第2事法の担当者は、日興に3度も主幹事を持って行かれた。もとより加賀氏を野村にスカウトできるはずもない。

そこで野村の事法担当の役員たちは一計を案じた。野村が主幹事になっている総合商社は通常、職位が課長以上の事法マンが担当する。つまり担当者は入社11年目以上の社員であることが常識だった。だが日商岩井だけは、事法に異動してきて4年目、まだ20代後半で主任に過ぎない私にあえて担当させた。それを知った日商岩井の財務担当者は「何であんな若造が担当なんだ」と激怒したという。

だが当時の私はすでに、日本最古の株式会社といわれる日本郵船で、同じ経験をしていた。郵船の主幹事は山一。他社の事法は、次長や部長が担当するレベルだ。この格式高い会社を、第2事法3年目の、店内主任の私が担当することになった。引き継ぎ後に一人で外交すると、財務担当の役員から「本当の担当者を連れてこい」と言われた。だが最終的には、実績で信用を勝ち得た。郵船は証券会社ごとに運用成績を付けていたが、トップは常に野村、つまり私だった。私が担当の間に、郵船は初めて野村にスイスフラン建て普通社債（ＳＢ）の主幹事を任せた。私を見下していた役員も、最後は「やはり担当は若くなければダメだ」と言ってくれた。

日商岩井に話を戻そう。日商岩井は昭和初期まで存在した大商社、鈴木商店の後身ともいえる会社で、速水社長の妻君の実家がその鈴木商店のオーナーだった。その関係で速水氏は、オーナー一族でもないのに、日商岩井の返り咲きのオーナーのように扱われていた。

81年6月に速水氏が専務として迎えられた半年後、日商岩井香港が為替投機で１６０億円強の損失を出すという不祥事が起きた。だが84年6月に社長に就任した速水氏は、さらに資金運用を拡大させ、運用額は金融子会社だけで数千億円に達していた。90年代初め、私は以前の担当者から「日商岩井の運用損失は1兆円近くある」と聞かされたことがある。

日商岩井で面倒だったのは、財務担当の副社長からの株価操作のプレッシャーが度を越していたことだ。彼は私に毎日電話してきて、大変な剣幕で「うちの会社の株価を１０００円まで持って行け」「ここで１０００万株の買いを入れろ」「日興はやってくれているぞ」などと、強烈な圧力をかけてきた。

ある時など「明日は野村が１０００万株買いに入ってくれる」と吹聴して、他の証券会社に日商岩井の株を仕込ませた。その上で「ここまで言ってるんだ。お前が明日買わないと、大変なことになるからな」と私を脅迫する。仕方なく同社の財務部に行くと、副社長以下、財務担当の役員、部長、副部長、課長の幹部全員が会議室で雁首揃えて待っていた。私は日経平均株価のチャートを上下逆さまにコピーしたものを持参し、「専門家の皆さんに教えてもらいたいことがあります」と発言して、このコピーを見せた。

「この株は買いでしょうか、売りでしょうか」

「底を打っているから、絶対に買いだ」

そこで私は、コピーの上下をひっくり返して言った。

「実はひっくり返すと日経平均のチャートです。皆さんの意見では、日経平均は天井をつけています。こんな状況でも御社の株を買えとおっしゃるなら、私がお願いする株を同額買ってください。御社の株を買うのであれば、御社にも上場会社の株を買ってもらいます」

頭に来ていたので、私はここまで一気にまくし立てた。すると財務部長が発言した。

「こいつの言うことは正論です。すべては彼に任せましょうよ」

この会議のあと、株価操作の要求はいっさい来なくなった。要するに若い私を舐めて、小僧扱いしていたのだ。

不正を目論む財務担当副社長を一喝

日商岩井のエレクトロニクス事業部で、最も有力な子会社が「日商エレクトロニクス」だった。日商エレクトロニクスは90年3月に東証2部に上場を果たすが、私が日商岩井を担当した頃にはすでに上場予定銘柄に入っていて、主幹事も準大手の日本勧業角丸証券（現・みずほ証券）に決まっていた。実はこれには裏があった。日商岩井の財務課長から聞かされた話によると、財務担当の副社長は、新規公開株を勧角から大量に入手することと引き換えに、主幹事を勧角に渡していたのである。教えてくれた財務部の社員たちも、よほど頭に来ていたのだろう。

当時の新規公開株は、まとまった数量が手に入ると短期間で何千万円もの利益が得られる、まさに〝濡れ手に粟〟の状態。他の財務担当取締役などは、そうしたバーター取引が存在することに気づいて不快に思っていたが、何せ相手は速水社長お気入りの副社長。抗いようがない。日商岩井の海外のエクイティファイナンスは日興に持って行かれ、日商エレクトロニクスの上場幹事も勧角に取られてしまっていた私は、自分が財務部の声を代弁する立場になった気分で、件《くだん》の副社長の部屋に乗り込んだ。

「幹事関係を使って汚い真似をするのは止めてください。私が知っていることを、すべてバラしてもいいのですか。新規公開株をもらうのは親会社の日商岩井です。あなたがいくら財務担当の副社長だといっても、新規公開株を個人的にもらうのは間違っています」

この捨て身の一撃で、私は日商エレクトロニクスの主幹事の座を奪い返した。さすがにやりすぎたかと思ったので、上司の鈴木政志専務（当時）には結果だけ報告し、かなり驚かれた。

ちなみに日商エレクトロニクスはその後、日商岩井とニチメンの経営統合で誕生した双日に完全子会社化され、09年8月に上場廃止になった。

こうした日商岩井と私とのゴタゴタには、まだ続きがある。88年秋に私が野村企業情報に異動したあと、早朝にトイレに入っていると、女子社員が慌てて飛び込んで来た。

「横尾さん、大変です！　田淵（義久）社長がお呼びです。事法に行ってください」

いったい何事かと、とりあえず事法に行くと、すでに鈴木専務たちが鳩首協議している。

「エラいことになったぞ、横尾。昨日の夜、日商岩井の社長とうちの田淵社長の宴席があって、その席で、日商岩井が日興を主幹事に7億ドルのユーロドル建てWBを出すことが分かった。何とか取り返せないか」

私は野村企業情報に異動するまで、ずっと日商岩井の担当だった。後任の担当者に「ファイナンスの枠はあとどのくらい残っている？」と尋ねると、7億ドルの他にまだ200億円（約2億ドル）ほどあった。それを聞いて「あとは任せてください」と念押しし、役員と部長と私の3人で、日商岩井に向かった。

財務部に行くと、副社長が「なぜ異動した横尾が来るんだ!?」と驚いている。「汚いことをやるところには必ず現れるんですよ」。私は悪を懲らしめる正義の味方のような台詞で応えた。しばらく雑談していると、副社長の方から話を切り出した。

「前は野村さんにやってもらいましたから、今度は日興さんでやってあげないと。日興さんはいろいろやってくれていますし」

私は「性懲りもない奴だ。まだ分からないのか？」と無性に腹が立った。

「日興が何をしてくれたんですか？　株価操作ですか？　新規公開株をくれたんですか？　速水社長の甥っ子への気遣いですか？　うちの田淵社長はカンカンですよ」

部屋には財務部の課長以上が顔を揃えていた。

「皆さん聞いていらっしゃいますから、順番に言ってください。皆さん聞きたいでしょ？」

部屋にいる誰もが、微かにうなずいている。特に日商岩井の課長は目を輝かしていた。副社長が「じゃあ、どうしたらいいんだ」とか細い声で言った。

「私が一つ提案しましょう。日興証券にはマンデート（幹事宣言書）を渡しているでしょうから、今さらゼロにはできないでしょう。速水社長のご親戚にも迷惑をかけることになる。ＷＢの発行額を1億ドル増やして総額8億ドルにして、4億ドルずつ2本に分けて、野村と日興で4億ドルずつにすればいいじゃないですか。ただし大蔵省の手続きをするトータル主幹事は野村です。これが、田淵社長が承諾する最低条件です」

全員が黙っていた。この時点の私は、もう第2事法部員ではない。部外者がそこまで決めていいのかと少し不安になったが、もう引っ込みはつかない。副社長が「ちょっと考える時間をください」と発言したので、われわれは本社に帰った。夕方、副社長から電話が掛かってきた。

「横尾さんのおっしゃる通りにします。野村さんがトータル主幹事で、発行総額を8億ドルにして、野村さんが4億ドル、日興が4億ドルということで、速水の了解を取りました」

日興スイスの加賀氏に花を持たせる義理など、速水社長にもなかったはずだ。副社長が勝手にやっていただけのことだろう。当時の第2事法で、誰もが「絶対に担当したくない会社」に挙げていた日商岩井（もう一つはあるオーナー系の流通業者）。業績不振と6000億円の不良債権を抱えて存亡の危機に立たされ、04年にはニチメンとの経営統合を余儀なくされた。91年の第1次証券不祥事を受けて証券取引法（現・金融商品取引法）が改正され、損失補塡を要求できなくなったことが、日商岩井が消滅する遠因になったのではないかと、私は個人的に思っている。速水氏は09年5月に84歳で亡くなった。

NKK作戦

ところで第2事法を卒業する3ヵ月前の88年7月頃、私はついに、担当していたNKKから海外のエクイティファイナンス（ユーロドル建てWB）の主幹事を獲得した。NKKの主幹事証券は山一である。その経緯を書き記しておこう。

NKKの株価が500円前後だった88年6月頃、私はNKKの砂金《いさご》俊夫副社長からエクイティファイナンス実施の意向を示された。実は砂金副社長からはその半年ほど前の88年初頭にも「エクイティファイナンスをやりたい」と言われていた。当時の株価は250円前後。その時点でNKKの88年3月期の一株当たり利益の見通しはマイナス9円で、これではファイナンスは難しい。その旨を伝えると、砂金副社長が面白いことを言った。

「利益がいくらならできるの？　うちぐらいの規模の会社だと、1株当たりの利益は30円ぐらいいくらでも調整できる。毎年の設備投資を見ても、メンテナンス費用だけで何千億円と使っているでしょ。そんなものはいくらでも利益に回せるし、税金を払いたくないと思えば、1株当たり10円ぐらいのマイナスにしておけばいい。私の試算では1株当たり利益は23円ぐらいまで簡単に持っていける」

1株当たり利益を23円とすれば、仮にブラックマンデー（現地時間87年10月19日にニューヨーク株式市場で起きた株価の大暴落。この影響で翌20日の東京株式市場も日経平均株価が前日比3836円48銭値下がりした。これに関連するエピソードは次章で詳述する）がもう一度起きて、PER（株価収益率＝1株当たり利益に対して、株価が何倍まで買われているかを表した数値）が20倍程度にまで下がるとしても、NKKの株価は500円前後。PERが50倍なら、株価は1000円だ。要するに250円などという低い株価は、NKKの事業実態に比べて著しく割安だった。

「250円なんかでファイナンスしても、大損になります。もっと値上がりしてからやるべきです。まともな利益を出してからやりましょうよ」

私は砂金副社長にこう説明しておいた。事法マンの力量は、こうしたインサイダー情報を取れるかどうかで決まる。「シメシメ」と小躍りした私は、同僚にNKKの1株当たり利益の件を伝え、客に推奨するよう勧めた。ブラックマンデーの後遺症に誰もが困っていた時期で、簡単に食いついてくると期待したが、彼らは「またそんなこと言って、オレたちに高値づかみさせるつもりだろう」と取り合わない。事法部員は基本的に仲がよかったが、そういう点ではお互いを信用していなかった。私は少しがっかりしたが、ウォーターフロント相場のところでも紹介したように、近畿営業本部に勧めて1億株を購入させたり、自分の担当会社に買ってもらったりして、ＮＫＫの株価水準を少しずつ切り上げて行った。私はこれを〝ＮＫＫ作戦〟と名付けた。

株価が５００円になった時点で、砂金副社長から再びエクイティファイナンスを打診されたのは、こうした経緯があったからだ。私は会社設立からその時点までに発行された三十数億株（無償増資を含む）によって、ＮＫＫがどれだけの資金を調達したかを確認し、配当額をファイナンスで求められる最低限の水準に設定して、銀行借り入れとのコストの比較を試みた。すると５００円の株価で２億株発行する程度なら、銀行借り入れのコストの方が割安で、株価が９００円を上回らない限り、その状態に変わりはないことが判明した。ＮＫＫは未上場の頃から低株価でのファイナンスをやり過ぎていた。

そこで私はあえて「エクイティファイナンスには時期尚早」との意見を砂金副社長に伝えた。ところが野村の事法担当の役員からは激しく叱責される羽目になった。

「お前、何をやってるんだ。ＮＫＫの気持ちが変わったり、株価が下がったりしたらどうする？　今のＮＫＫとお前の関係なら、主幹事は間違いなく取れる。ファイナンスさせろ」

私が「まだ主幹事が取れるほどの関係ではないし、株価が１０００円になるまで引っ張ります」と主張すると、また「バカ野郎、１０００円まで行かなかったらどうするんだ？」と叱責される。

会社がやりたいと言ってきているのに、証券会社の方が差し止めているのだから、役員たちが怒るのも当然だった。

私が進退窮まっていると、岡莞爾常務だけが「面白いじゃないか。オレが一緒にＮＫＫに行って説得してやるよ」と賛同してくれた。そこで岡常務とともにＮＫＫを訪ねて、砂金副社長と財務担当の井出照一専務に私の考え方を伝えた。

「ここでエクイティファイナンスをやるくらいなら、銀行借り入れの方がはるかに低コストです。後先を考えずにファイナンスすると、大変な配当負担を抱えることになります。できれば株価が９００円を超えてから、５年物のドル建てＷＢを発行しましょう。仮に発行してから株価が下がり、ワラントが行使されなくても、５年間は金利を払う必要のない資金が手に入るのですから」

岡莞爾（おか・かんじ）　１９３５年岡山県生まれ。60年に松山商大を卒業して野村證券に入社。法人営業畑を歩み、83年に取締役に昇格。常務を経て、88年10月に専務に就任したあと、同年12月に野村系列のベンチャーキャピタル、日本合同ファイナンス（現・ＪＡＦＣＯ）副社長に転じる。アジア投資の第一人者として知られた。

前述したように、株価の高騰が続いていたこの時期は、マイナスコストで資金を調達できた。砂金副社長と井出専務は幸いにも私の考え方に賛同して、エクイティファイナンス先延ばしを了承してくれた。

ついにＮＫＫの主幹事を獲得

私の作戦が功を奏して、ＮＫＫの株価が上昇した88年7月頃、私は自分の方から「ユーロドル建てＷＢを出しましょう」と砂金副社長と井出専務から申し入れた。ところが砂金副社長と井出専務から信じ難い言葉が飛び出した。

「横尾君、申し訳ない。今回は主幹事を我慢してくれ。山一の新社長に、事法出身の行平《ゆきひら》次雄副社長が就任するんだ。今回は山一にやらせてやってくれ」

そんなバカな。あり得なかった。不合理なことが大嫌いな私はブチ切れた。

「あなた方は人間じゃない。山一がいったい、これまで何をしてくれたというんですか」

この時の私はすでに野村企業情報への異動が決まっていて、引き継ぎのため、後任の丸山明（２０１０年4月から12年7月まで野村證券執行役副社長）を同行していた。だがこの騒ぎのせいで引き継ぎどころではなくなり、丸山は名刺交換もできなかった。井出専務から「この場はお引き取りを」と言われ、私は納得できないままＮＫＫを後にした。この時も同行してくれた岡常務からは「お前の言い方のほうが、よっぽど『人間じゃない』ぞ」とたしなめられた。

ところがその夜、井出専務から思いがけない電話が掛かってきた。

「横尾さんの言う通りです。ＷＢの主幹事は野村さんにやってもらいます」

「ついに主幹事を勝ち取ったぞ！」。高揚した私は、早くファイナンスさせるよう主張していた役員たちに「ご覧なさい。株価が５００円の時にファイナンスをやっていれば、主幹事は絶対に取れていませんでしたよ」と断言した。数ヵ月後には後任の丸山の頑張りで、1000億円の国内CBの主幹事も獲得した。この時点で野村は、名実ともにNKKの主幹事になった。NKKは主幹事証券の山一が経営破綻する以前に、すべての主幹事業務を野村に替えた。山一が潰れて、やむを得ず野村を選んだのではない。歴史ある会社の主幹事を取るのは、本当に難しい。何代もの事法部員の努力が積み重なり、数十年がかりでようやく取れるかどうか。私は「たまたま機が熟した時期に担当になっただけだ」と思った。

ユーロドル建てWBが発行されてから間もなく、株価は暴落。NKKのワラントも全く権利行使されなかった。発行から5年が過ぎてWBが償還されたあと、NKKの深澤成嘉《しげよし》副社長から電話をもらった。

「新聞は『権利行使されなかったので、NKKは調達資金を返済しなければいけない』と、うちが困っているかのように書いているけれど、ワラントが権利行使されずに発行株数が増えなかった分、逆に助かった。あの資金はドルのまま、米国の確定利回り商品で全額運用して、500億円も利益が出た。本当にありがとう」

胸のすく思いだった。発行会社と投資家のどちらが大切なのか議論の余地はあるものの、証券会社の事法部員としては、発行会社に有利に考えるべきなのだろう。法人マンに必要なのは外交回数ではなく、担当会社に対して知恵を絞ること。その意味でもNKKのWBは大成功だった。これがNKKの主幹事獲得につながったと、私は信じている。

“打ち出の小槌”の営業特金

ここからは話を百八十度転換して、当時の上場会社の間で大流行した特定金銭信託、通称「特金」での資金運用について触れよう。特金は信託銀行の投資商品で、顧客は信託銀行に資金を委託し、顧客自身か、顧客と契約した投資顧問会社が、信託銀行に「銘柄、価格、株数、売り買い」を指示する。信託銀行はこの指示を証券会社に発注し、証券会社がこれを執行する。運用期間が終わると、資金は原則として現金で顧客に返還される。

上場会社が特金を利用する最大のメリットは、持ち合いを通じて長期保有している株と、新たに購入した売買目的の株の簿価（帳簿上の価格）を分離できること。A社が持ち合いで保有しているB社の株に、含み益が発生している場合を考えてみよう。A社が短期売買目的でB社株を別途購入した場合、B社の株の簿価は統合され、それまでの含み益が消えてしまう。しかし特金を利用すれば、持ち合いの株の簿価と分離できるので、持ち合いの株の含み益は消えない。これを「簿価分離」と呼ぶ。

80年代後半の株価急騰で、特金の契約額は急増した。信託銀行自身が運用する「ファンド・トラスト」と合わせた残高は84年3月末に約2兆5789億円、85年末に約8兆8000億円、86年末に約20兆4000億円、そしてピーク時の89年9月末には約46兆7737億円と、5年半で18倍もの伸びを記録した。

この特金の中に通称「営業特金」と呼ばれるものがあった。主に上場会社が利用し、上場会社が信託銀行に口座を開設して、資金運用を委託するところまでは変わらないが、投資顧問会社との間で契約が結ばれることはなく、証券会社の事法マン、つまり担当会社に営業しているわれわれが、客の上場会社と相談しながら売買注文を取り、これを執行していた。コミッションもわれわれ事法マンに入る。

投資顧問会社のファンドマネージャーではなく、証券会社の事法（営業）マンのアドバイスで運用される特金なので「営業特金」という呼び方が定着した。

野村の事法でも85年のプラザ合意以降本格的に導入され、87年のウォーターフロント相場の頃には完全に取引の中心的存在になった。ただ、営業特金を使った売買といっても、事法マンが客の上場会社に銘柄を推奨し、客が承諾すると注文を執行するところは、通常の売買と何ら変わらない。異なる点は、売買のたびに客に入金させるのではなく、信託銀行の特金口座にまとめて預けられている資金を使って売買すること。売買の内容は信託銀行に事後報告され、株券もいったん証券会社に入ってから信託銀行に送られた。われわれ事法マンがそうした事務作業に関わることは、いっさいなかった。

証券会社にとって営業特金は、客の承諾を得ないまま勝手に株式や債券を売買して、好きなだけコミッションを稼げるという、〝打ち出の小槌〟になり得るものだった。野村では営業特金といえども、必ず客に連絡して約定を取ってから注文伝票を流したが、コミッション稼ぎの回転商い（過度な短期売買）に利用されていた点は否めない。

山一はなぜ破綻したか

証券会社では、客に事前の利回り保証を行うことはご法度《はっと》である。客に利回り保証をしたうえで、株や債券を売買することは「保証商い」と呼ばれ、80年代にもすでに証券取引法で禁止された違法行為だった。損失が発生した後に事後的に補塡する損失補塡とは、根本的に性質が異なる（92年からは証取法が改正され、損失補塡を行うことも、要求することも違法とされた）。この保証商いを大々的にやったのが、経営破綻した山一證券である。

また、客に無断で売買してコミッションを稼ぐ手法を、麻雀用語に引っ掛けて「ダマテン」と呼んだ。野村では利回り保証はもちろん、ダマテンで客の営業特金を勝手に売買することも禁じられていた。

私が第2事法時代の途中から担当した会社には、山一が主幹事の会社が何社もあった。主なところではＮＫＫ、日本郵船、石油プラント建設の東洋エンジニアリング、総合化学工業メーカーの徳山曹達（現・トクヤマ）、機械メーカーのリョービ、そして光学機器メーカーのオリンパス光学工業（現・オリンパス）。野村はすべて2番手の「副幹事」だった（郵船は4番手の「平《ひら》幹事」）。

山一は禁じ手である利回り保証の覚書を、何の恥じらいもなく客と交わしていた。山一が私の担当会社に保証していた金額は、少なくとも５０００億円はあった。破綻後に報道された97年３月期の簿外債務額（２７１８億３９００万円）を聞いて「そんなに少ないはずがない。１

ケタ違うのではないか」と耳を疑ったほどだ。保証商いをしていた上場会社の中には総合商社や金融機関もあり、保証額が数兆円に達していても何の不思議もなかった。

山一が主幹事の会社の中には、東洋エンジニアリングのように利回り保証を断ったところもある。国債先物取引が始まった85年10月、山一から「必ず保証するから1000億円でも、2000億円でも売買してくれ」と言われた東洋エンジニアリングは、「そんな不埒《ふらち》な真似をする会社とは絶対に売買しない」と断ったという。

営業力に自信がある野村の事法担当役員のお歴々は、「山一の無能な事法マンが一筆書いて1000億円の運用を任されたなら、お前らは一筆なしで5000億円取ってこい」と、われわれに活を入れた。

保証商いは、何も山一だけの専売特許ではなかった。私が担当していた会社の財務担当役員からは、住友信託銀行（現・三井住友信託銀行）の取締役が署名した、利回り保証の覚書を見せられたことがある。それは信託銀行に取引を一任する、ファンド・トラストでの利回り保証の覚書だった。この役員とはこんなやり取りをした。

「野村さんも利回り保証してくれよ。野村が主幹事のエクイティファイナンスで取り入れた金じゃないか。当面は使わないんだから、野村が運用するのが当然だろう」

「運用はしますが、利回り保証は禁止行為ですからお断りします」

するとその役員は一枚の紙を持ってきた。「7％保証」と書かれた覚書には、住友信託の役員が署名・捺印していた。「禁止行為といっても、信託銀行は役員がやっているじゃないか」。

私は言葉を失った。利回り保証はもちろん、断固拒否した。

この営業特金の存在が90年以降の株価暴落、91年の損失補塡問題、97年の山一経営破綻を引き起こす元凶になるのだが、予言者でも超能力者でもない私は当時、そんな日が来ることを想像すらしていなかった。そうした経緯は次章以降で明らかにしていく。

山田秀雄という人物

この章の最後に、オリンパスと私の関係がいつ頃、どのような形で始まったのかを記しておこう。私がオリンパスの担当になったのは、第2事法に配属されて丸5年が経過した86年12月のことだ。

ここまで何度も書いてきたように、私がこの頃担当していた会社はＮＫＫ、日本郵船、日商岩井など、歴史と伝統ある大会社ばかり。野村が主幹事証券の日商岩井は、速水社長におべっかを使う副社長が、速水社長の甥が在籍する日興にエクイティファイナンスの主幹事証券を取らせようと画策するし、山一が主幹事証券のＮＫＫや日本郵船はもともと、野村との幹事関係が微妙な会社。頭を痛めた鈴木専務や岡常務ら事法担当の役員が、一か八かで若い私に担当させた、管理の難しい会社だった。苦労の絶えない私を見て、第2事法部長が「1社くらいは楽な会社を担当させてやろう」と気を遣って担当にした会社。それがオリンパスだった。

ところが実際に担当してみると、オリンパスは楽な会社でも何でもなかった。まず経理部資金グループを取り仕切る40代の山田秀雄氏には参った。87年10月のブラックマンデー直後の10

月末か11月初めには、こんな出来事があった。

私が外交に行くと、山田氏が「面白いものを聞かせてやろうか」と話しかけてくる。オリンパスはブラックマンデーで特金に約300億円もの含み損が発生したが（次章で詳述）、これ以外にも野村の系列の国際証券で約30億円の損失を出していた。当時の国際証券の社長は、私が第2事法に配属された頃の事法担当専務だった「営業の神様」豊田善一氏。怒り出すと手がつけられないカミナリ親父だ。

山田氏が持ってきたのは、オリンパス製のマイクロカセットレコーダー。国際証券の役員を恫喝する山田氏本人の声が録音されていた。マイクロカセットを使って隠し録りしたという。

「絶対に保証すると言ったじゃないか。豊田さんを呼んで、お前らを怒鳴りつけてもいいのか？」

鬼より怖い豊田社長の名前を持ち出され、役員たちは明らかにビビっている。国際証券でも禁じ手のはずの利回り保証をしたことがバレると、豊田社長の逆鱗に触れ、ヘタをするとクビだ。30分近くもそのテープを聞かされた私は、「証券会社に責任をすべて押し付けるなんて、とんでもない人だ」と不愉快になった。

山田秀雄（やまだ・ひでお）　１９４４年長野県生まれ。長野県内の高校を卒業し、63年にオリンパス光学工業に入社。会津オリンパスに出向したあと、80年10月に本社に戻り、経理部資金グループに配属された。89年１月に資金グループのリーダーに就任し、94年４月に経理部副部長、97年４月に総務・

財務部長、２００２年４月に財務部を統括するアドミニストレーション統括室長と昇進を続け、03年６月に取締役に昇格。取締役常務執行役員、取締役専務執行役員を経て、09年６月には新設の取締役副社長執行役員に上り詰めた。11年６月に監査役に就任したが、12年２月にはオリンパス巨額粉飾決算事件の主犯の一人として、東京地検特捜部に証券取引法・金融商品取引法違反の疑いで逮捕・起訴され、13年７月に懲役３年・執行猶予５年の有罪判決を受けた。

山田秀雄
元オリンパス副社長

私が「本当にバラすつもりですか？」と真意を尋ねると、山田氏は「やるよ」とすっかりその気になっている。「これは止めないとマズい」と思った。

「そんな真似は止めなさい。豊田さんが知れば、大事《おおごと》になる。オリンパスの品位も落ちますよ。３００億円も３３０億円も同じことだから、国際証券で発生した損は野村に移しなさい」

それからしばらくして、山田氏は私に自社製のマイクロカセットレコーダーをくれた。

「これからはこういう時代だ。隠して録られるのだから、お前も隠して録れよ」

優しい声で話していたかと思うと、急に厳しい口調になる。山田氏はオリンパスの総会屋対策も担っていた。ＯＢが死ぬと、責任者として葬儀を仕切る。会社にすれば、実に使い勝手のよい存在だった。

引き継がれなかった100億円の損失

話はここから半年以上遡る。私がオリンパスを担当して数ヵ月経った87年2月頃、野村の本社を訪ねて来た山田氏が言った。

「円高で困っています。100億円預けるので、利益を6億円出してくれませんか？　うちの下山敏郎社長（当時）からのお願いです」

保証商いを求められたと思って私が断ると、鈴木専務は「保証商いじゃないなら、努力してみたらどうだ」と前向きだ。「では、保証商いではないことを確認してやってみましょう」。私は100億円すべてを野村證券の株で運用し、1週間で6億円の利益を上げて期待に応えたが、下山社長から礼を言われることはなかった。下山氏は実に礼儀正しい人で、この依頼が本当に彼のものだったのかどうかは疑わしい。

下山敏郎（しもやま・としろう）　1924年新潟県生まれ。45年に陸軍航空士官学校を卒業して少尉に任官したが、終戦後に東大に入学し、49年に卒業してオリンパス光学工業に入社した。84年に社長、93年に会長、2001年に最高顧問となり、04年に退任した。語学に堪能なインテリで、圧倒的なシェアを誇る医療用内視鏡装置に依存したオリンパスの経営体質を変えようと、バイオなどの異業種分野に積極的に投資したり、経営の主軸を一般消費財のカメラに移そうと試みた。12年2月に巨額の粉飾決算が事件化し、オリンパスから損害賠償請求訴訟を起こされたが、訴訟中の13年6月に89歳で死去した。

結果を出して返金すると、再び山田氏が訪ねてきた。「礼でも言いに来たのかな」と思っていると、明かされたのはとんでもない事実だった。

「前任の方から聞いていると思いますが、実は野村さんで購入した債券に、１００億円の損が出ています。債券は含み損を抱えたまま、国際証券で保管されています。その損を取り返してください」

そんな債券のことなど全く聞いていなかった私は、山田氏にいったんお引き取り願い、前任者に事実関係を確認した。

下山敏郎
元オリンパス会長

「ゴメン、引き継ぎの時に伝えようと思っていて、つい忘れていた。山田さんの言う通りだ。債券で１００億円損させちゃった」

１００億円もの損失を忘れるはずがない。わざと黙っていたのだ。鈴木専務に報告すると「できる限り努力してくれ。ただし保証商いはダメだぞ」。結局「それだけの損を取り返すには、株で運用するしかない」という結論になり、営業特金を使って、私の相場観で損失分を取り返すことになった。

「少額でゆっくりやるより、大きな金額を投資して、短期間で切り上げる方がチャンスがある。短期決戦で行きましょう」。私は山田氏にアドバイスした。

短期決戦なら信用取引しかない。野村の事法では、客の上場会社に信用取引をさせることはご法度だったが、そんな悠長なことは言っていられない。私は役員の決裁を取り、オリンパスの営業特金限定で信用取引を始めた。87年の5月頃から、現物取引と信用取引の双方で株式を目一杯購入。ワラントも約100億円加え、10月初めまでに合計約80億円の利益を上げた。

通常ならこの段階で投資額を縮小し、残りの20億円を稼ぐためのポートフォリオ（資産構成）に組み替える。だが私には「あと20億円。1日か2日あれば取り戻せる」という油断があり、山田氏も「もう少しですね」と楽観的だった。その矢先に襲来したのが史上最大の株価大暴落、ブラックマンデーだった。

第4章

ブラックマンデーと損失補塡問題

１９８７年10月19日、月曜日。ニューヨーク株式市場が大暴落した。ダウ工業株30種平均は前週末比５０８ドルも下落（下落率22・６％）。この余波をまともに受けて、翌20日の東京株式市場では、日経平均株価が前日比３８３６円48銭（同14・９％）もの値下がりを示した。30年代の世界恐慌の引き金となった29年の「暗黒の木曜日」（ブラックサーズデー、下落率12・８％）にちなみ、この大暴落は「暗黒の月曜日」（ブラックマンデー）と呼ばれることになった。

その頃、世界の金融市場では不穏な空気が漂い始めていた。85年９月のプラザ合意以降、米国や西ドイツ、日本など先進各国は外国為替市場をドル安に誘導するため、政策金利を協調して引き下げてきた。この流れは87年２月のルーブル合意まで続いた。だがルーブル合意から半年もすると、今度は「景気実態とは無関係の利下げがインフレを招きかねない」といった懸念が各国内に広がり始めた。

同年９月には米連邦準備制度理事会（ＦＲＢ）や西ドイツの連邦銀行が引き締め気味の金融政策に転換し、金融市場では国際協調体制の先行きに対する不信感が広がった。10月16日のニューヨーク株式市場は、西ドイツの金融政策に対するベーカー米財務長官の批判的な発言を嫌気した売り物で、ダウ平均は前日比１００ドルも値下がりしていた。

ニューヨーク市場が１００ドル安を記録した翌17日、土曜日。この日、私は自宅のテレビが壊れたので、秋葉原に妻とテレビを買いに出かけた。電器店の店頭でテレビのスイッチを入れた途端、私の目に飛び込んできたのは「ニューヨーク株式市場が１００ドル安」のニュース。私は「結構下げたな」と思ったが、さほど気に留めはしなかった。

週明けの19日。前週末のニューヨーク市場の値下がりにも、野村の社内は平静だった。「ちょっと大きな下げがあった」という程度で、それほどの危機感はなかった。この日の日経平均は前週末比620円安（下落率2・4％）。こちらも大騒ぎするほどの下げではない。深夜に帰宅すると、土曜日に買ったテレビが届いていた。

そして20日の早朝。出社に向けてネクタイを締めながらテレビをつけると、前日のニューヨーク市場が508ドル安と大騒ぎになっている。これほどの大事件なのに、会社からの連絡は全くなかった。東京本社で当時、夜間も残っている部署は債券部の為替と外債の担当者くらいで、株式部は全員帰宅している。われわれ事法マンには何の連絡もない。

「なんて縁起の悪いテレビだ！」。買ったばかりのテレビに毒づいて、私は会社に急行した。

社内はパニック状態

会社に着くと、社内はすでにパニック状態だった。通常なら株式部が午前6時に出社し、海外の市況をまとめて、7時半頃には全国の支店向けにそれを放送するのだが、この日は「大変だ、大変だ」と右往左往するばかり。完全に仕事にならない。事法では毎朝7時から部長が課長席を集めて会議を開き、それから専務を中心とする会議が開かれ、それが終わると課長席が各課に戻って会議する。しかしこの日は、会議を開いてもどうすることもできないと分かっている。さしもの事法マンも、とりあえず客に連絡する以外に打つ手がなかった。

私は自分の担当会社にひと通り電話をかけて「ご存じとは思いますが、こういう状況ですから」と伝えた。日本鋼管（88年6月、ＮＫＫに名称変更。本章では便宜上、以下ＮＫＫとする）、東洋エンジニアリング、日本郵船、日商岩井などはどこも相場のプロ。落ち着いた大人の対応だった。徳山曹達とリョービもパニックにはなっていない。

唯一の例外が、債券の１００億円の損失を取り返すまであと一歩のところまで来ていたオリンパス。経理部資金グループを仕切る山田秀雄氏は「どうしよう、どうしよう」とうろたえるばかりだ。私は、オリンパスが営業特金で保有している銘柄がすべてストップ安になった場合の損失額を計算し、約３００億円と推定した。そして実際にもその通りになった。

９時に午前の取引が始まると、狼狽した投資家の投げ売りで、株価ボードは緑一色。売買は1銘柄も成立しない。こんな時に株式部をのぞいてみても仕方がない。何もできないわれわれは、ＱＵＩＣＫ（日経新聞が提供している市況情報端末）を叩いてボーッとしているだけだ。役員たちは「株式市場には未来永劫、新高値は来ない」と弱気を言い始め、株式部も「終値ベースでは10月14日の２万６６４６円43銭が、日本の株価の素っ天井だった」と投げやりになっている。

私は野村総合研究所の研究員3人に「午前中に会いたい」とアポイントメントを入れ、午前中に2人、昼飯を食べながら1人と面会した。私の相場観を彼らに話し、それに対する相手の意見を聞くためだ。こうしたパニックの際、奇を衒《てら》った考え方は市場では受け入れてもらえない。誰からも異議を唱えられない相場観を立てて、そのストーリーに沿ってリカバリーしていくのだ。野村総研の３人は、誰もが私の相場観に賛同してくれた。

反転の兆候

彼らと3〜4時間ディスカッションして帰社したが、株価ボードは相変わらず緑一色。取引は1銘柄も成立していない。そこで私は、ワラント全銘柄の理論上の価格を弾き出し、それをグラフ化した。当時はパソコンが存在せず、電卓で計算してグラフ用紙に点を打ち、そこにワラント課が出している店頭での売買価格を入れた。するとワラント課の価格はどの銘柄も理論値を大幅に下回っている。つまりワラントを購入し、のちに権利行使して株を取得した方が、株そのものを買うより遥かに安く株を取得できるという、前代未聞の状態が出現していた。

投資家が投げ売りするワラントを引き取る野村も、恐怖感からタダ同然の買い取り価格しか提示できなかった。驚いたことに、たまたま前日に70ポイントで売却した富士通のワラントの価格が20ポイントを割っている。株価は1割ほどしか値下がりしていないのに、ワラントはわずか一日で4分の1。証券会社もそのくらい腰が引けていた。これは野村だけでなく、すべての証券会社で同じことだった。

そこまでやったところで、午後3時の大引け（一日の取引終了時間）が迫ってきた。株価ボードを眺めていると、最後になってＮＫＫや川崎製鉄など、数銘柄の売買がパラパラと成立した。私は「いま寄り付いた数銘柄が、明日からの主力だ。次に相場が来る（株価が急騰する）とすれば、必ずこの銘柄からだ」と確信した。こういう時は一番安全確実と思われる銘柄にだけ買いが入る。誰もが「明日につながる」と思うから買いを入れる。売り注文と買い注文の開きが大きすぎて値段の付かない銘柄は、しょせん主力になり得ないのである。

大引けの前に私は再度、すべての客に電話を掛けた。その結果「オリンパス以外、訪問する必要はない」と判断。オリンパス取締役経理部長（当時）の岸本正壽氏に「待っていてほしい」と釘を差し、3時半に西新宿の本社を訪ねた。私は一対一で岸本取締役と面会した。

岸本正壽（きしもと・まさとし）　1935年鳥取県生まれ。58年に早大を卒業してオリンパス光学工業に入社。内視鏡など医療用光学機器の営業担当を経てドイツに赴任したあと、84年に米国現地法人の社長になるなど、約13年間にわたり欧米で勤務した。85年に本社取締役に昇格。87年に取締役経理部長、88年に常務、90年に専務に就任し、93年6月に下山敏郎の後任社長に就いた。デジタルカメラ事業の立ち上げに成功したあと、2001年に菊川剛に社長を譲って会長に就任。巨額粉飾決算事件で、オリンパスから10億円の損害賠償請求訴訟を起こされた。

岸本取締役は予想通りパニック状態だった。当時のオリンパスは10月本決算。東京市場の大暴落は決算期末のわずか10日前に起きた、全く予期せぬ大事件。「パニックになるな」という方が無理だった。私は岸本取締役に心構えから尋ねた。

「このまま玉砕したいですか、闘いたいですか？」

「玉砕なんて、できるはずないだろう」

「ではワラントを買いましょう」

「ワラント？　この相場でなぜ今、そんな危険なものを買うんだ？」

岸本取締役の反応を見た私は、話を一歩前に進めた。

「ではお尋ねします。ワラントと株と転換社債（ＣＢ）を１００億円ずつ持っていたら、最初にどれを投げますか」

「最初に売るのはワラントだろう。次が株で、次がＣＢだ」

岸本取締役の回答は常識的だった。同額を持っていれば、危険度は確かにその順番だ。

「そうでしょ。みんな焦ってその順番に売ってくるので、逆にその順番で底値を付けます。その順番に割安になっていくんです。だからＣＢはダメ。絶対にワラントです。ワラントの今日の値段は完全に理論価格を割っています。例えばA社の株を１００万円で買うより、ワラントを買ってそれを行使した方が１００万円よりも安く手に入ります。今の状況なら、株を１００億円分購入する権利が、ワラントを10億円分買うことで入手できます」

つまり株なら最大１００億円の損失を被る可能性があるが、ワラントなら最大10億円の損失で済む。一方で株価が上昇した時の利益は、ほぼ同額だ。

岸本正壽
元オリンパス会長

ワラントを大量購入したオリンパス

しばらく私の説明を黙って聞いていた岸本取締役は、「そうか、確かに君の言う通りかもしれないな」と受け入れる方向に傾き始めた。私はさらに念を押した。

「オリンパスの特金に300億円の損が出ているなら、ワラントを100億円買わせてください。銘柄を上手く選べば、ワラントを100億円買うことで、損をかなり穴埋めできるはずです。仮に値下がりしても、損が100億円分増えるだけです。今日の価格なら、100億円のワラントは株を1000億円買うのと同じ効果が期待できます。売られ過ぎで、売買価格が理論価格を下回っているので、オプション料（プレミアム）がマイナスになっています。1000億円も株を買ったら、さらに400億~500億円損する可能性がありますが、ワラントの100億円なら、どんなに損しても最大100億円です」

岸本取締役に「分かった、とりあえず時間をくれ」と言われ、私は本社に帰った。山田氏はこの日、私の前に姿を現さなかった。午後6時頃、岸本取締役から私に電話があった。

「100億円用意した。銘柄は任せるから、今晩から買ってくれ。君に賭けたい」

「ではこれからロンドン市場で買い付けます」

私は電話を切ると、転換社債部の松木新平部長（当時）のところに行った。その当時は転換社債部がドル建てワラントを扱っていた。私が事情を説明すると、松木部長は理解してくれた。

「事法マンはここからが勝負だから、帰って少し休め。オレが泊まり込みでやってやる」

松木部長はそれ以降、会社から徒歩数分のビジネスホテルに3日間泊まり込み、ワラントの価格が急騰しないように少しずつ買い集めてくれた。私は自宅に逐一、報告の電話をもらったが、大暴落で売り物が殺到しているので、最初は普段の5倍から10倍、面白いように集められたという。ところがそれを数回繰り返したところで、売り物がパタッと止まった。売りが出るたびに、東京の野村がすべて買っていくので、ロンドンの市場関係者は「おかしい、何かある」と不審に思ったようだ。「売り物が止まったので、今日はこの辺で様子を見るから」と電話をもらった。

翌日の株式市場は暴騰したが、ワラントがそれに反応することはなかった。松木部長は翌日の夜もロンドン市場でワラントを買い集め、朝方にホテルで数時間仮眠して、また会社に来ていた。ワラントを53億7000万円分買い集めた段階で、松木部長から「もう止めよう。これ以上買うと価格が上がってしまう」とストップがかかった。予定の100億円は買い集められなかったが、松木部長には一生足を向けて寝られないと思った。

松木新平（まつき・しんぺい）　1944年兵庫県生まれ。63年に篠山鳳鳴高校を卒業し、野村證券に入社。証券取引所の「場立ち」（本社からの売買注文を立会場の媒介担当者に伝える社員）からキャリアを始め、CBやワラントなどエクイティ（株式）関連商品運用のスペシャリストとして知られた。90年に取締役（エクイティ担当）に昇格し、95年に常務。総会屋利益供与事件に連座して97年に東京地検特捜部に逮捕・起訴され、執行猶予付きの有罪判決を受けた。その後、2012年に詐欺容疑で立件されたAIJ投資顧問の取締役に就任していたことが話題になった。

「二度と資金運用に手を出すな」

53億7000万円分のワラントを購入したオリンパスの営業特金は、信託業務を併営する唯一の都市銀行だった大和銀行(現・りそな銀行)に開設されたものだ。大和銀行は野村證券と同じ旧野村財閥の銀行で、野村の客の営業特金の大半は大和銀行に開設されていた。野村は「飛ばし」など上場会社の決算対策にいっさい協力しない。このため、300億円の含み損が発生したオリンパスの営業特金は、大和銀行が同行の香港現地法人に丸ごと飛ばし、87年10月期決算で損失が表面化するのを防いだ。

飛ばしとは、含み損が発生している金融商品を決算期の異なる会社に簿価(購入時の価格)で一時的に買い取ってもらい、決算期を越えた段階でお礼分の利息を付けて買い戻す取引のこと。飛ばし先は仲介する証券会社が見つけてくる。「預け損失」「一時避難」といった名称でも呼ばれた。飛ばした後に元の持ち主が買い戻しを拒否し、証券会社が新たな飛ばし先を見つけられない場合、証券会社は飛ばされた金融商品を自ら引き取ることになる。これをやり過ぎて経営破綻したのが山一證券である。ブラックマンデーのオリンパスの場合、特金を丸ごと飛ばすという緊急事態なので、前記の標準形の飛ばしとはパターンが根本的に異なる。

３００億円の損失を穴埋めするために、私がオリンパスの営業特金で購入したものはワラントだけではない。大暴落の日に取引が成立した数少ない銘柄の一つで、私が担当しているＮＫの株式も、２５４円で３０００万株購入した。銘柄を分散させる目的で、新日鐵と川崎製鉄も購入したため、オリンパスの営業特金で購入した鉄鋼株は合わせて約５０００万株になった。

ＮＫＫ株は前章で紹介した私のＮＫＫ作戦も奏功して値上がりし、ブラックマンデーの直後にオリンパスの営業特金で購入したＮＫＫ株は、88年7月に７５０円で売却した。これによってＮＫＫ株だけで１５０億円、新日鐵と川鉄も合わせると鉄鋼株だけで２００億円以上の利益が上がった。53億７０００万円分のワラントと、その後に買った商社のワラントの利益も合わせると、３００億円の含み損が発生したオリンパスの営業特金には、最終的に約１００億円の含み益が生じた。ブラックマンデー前に進めていた１００億円の債券の損失解消も実現し、野村證券のオリンパスに対する借りもなくなった。

松木新平
元野村證券常務

鉄鋼株やワラントの売却益をオリンパスに返金する際、私は３０００万株のＮＫＫ株のうち、１００万株は現金ではなく、株券で返した。山田氏には電話で「100万株のNKK株は『二度と財テクはやらない』という戒めのために持っていてください」と伝えた。

これは日本郵船の応接室にヒントを得た行動だ。長い歴史を持つ郵船の応接室の壁には、戦前の日本国債など数多くの債券が掛けられていたが、それはすべてデフォルト（債務不履行）した債券だった。当時の岩松重裕副会長に「なぜこんな縁起でもないものを掛けているのですか？」と尋ねたところ、副会長は『『こんなものを買ってはいけない』という意味で飾ってある。一種の戒めだ」と教えてくれた。その印象が強かったので、私も真似をした。

「最後はこの株券が会社を救ってくれた。もう一回株に手を出せばバチが当たる。それを思い出してもらうためのものですから、売ったりしないで金庫に置いておいてください」

私がこう話すと、山田氏は「分かりました、もう二度とやりません」と言った。だが山田氏にそのつもりが欠片もなかったことは、その後の歴史が証明済みだ。

500億円の損失を抱えた昭和シェル石油

ブラックマンデーの大暴落では、オリンパスをはるかに上回る約500億円もの損失を営業特金で抱えた上場会社があった。石油元売りの昭和シェル石油である。昭和シェルは12月が本決算。第2事法で昭和シェルを担当していた若手の事法マンは、営業特金を使って700円の新日鐵株を一度に1億株、つまり700億円分も購入するなど、度を越した売買をしていた。昭和シェルの了解を取っていたとはいうものの、同じ銘柄の株式を1回で1億株も購入したケースはそれ以外に聞いたことがない。事業法人に比べて資金面で余裕がある金融法人でさえ、営業マンはそんな買い方をしないものだ。結局、その若い担当者は間もなくシカゴ支店に異動した。

ブラックマンデーの頃、昭和シェルを担当していた第2事法1課の課長席は現SBIホールディングスCEOの北尾吉孝氏。肩書は次長だった。ブラックマンデーの大暴落から約半月が経過した87年11月上旬、北尾課長席が神妙な表情で私のところにやって来た。

北尾吉孝（きたお・よしたか）1951年兵庫県生まれ。74年に慶大を卒業し、野村證券に入社。87年に第2事業法人部次長、89年にワッサースタイン・ペレラ社常務（ロンドン駐在）、92年に事業法人三部長を歴任した。95年にソフトバンクの株式公開を担当した縁で同社の孫正義社長（当時）にスカウトされ、ソフトバンク常務に就任。99年にソフトバンク・インベストメント（現・SBIホールディングス）社長になった。

実は私と北尾課長席は数日前、第2事法部長の送別会で大喧嘩していた。酒の席の些細な口論から摑み合いになったのだ。その北尾課長席が自ら歩み寄ってきたので、私は「いったい何事だろう？」と訝《いぶか》った。

「鈴木専務からのお願いだ。助けてほしい。昭和シェルの特金の損がブラックマンデーで500億円に膨らんでしまった。あそこは12月本決算だ。あと2ヵ月あるので、知恵を貸してもらえないだろうか」

ブラックマンデーの際、日立製作所や神戸製鋼所など第2事法が担当する大会社は、軒並み巨額の含み損を抱えた。だがこうした大会社はもともと資金面で余裕があり、損失にも耐えられた。だが、昭和シェルの場合はそうもいかず、決算期末も接近していたので、何らかの対応策が必要になったのだ。力を貸して差し上げたい気持ちはやまやまだったが、野村は「飛ばし」の仲介をしない。やれることには自ずと限りがある。私は北尾課長席の依頼を断った。

ところがある出来事をきっかけに、私は「やはり断るわけにはいかない」と思い直した。担当会社の東洋エンジニアリングに外交した時のこと。同社が入っている千代田区の霞が関ビルに行くと、幟《のぼり》を立ててハンドマイクで「リストラ反対」と叫んでいる一団があった。よく見ると、昭和シェルの社員だ。昭和シェルも、東洋エンジニアリングと同じ霞が関ビルに入っていたのである。

「彼らが運用で500億円も穴が空いたことを知れば、大事になる。英国系の会社だから、余計に大変だろう」

本社に戻った私は、鈴木専務に「昭和シェルの件は、私がやらせてもらいます」と伝えた。だが飛ばし御法度の野村で、どうやれば500億円もの損失を埋められるのか。私は専用の個室を与えてもらうと、通常の仕事を手早く終わらせ、そこに毎日午後7時頃から明け方まで籠《こも》って、黙々と対策を練った。

昭和シェル救済スキーム

その結果、私がたどり着いた結論はオリンパス救済の時と同様、ドル建てワラントを利用することだった。ロンドンで購入できるドル建てワラントを野村が根こそぎ仕入れ、昭和シェルの営業特金との間で購入と売却を繰り返しながら、ワラント相場全体を吊り上げ、昭和シェルの特金のワラント売却益を積み上げていく。私はロンドンのドル建てワラントの市場規模を測り、いくら買えばいくら値上がりするのかまで算出したうえで、ワラント部に「買って、買って、買いまくってくれ」と依頼した。

野村ロンドンが仕入れたワラントは東京の野村本社に移され、これを昭和シェルが特金で購入する。次に昭和シェルは、特金で購入したワラントを野村本社に売却する。この間にも野村ロンドンがワラントを買いまくっているため、ワラント相場は上がっており、ここでまず利益を確定させる。次に野村本社は買い取った銘柄を野村ロンドンに戻す。この間に野村ロンドンは、新たな銘柄のワラントを仕入れておき、これを昭和シェルが売却した銘柄に追加して野村本社に返す。昭和シェルの特金はこれを購入して野村本社に売却し、利益を上げる。基本的にはこの繰り返し

北尾吉孝
SBIホールディングスCEO

だ。計算を間違えると大事なので、私は関数計算機能付きの電卓を叩きながら、２週間にわたってミッションを遂行した。

こうしたワラントのキャッチボールを繰り返していくと、ワラント相場全体の下値が切り上がり、乖離率（現在の株価に対してワラントがどれだけ割高に買われているか測る指標）も上昇する。相場操縦まがいに思われるかもしれないが、それが問われるのは株式だけ。デリバティブ（金融派生商品）の一種であるワラントは証券取引所に上場もされておらず、当時は証券会社ごとに値段を付けていたので、どんな値付けをしても問題にならなかった。最終的に昭和シェルの特金が購入したワラントは１５０銘柄、数量は数十万ワラントに上った。

だが、これだけでは５００億円もの損失の穴埋めはおぼつかない。そこで昭和シェルの決算期末にワラントをいったん第三者に売却して利益を上げ、決算期を越えた段階で買い戻す決算操作を行うことにした。昭和シェルが５００億円もの損失を抱えていることは表沙汰にできないので、このミッションはあくまでも極秘事項。お付き合いいただく第三者（といっても海外現地法人の名義を借りるだけだが……）は、私と北尾課長席の担当会社の中から口の堅いところを探し、最終的には私が担当する日本郵船のオランダ現地法人を選んだ。

郵船はオランダの造船会社に発注した豪華客船「クリスタルハーモニー」の運航会社として、この会社をアムステルダムに立ち上げたばかり。最終的にはワラントの転売で利益が得られるので、むしろ歓迎された。

さて、ここからは私が考案した、ワラントを使った損失穴埋めスキームを具体的に説明しよう。実際に購入したのは数十万ワラントに上ったが、分かりやすくするために1万ワラント購入したことにする。

まず昭和シェルの特金は決算期末の87年12月、それまでに購入した1万ワラントを、実勢価格の10ポイントで郵船のオランダ現法に売却する（10×1万＝10万）。買い手の郵船オランダ現法は、これを1ポイントの５０００ワラント（1×５０００＝５０００）と、19ポイントの５０００ワラント（19×５０００＝9万５０００）に2分割。前者の方を、昭和シェルの特金に相対取引で売却する（売却価格は1ポイント）。購入した昭和シェルは、これを実勢価格（10ポイント）で市場に売却。これによって昭和シェルの特金には（10－1）×５０００＝4万５０００の売却益が転がり込み、昭和シェルはそれまでのワラントの売却益と合わせて５００億円の損失を帳消しにした。

後者の方は、決算期末を越えた88年1月になってから、昭和シェルの特金で買い戻すことになっていた。ところが郵船のオランダ現法は、欧米の大半の会社と同様に12月が決算期。実勢価格をはるかに上回り、含み損が発生しているワラントは、年内に手放しておかないとマズいことが判明した。大慌てで別の受け手を探したものの、私の担当会社の海外現法には適当なところがなく、北尾課長席の担当だった三井物産の米国現法にお願いすることになった。ところが季節はクリスマス。肝心の三井物産の担当副社長がつかまらない。北尾課長席に連絡してもらおうにも、彼も連日の忘年会。結果的には事なきを得たが、本当に冷や汗ものだった。

19ポイントの５０００ワラントは、決算期末ギリギリのタイミングで郵船のオランダ現法から三井物産の米国現法に移された。ただ、ワラントをアムステルダムからニューヨークに移すといっても、現物が移動するわけではない。ベルギーのブリュッセルにある国際決済機関「ユーロクリア」の帳簿上で移し替えるだけだ。私はそれまでテレックスを使った経験がなく、ユーロクリアに指示するため、女子社員にテレックスの使い方を習い、真夜中に自分一人で送信した。実に孤独な作業だった。

年が明けた88年1月、昭和シェルの特金は三井物産の米国現法から、19ポイントの５０００ワラントを買い取った。集中豪雨のような野村の買いが止まるとワラントの需給関係が緩むので、実勢価格は大幅に下落。昭和シェルの特金は、三井物産の米国現法からワラントを買い取った段階で、再び数百億円規模の含み損を抱えた。しかしそれは買い取った期初の時点だけのことで、その後は株価も急騰したことから、この損失は、北尾課長席が特金を運用して帳消しにした。昭和シェルにアドバイスしながら５００億円の損失を取り返したのだから、北尾課長席の運用力は大したものである。

北尾吉孝氏との和解

ワラントは値動きが複雑で、計算も難しい。このミッションに携わっている間、私は買い集めた１５０銘柄のドル建てワラントについて、最初の買い値、郵船のオランダ現法に対する売り値、さらに郵船のオランダ現法から買い戻した価格など、すべてを一覧表に記録した。自分で作ったA４サイズの売買伝票を積み重ねると、高さが１ｍにもなった。これは今でも記念に残している。ミッションを遂行した人物を特定されないようにするため、伝票のコピーにアルバイトを雇った以外は、すべて私一人で行った。

ワラントはロンドン↓アムステルダム↓ニューヨークと動かして日本に戻したが、動かす際に為替相場が動くと計算が狂ってしまう。どうやればうまく行くのか、私は相当悩んだ。詳しくは忘れてしまったが、ある時トイレの便座に座っていて、「こうすればいけるじゃないか！」と思いつき、そのやり方で為替レートを一発で決めた。

協力してもらった日本郵船と三井物産には、昭和シェルがそれぞれ1億円強ずつの謝礼を支払った。またこの特金も大和銀行に設定されていた関係で、三井物産の米国現法からワラントを買い取る役割を担った大和銀行には、莫大な手数料が入ったはずだ。

野村のコミッションも数十億円になった。ワラントの買い集めを始めた初日だけで、コミッションは26億円もあった。「このワラント売買に違法性はない」と確信していたので、昭和シェルからも正規のコミッションを徴収した。ただ私自身は、このコミッションを自分の取り分にいっさいカウントしなかった。「北尾課長席の1課の仕事を手伝っただけ」と考え、全額を若手の部員5人ほどに振り分けた。

ミッションを遂行する過程では好きな酒を絶ち、睡眠時間もほとんど取れなかったので、終わった時にはさすがにホッとした。摑み合いの喧嘩をした北尾課長席にも「ありがとう」と感謝され、その後はすっかり仲良くなって、港区西麻布の高級クラブに何度か連れて行ってもらった。昭和シェルには、日本風のステーキ店で美味しいステーキをご馳走になった。

鈴木専務から特段の労いの言葉はなかった。そういえば、役員に本業以外のことを頼まれて結果を出しても、「ご苦労様、ありがとう」と言われた覚えがない。損な役回りばかりだった。

国税局の「特官」がやって来た

このミッションを終えて8ヵ月後の88年10月、私は6年10ヵ月在籍した第2事法を卒業し、新設の野村企業情報に異動した（実際には設立準備のためにもう少し前に異動している）。さらに90年12月には、これまた特別の使命を帯びて浜松支店の次席（副支店長）に着任することになる。このあたりの事情は後述するが、その約半年後の91年5月初め、浜松支店の私のところに事法担当の橋本昌三副社長から電話があった。海外出張に出かけるため成田空港にいた橋本副社長からの電話は、緊急の要件だった。

「横尾、87年末から88年初めにかけてお前がやってくれた昭和シェルのワラント売買の件で、東京国税局が事情を聴きたいと言ってきた。本社に調査官が来るから、関係する書類を提出して国税局にすべて話してくれ」

橋本昌三（はしもと・しょうぞう）　１９４０年兵庫県生まれ。62年に慶大を卒業して野村證券に入社。主に個人営業畑や企画畑を歩み、85年に取締役に昇格。常務、専務を経て90年に副社長に就任し、将来の社長候補の一人と目されたが、94年には野村総研社長に転じ、２００２年に同社会長に就任した。

橋本副社長の指示を受けて、私は急遽、浜松支店から本社4階の主計部に向かった。待っていたのは東京国税局調査第一部特別調査官室の鈴木一友特別調査官（特官）。私はもちろん知る由もなかったが、鈴木特官率いるチームは前年8月頃から、野村證券の税務調査を続けていた。鈴木特官によると、国税局は88年の昭和シェルの税務調査で例のワラント売買に疑念を抱き、継続して調査を続けていた。ロンドン、アムステルダム、ニューヨークにも調査官を派遣し、私が行ったワラント売買について、3年がかりで足跡を辿ったという。50歳前後と思しきベテランの鈴木特官は、開口一番こう言った。

「やっとお会いできたね。昭和シェルを担当する課の課長は北尾さんなのに、どこへ行って調べても、同じ尾なのに『北尾』ではなく『横尾』の名前ばかりが出てくる。どこの横尾さんなのか分からないので、苦労しましたよ。それにしても、大したスキームを考えついたものだ。ノーベル賞ものだよ」

国費で海外に調査官を派遣して調べただけあって、国税局は私が考案したスキームをほぼ正確に把握し、日本郵船や三井物産も調べていた。国税局は「野村が自分で上げた利益を昭和シェルに付け替えて損失を補塡した」というシナリオを描き、野村に追徴課税しようと企てた。野村が自分で上げた利益を客などに付け替えた場合、税務上は利益を寄付した側が課税されるからだ。しかし国税局が調査で資料を収集しても、このシナリオを裏付ける書類は何一つ出てこない。そこで国税局は、この売買を行ったのが第2事法1課ではなく、当時は2課に所属していた私だったことを突き止め、説明を求めて来た。自宅に置いていた書類を提出すると、鈴木特官は、彼らが突き止めた取引のチャート図を取り出した。

「この書類が出てこなければ、証拠を隠滅して意図的に調査を妨害したと訴えるつもりだった。これでようやく、われわれが調べた内容の裏付けが取れる。それにしても、これは今世紀最高の金融取引だ。こんな決算操作ができるものかと恐れ入った。この取引は寄付にも、贈与にも、損失補塡にも当たらない。合法的で真っ当なものだ。それは認める。だがわれわれはロンドン、アムステルダム、ニューヨークに調査官を派遣して、大変な人手とカネをかけて3年間調査した。こんな調査は前代未聞だ。ここで『ああ、そうですか。分かりました』と引っ込むわけにはいかない。オレの立場も考えて、少なくとも200億円程度は税金を払ってもらいたい。会社の上層部には言えば分かるから、そこのところを君からもはっきり伝えてほしい」

つまり「手間暇かけて3年間も調査したのだから、何が何でもその見返りにお土産を寄こせ」ということ。私が「この売買は断じて損失補塡ではありません。損失は昭和シェルが自力で解消したものです」と話すと、鈴木特官は言った。

「ところで君、昭和シェルからいくらもらった?」「はぁ!? いっさいもらっていませんよ」

「嘘つけ、銀行員はみんないっぱいもらっているぞ」「じゃあ、調べてください」

その数日後、再び面談した鈴木特官に、私は妙な褒め方をされた。

「野村の奴って身ぎれいなんだなあ。誰も昭和シェルからビタ一文もらっていないじゃないか。君の口座も当座貸越（借り入れ）ばかりで、見事に現金を持ってないじゃないか」

この話は少々説明が必要だろう。当時は野村證券の課長（役職名ではなく職位の方）というだけで、すべての都市銀行が無担保で５００万円まで貸してくれた。取締役に昇格するといったん退職金がもらえるので、そこまでは当座貸越で食いつなぎ、退職金で返済しようと考えていたのだ。都銀からは「（職位上の）次長になれば、上限を１０００万円まで引き上げます」と言われていた。それを期待して都銀全行から５００万円ずつ借りると、今度はバブル崩壊で「返してくれ」と請求されて揉めていた。だから鈴木特官に「昭和シェルから、いくらもらった？」と尋ねられた時は「銀行口座をすべて確認してください。１円でももらっていたら、すぐに野村を辞めます」と自信を持って宣言した。

鈴木特官から「やっていることは結構エゲツナイが、野村の社員は身ぎれいだ」と言われ、私は「当たり前じゃないか」と思った。

「野村は客に対する想いもきれいな会社です。だから昭和シェルにも、やってあげる必要もないアホなことをしているんです。これがもし損失補塡だったら、１日目だけで昭和シェルから26億円もコミッションをもらったりしませんよ」

「それは百も承知だが、この前言ったことは覚えているな。税金を払わないつもりなら、新聞を使ってでも、どんな手を使ってでも課税してやる。会社の上層部にそう伝えておけ」

鈴木特官の本気が伝わってきた。「国税局は本気だ」と感じた私は、鈴木副社長（当時）に報告した。

「国税局は本当に課税するつもりです。彼らはみんな下からの叩き上げだから、大蔵省のキャリアが何か言ったところで、聞く耳を持ちません。50億円でも100億円でも、税金を払っておいた方がいいですよ」

ところが鈴木副社長は馬耳東風だった。

「大丈夫だよ、横尾。うちは国税OBをたくさん押さえている。国税局の下っ端が何を言おうとねじ伏せられる。だいたい、お前さんは考え過ぎだ」

第1次証券不祥事の勃発

残念ながら、私の懸念は的中した。鈴木特官の聴取を受けてから約1ヵ月半後の91年6月20日、読売新聞の朝刊が「野村証券　法人損失160億円穴埋め」「債券高値買い戻し」「昨年の暴落時　証取法違反の疑い」と大々的に報じた。大口顧客に対する損失補填問題を皮切りとする、第1次証券不祥事の勃発である。

6月24日、世論の厳しい批判に抗しきれず、お世話になった田淵義久社長と、日興証券の岩崎琢弥社長が引責辞任。さらに翌25日、読売の夕刊に「損失補てんで野村証券が偽装工作」「大手企業ダミーに　追及逃れ海外現地法人も利用」と、私が行った昭和シェルのワラント売買の記事が掲載され、各紙が翌日の朝刊で後追いした。昭和シェルの営業特金で行ったワラント取引を、東京国税局は損失補填（寄付行為）と認定したのである。

大和証券が70年代に大口顧客に行った損失補填が89年11月末に発覚したのを契機に、かねてから営業特金

を問題視していた大蔵省証券局は、90年3月末までに営業特金を解約して投資顧問会社経由に切り替えるよう、証券会社を指導した。年が明けて90年に入ると、営業特金の解約に向けた売りが殺到し、株価は大暴落。そうした環境下でも営業特金の解約を優先させた証券局は、証券会社側の要請に応えて、「解約を承知しない会社に対しては、解約で発生する損失額を証券事故扱いにして補塡してもよい」と指示する。これを受けて証券各社は、90年3月期の損失補塡額を「有価証券売買損」として計上する一方、法人税申告書には損金であることを否認し（これを「自己否認」と呼ぶ）、使途や支払先を明らかにせずに納税した。

損失補塡先リストで野村證券の補塡額第1位になった年金福祉事業団（49億4100万円）、第2位の昭和シェル石油（43億8900万円）について、野村側は税務調査の期間中も「損失補塡ではない」と主張して争った。これが東京国税局の逆鱗に触れ、読売新聞に対するリークにつながったといわれる。

読売の記事では日本郵船が「A海運」、三井物産が「東京の大手B社」と表記された。取材に対応しているのは郵船が「財務担当役員」、三井物産が「財務担当幹部」と書かれていたが、彼らが話している内容は全くのデタラメだった。

私は郵船には「困っている会社があるので、細かいスキームは聞かずに、とりあえず受けて欲しい。大雑把に言うと、現先取引（一定の期間後に一定の価格で買い戻す、または売り戻す条件を付けて債券を売買すること。短期の資金の運用や調達の手段に使われる）のワラント版です」と説明していた。郵船にもワラント購入資金の調達コストがあり、大まかな説明は必要だった。三井物産の方は名義を借りただけなので、中身までは伝えていなかった。

記事そのものも、①金額が実際より一桁小さい、②ワラントがワラント債になっている、③日本郵船の現地法人がアムステルダムではなくロンドンになっている、④ワラントとカネの流れが実際と真逆――など誤りが多かった。

読売の取材に対して、郵船は「野村には、将来の取引拡大など、何らかの営業上の目的があって、意図的にもうけさせてくれたのだと思う」などと、見当違いも甚だしい回答をしている。その郵船が「記者会見を開く」と電話してきたので、私は「何も知らないのに、バカなことは止めてください」とお願いし、会見を中止させた。

読売を後追いした他紙の記事にもそれぞれに誤りがあったが、記事の正しい部分を足し合わせれば、概《おおむ》ね正解だった。昭和シェルのワラント売買の内容を正確に知っているのは、私と鈴木特官（と東京国税局調査第一部の上司）しかいない。国税局がリークしたことは明らかだった。私は「新聞を使ってでも課税する」という鈴木特官の捨て台詞を思い出した。

「新聞にリークなんかしやがって、何て汚い真似を……」

その一方で、私は野村の上層部に対しても、腸《はらわた》が煮えくり返る思いだった。せっかく私が警告したのに、上層部は「正規の売買に課税できるわけがない」と高をくくっていた。だが徴税権力は容赦なかった。損失補塡ではないと分かっていながら、調査経費を回収するため、マスコミを使って野村を追い詰め、外堀を埋めて強引に課税した。人災としか思えなかった。

読売の記事が掲載された91年6月25日、私は本社に出張中だったが、「ひょっとすると、警視庁か東京地検特捜部が家宅捜索に来るのではないか」と不安になり、慌てて浜松に帰った。

これは推測に過ぎないが、私が浜松支店に赴任せず、ニューヨークのワッサースタイン・ペレラ社（ＷＰ）に出向したままであれば、国税局は課税を諦めたかもしれない。

結局、野村は90年3月期までの2年半で約89億９０００万円の所得を申告していなかったとして、東京国税局から過少申告加算税を含めて約40億５０００万円を追徴課税された。

田淵さんを辞めさせてしまった

社長辞任会見の3日後に開催された、91年6月27日の野村の株主総会。田淵さんは損失補塡と呼ばれる一連の行為（私にはこの言い方しか思いつかない）について、「当局と相談した上で、営業特金の見直しに際して生じた有価証券の売買損と認識しており、損失補塡も損失保証もなかった」「全部を大蔵省にお届けしており、その処理についてもご承認をいただいている」などと真相を暴露した。このため後任の酒巻英雄社長が大蔵省に呼び出され、釈明会見に追われるなど、ドタバタが続いた。

酒巻英雄（さかまき・ひでお）　１９３５年神奈川県生まれ。58年に法政大を卒業して野村證券に入社。主に資金・債券、総務畑を歩み、81年に取締役に昇格。常務、専務、副社長を経て、損失補塡問題や暴力団融資の責任を取って辞任した田淵義久の後任として、91年6月に第8代社長に就任した。しかし97年5月には、総会屋小池隆一に対する利益供与事件の主犯格として、商法違反などの疑いで東京地検特捜部に逮捕・起訴され、99年に懲役1年、執行猶予3年の有罪判決を受けた。損失補塡騒動の中で棚ボタ式に社長に就任したため、人材豊富な野村の社内では水面下で酒巻に対するクーデター計画が存在したといわれる。

株主総会の日、私はたまたま本社に出張していた。その様子は、総会が開かれている8階の講堂の横に並べられたモニターで見た。昭和シェルのワラント売買に関する記事が出て以降、私は「あいつが張本人だ」と戦犯扱いされ、簡単に社内を歩ける状況ではなかった。87年末に鈴木専務の指示を受け、良かれと思って必死に取り組んだことが、結果的に田淵社長を辞任に追い込んでしまった。

私は「田淵さんは僕のせいで辞任するんだ。なぜこんなことで辞めなければならないんだ?」と割り切れない思いでいっぱいだった。損失補塡騒ぎで、大手証券4社は91年7月10日から15日までの間の4営業日、本店と支店の法人向け営業活動の原則停止を余儀なくされた。

88年9月までしか第2事法に所属していなかった私は、90年以降の株価暴落局面で起きた出来事に詳しくない。だが少なくとも私の知っている範囲内では、野村の事法で損失補塡が行われていた事実はない。91年7月29日の日本経済新聞朝刊に掲載された、90年3月末までの大手証券4社の損失補塡先リストで、野村が48法人と1個人に合計274億7900万円を補塡していたと報じられ、私は自分の目を疑った。その中で昭和シェルに対する補塡額が43億8900万円と、野村の補塡額第2位になっていた。私が行ったワラント売買が百歩譲って損失補塡だとしても、何を基準に計算すれば、あのような金額になるのか、今もって全く理解できな

辞任会見を開く田淵義久社長（右は後任の酒巻英雄副社長）

い。

損失補塡先リストが公表された直後、オリンパスの山田氏から嫌みの電話が掛かってきた。

「野村は補塡しないんじゃなかったのか？　山一は補塡してくれたのに、野村はビタ一文補塡してくれなかったよな。補塡する相手も選ぶのか？」

その後も銘柄推奨の禁止、92年の改正証取法（損失補塡行為とその要求の禁止）の施行と続き、証券業界はボロボロにされてしまった。東京国税局があのように理不尽な追徴課税をしなければ、日経平均は軽く4万円を超えていたと、私は今も思っている。

私に捨て台詞を吐いた鈴木特官は私を聴取した直後の91年7月、東京国税局管内の5大署の一つ、京橋税務署

（東京都中央区）の副署長に栄転した。99年6月に、千葉県の松戸税務署長を最後に退官したそうだ。

話は少し先走るが、損失補塡問題絡みのエピソードは、この章でまとめて書いておく。私が営業業務部に配属された92年5月以降のことだ。日経ＢＰ社が発行している経済週刊誌『日経ビジネス』に「証券不祥事の主役は誰だったのか」という内容の記事が掲載された。そこでは張本人として、私と北尾課長席が名指しされ、「2人はいま、ロンドンとニューヨークにいる」と書かれていた。北尾課長席がワッサースタイン・ペレラ社（ＷＰ）のロンドン事務所、私が同社のニューヨーク事務所に出向していた時期があることは確かだが、記事が掲載された時期には2人とも帰国していた。特に私は90年11月末には米国から帰国している。「取材すれば簡単に分かるのに、なぜ調べないのだろう」。マスコミのいい加減さに、私はほとほと呆れ果てた。

日本の株式市場は終わった

株価が長期にわたり低迷している最大の要因は何か。私には「証券会社が銘柄を推奨しなくなったことが原因」という確信がある。臆病で勤勉な日本人は、自分の意思で株を買うことなどとてもできない。証券会社の営業マンに背中を押されてやっと買えるのであり、銘柄を推奨されなければ買えない。第1次証券不祥事のあと、営業マンは「推奨してはいけない、確認書を取れ、適合性の原則（客のレベルにあった勧誘を行うこと）を守れ、目論見書を渡せ」などと口うるさく言われ、株を勧める気がしなくなった。銘柄推奨を禁止した時点で、日本の株式市場はほぼ終わってしまった。

そしてとどめがファイナンスと運用を厳格に分ける、事業法人部のファイアウォール（情報隔壁）だ。これによって営業力のある社員がファイナンス部門に残り、運用部門がズタズタになった。私なら経験則上、その反対にしただろう。運用で客に儲けさせることができれば、ファイナンスの主幹事は取れる。だが、誰もその方向に動こうとはしなかった。

そういえば、第1次証券不祥事の時に、全国の支店の次席（副支店長）ばかり集めた缶詰研修があった。テーマは「これからの野村をどうするか」。無意味な講義やミーティングが延々と続いた。テレビで時たま見かける一橋大学の著名な教授が、こんなバカなことを言った。

「雨天の東京ディズニーランドでは、木馬に客を乗せる時、社員の膝の上に客の足を乗せる。そういうサービスこそが、本当の顧客中心主義だ」

「何でこんな奴を講師に呼ぶんだ？」と、私は情けなかった。そのあと何人かの次席がスピーチし、私にも順番が回って来た。

「先生の言われるチャチなサービスで客が儲かるのなら、われわれは腹ばいでも何でもします。先生は現業を全くご存じない。道を掃くとか、社会貢献とかおっしゃるが、そんな暇があるなら、もっと証券の勉強をすべきです。今の株式市場の体たらくは、証券に対する国民の認識レベルが低いからです。われわれは客に儲けさせてナンボの世界です。それが、われわれのサービスです」

教授は嫌そうな顔をしていた。同じ研修で、さらに私は主張した。

「役員ですら『儲け過ぎをみんなで反省すべきだ』と懺悔《ざんげ》の言葉を口にする。だが、私はむしろ『あれだけ無茶をして、何でも来いだと思っていたのに、たかだか年間５０００億円しか経常利益を上げられなかった』ということを反省すべきだと思う。そうでなければ野村は成長しないし、客も儲からない」

誰からも反論は出なかったが、損失補塡問題のあと、野村は必要な自信さえ失った。次章では野村の全盛期だった80年代後半の、個性豊かな役員たちの生態を紹介しよう。

第5章

大タブチ、小タブチ

——「ノムラな人々」

第2事業法人部時代に限らず、私が在籍した1978年4月から98年6月までの20年間の野村證券は、良くも悪くも「凄まじい」と形容するほかない、超個性的なキャラクターの集団だった。特に損失補塡問題に見舞われる91年夏以前は、87年9月期の経常利益で日本一になるなど向かうところ敵なし。87年から88年にかけてのトリプルメリット・ウォーターフロント相場の頃、社員には「今の日本経済を牽引しているのはオレたちなんだ」という自負が満ち溢れていた。

その中でも支店を1ヵ店しか経験せず、将来の社長候補が綺羅星のごとく集う事業法人部に弱冠27歳で配属された私は、いわゆる〝試し打ち〟的な社員として様々な経験をさせてもらった。その過程では、個性的なキャラクター集団を引っ張る、さらに個性的な役員たちと出会い、彼らから多大な影響を受けた。この章で紹介するのは、私が見た彼らの人間臭いエピソードの数々である。

ゴルフ場で会議を招集した豊田善一専務

私が第2事法に配属された81年12月当時、事法担当の専務だったのが「営業の神様」こと豊田善一さん。寝食を忘れて働くことでは人後に落ちない私に、「あれほど働く人には二度と出会えないだろう」と思わせるほど、豊田さんは「仕事が命」のモーレツ社員だった。その豊田さんに付き合わされる第1事法と第2事法の課長席は、見ていて可哀想なほど仕事漬けだった。

豊田さんは毎週末、埼玉県児玉町（現・本庄市）にある野村グループのゴルフ場「こだまゴルフクラブ」で客を接待。毎週日曜日のラウンドが終了すると、第1事法と第2事法の課長席合わせて10人をクラブハウスに招集し、午後4時頃から週明けの取引に向けた会議を開いた。別のゴルフ場で接待ゴルフをしていた課長席も、この定例会議に間に合うようこだまGCに到着しなければならない。当時すでに関越自動車道が前橋インターチェンジまで開通していたとはいうものの、都心からは約100㎞離れている。課長席は週末に家族で出かけることもできない。

午後8時から放送されるNHKの大河ドラマに豊田さんがハマった年だけは、会議が早めにお開きになったといわれるが（当時はまだビデオデッキが普及する以前だった）、会議が深夜に及ぶことも珍しくなく、課長席は何時に帰宅できるのか見通しも立たない。そのうちに豊田さんは、「うちは会議室じゃない」と怒ったこだまGCから出入り禁止を言い渡されてしまった。とにかくそのくらいの仕事好きで、部下にも自分に従うよう求める人だった。

豊田さんは宴席でもユニークだった。途中で必ず、事法から電話が入る。その内容は、当日の株式と債券のコミッション成績についての報告だ。宴席に同伴しているわれわれ下っ端が電話に出てメモを取り、宴席に戻ってメモを豊田さんに渡す。それを見た豊田さんは、ニコニコ笑ってトイレに行く恰好をしながら電話を掛けに行った。私は気になって一度電話しているところを覗いたことがある。何と豊田さんは、成績の悪かった課長席を大変な剣幕で叱責していた。

宴席は毎日開いても、1年間に250回程度が限度。本社の事法が担当する1000社には到底届かない。そこで豊田さんは82年から83年頃、宴席のダブルヘッダーをやった。前半戦は午後5時半スタート。7時半になると「ちょっと急用ができたので」と嘘をついて退席し、次の料亭に向かう。そして「いやあ、仕事が長引いたもので」などと言い訳して、後半戦に突入するのだ。ところがそれがどこかの会社にバレてしまい、宴席のダブルヘッダーは取り止めに。ゴルフでも同じことをやっていて、やはりバレたそうだ。

豊田さんは車で都心を走っている時も、「ちょっと止めてくれ」と言って、通りすがりの上場会社に飛び込み、「どうも、社長。近くまで来たもので」と挨拶する。強烈なバイタリティーのある人だった。

当時の事法部員は、全員が「今日はどこを訪問して、誰と会って、何を交渉した」という日報を毎日提出させられた。これを課長席に提出すると、部長、取締役、常務、専務の順に内容をチェックする。チェックが終わると質問事項が赤字で書き込まれて返って来るのだが、問題は「誰がクエスチョンマークを付けたのか」。豊田さんだと、誰もが震え上がった。クエスチョンマークを付けられた人は、あとで必ず呼び出されるからだ。

そんな細かい指導を、部長以上が部員全員に毎日行った。当時の役員や部長は本当にプロだった。これも豊田さんの指示だ。野村の筆頭副社長から国際証券に転じてからも、社長、相談役として同社を育て上げたが、04年11月に80歳で亡くなった。事法マンの基礎を叩き込んでもらったと感謝している。

低音が魅力だった田淵義久社長

野村證券第7代社長（就任は85年）の田淵義久氏は、支店を1ヵ店しか経験していない私を第2事法に抜擢してくれた大恩人だ。先代社長の田淵節也氏と混同されないよう、社内では節也氏を大《おお》タブチ、義久氏を小《こ》タブチと呼んだ。

私が第2事法に着任したのは、小タブチさんの事法担当常務就任と同じタイミング。当時の事法は人事が停滞し、役員一歩手前のようなベテランばかりだった。そのような体制では客を新規開拓したり、時代を先取りした新しい分野にチャレンジすることはおぼつかない。80年前後は新しい分野の会社が次々と上場し、証券業界も活気に溢れていた。事法の若返りを考えた小タブチさんは、腰が軽くて体力のある若手を試す意味で、金沢支店で数回会っただけの私に、白羽の矢を立てたのだという。

豊田さんがキャリアのほとんどを法人営業で過ごしたのに対し、小タブチさんが法人営業を経験したのは、社長就任前の数年間だけ。キャリアのほとんどは個人営業、支店営業で、それも「野村で小タブチの右に出る者はいない」と称えられるほどの実績を上げた、個人営業のトップエリートだった。

顔が丸く、頭がツルンと禿げていたので、付いた仇名は「毛沢東」。ただ小タブチさんの方が、元中国共産党主席のご本人より目が可愛らしく、剽軽《ひょうきん》だった。何しろ魅力的だったのは、あの太くて低い声。話しているとついつい引き込まれ、言うことに納得させられてしまう。

宴席で相手に何か尋ねられると、ビールを飲みながら「うーん、それはですねぇ……」と一言。この間《ま》が実に素晴らしい。専門的な質問をしてもこの一言を口にされると、何も尋ねられなくなる。小タブチさんの言うことが正しいのかどうかは別にして、誰もが納得させられてしまう。何とも言えない魅力を湛《たた》えた人だった。

私が第2事法に配属されて1年目のある日、同じ5課の先輩の稲野和利さんとともに、小タブチさんからどこかの料亭の狭い座敷に招かれたことがある。「お前らの忌憚《きたん》ない意見を、ゆっくり聞きたい」という趣旨だった。

私が2〜3分話すと、小タブチさんは「いや、横尾な」と話を遮り、30分ほどの独演会を始める。そのうち、趣旨が違うことに自分で気づき、「ごめん、ごめん。今日はオレが喋るんじゃなかった！」と独演会を中止。今度は「稲野、どうなんだ？」と尋ねる。稲野さんが2分ほど喋っていると、また小タブチさんが「稲野、それはな」と話を遮り、30分ほどの独演会を再開する。そして再び、「いやあ、またやってしまったなあ」と反省する。その日、われわれが話した時間は1人当たり正味5分あるかないか。完全な小タブチさんのワンマンショーだった。われわれは、あの魅力的な低音に聞き惚れるばかりだった。

小タブチさんと2人だけで飲んだこともあるが、独特の雰囲気に呑まれ、「横尾、こうだろう」と言われると、若輩者の私は「仰せの通りです」と答えるしかない。とにかくそこにいるだけで、人が自然と周りに集まってくる。典型的な親分肌だった。

その一方、怒った時の怒鳴り声は、まるでカミナリが落ちたかのような凄まじさ。その迫力たるや、豊田さんの比ではなかった。幸いにして私は、小タブチさんにカミナリを落とされた記憶はない。

宴席で歌う前の小タブチさんには独特の〝ルーティン〟があった。ビールでうがいをするのである。マイクを渡すと「そうかっ」と言って、ゴロゴロと大きな音を立てて、ビールでうがいする。その仕草がまた何とも言えず可笑《おか》しかった。持ち歌はタイトルに男や船、太鼓などが付いた演歌ばかり。これは小タブチさんに限らず、あの時代の野村は、誰しもが演歌しか歌わなかった。

「お前は小タブチ人事だから」

第2事法に異動した当初、「お前は小タブチ人事だから」とよく言われた。小タブチさんはどういうわけか、第2事法に来て間もない私を引き合いに出して、褒めてくれることがあった。そうなると、平社員の私を「メシに行こう」と誘う先輩が急に増えたり、逆に小タブチさんに褒められた私を快く思わず、態度が急に冷たくなる同僚が出たりした。小タブチさん本人に他意はなかったはずだが、「オレはいつも小タブチさんに振り回されている」と思った。

88年10月に野村企業情報に出向する際も、異動は小タブチさんから直接言い渡された。通告されたのは、88年7月に赤坂の料亭で行われた、NKKと野村の社長同士の宴会の席。その頃の私は30代前半の（職位上の）課長に過ぎず、社長から直に人事を通告される身分ではない。

その料亭は、48年から59年まで野村の第3代社長を務めた奥村綱雄氏が親しくしていた女性が経営していた有名な店で、野村は奥村社長の頃からこの料亭を利用してきた。宴たけなわの頃、同席している私の横に、小タブチさんが座った。

「横尾、お前は事法で何年になる？」「約7年です」

「M＆Aをやってほしい。ニューヨークへ行ってくれ」

数日前の日経新聞に「野村證券が米ワッサースタイン・ペレラ（WP）に出資」という記事が掲載され、私もそれは読んでいた。WPは企業のM＆Aを手掛けるために設立された、歴史の新しい会社。だが私は、英語が苦手中の苦手だ。「米国だ」と思った瞬間、全身から冷や汗が出た。

「ご冗談でしょ？」「いや、冗談じゃない」

すると、小タブチさんと私のやり取りを聞いていた年配の女将が、「ちょっとおいで」と私を自分の部屋に招いて言った。

「田淵さんはここで人事の話を一度もしたことがない。あなたのような若い人に直接話すということは、よほどあなたを気に入っているのよ。あの人は人事について、絶対に冗談は言わない。ニューヨークに行って頑張ってきなさい」。私は生きた心地がしなかった。

そんな小タブチさんは前章で詳述した通り、91年の損失補塡問題の責任を取り、91年6月に社長を辞任した。昭和シェル石油のワラント売買が損失補塡に当たらないことは、東京国税局の鈴木特官も認めていたのに、あのように卑劣極まりないやり口で追い込まれた。

私は小タブチさんが大好きだった。あのまま社長を続けていれば、野村は素晴らしい会社になっただろうし、私も絶対に辞めなかった。

カラオケは演歌縛り

小タブチさんのカラオケの〝ルーティン〟を話したついでに、当時の私がどんなアフターナイン、アフターテンを過ごしていたか、記憶を辿ってみよう。事法部員は昼も夜もなく働いたが、それ以上に途方もなく酒を飲んだ。役員など事法の上層部は酒豪揃い。第2事法に在籍した約7年間、事法担当の取締役、常務、専務として常に私の上司だった鈴木政志さんなど、赤坂で朝まで飲み、カラオケで演歌を歌ってから「おっ、横尾、会社行くぞ」という調子だった。

幸い私も、かなり行ける口だ。仕事が終わると自分の課の課長席や後輩たちと連日、銀座や赤坂に繰り出した。飲み代は基本的に自腹。後輩に奢ることも珍しくなかった。前述した通り、第2事法にいた当時の給料はあまり高くないので、銀行借り入れは半期ごとに数百万円ずつ増えた。

銀座の某高級クラブでは、仕込んだある株の処理策をめぐって半年間、自分の課の課長席と課の次席と私の3人で鳩首協議を続けた。会社で話せる内容ではないので、昼間のうちに「今日も仕事が終わり次第、いつもの銀座のクラブ」と示し合わせ、現地集合する。私が行くと、いつも誰かが待っていた。「女の子は付かなくていいので、外から寿司を取って」とママに頼み、その寿司をつまみながら「苦しいよなあ」と愚痴をこぼす毎日。半年が経った頃、協議を終えて「じゃあ、飲みに行こうか」と席を立つと、銀座でも有名なそのママが「ずっと黙っていたんだけど、あまりにも失礼じゃない？　うち、寿司屋じゃなくてクラブなんだけど」と、さすがにお冠だ。「次回から気をつけます」と謝った。

赤坂では、高そうな店にはあまり行かなかった。当時の野村の社員には、一つの店に大人数で行く癖があった。大人数の野村の社員が飲めや歌えやで騒ぐと、居づらくなった他の客は帰ってしまう。その店の客がほぼ野村一色になる頃には、誰かが見つけた別の店にごっそりシフトし、それまで使っていた店には行かなくなる。当然そこは潰れてしまう。こんなことを繰り返してばかりいた。

鈴木さんが常連だった赤坂のクラブには、「野村メニュー」と名付けられた演歌ばかりのカラオケ・メニューが備え付けられていた。「よしっ、メニュー１００曲！」と来れば、タイトルに男、船、女、港、太鼓、盛り場などと付いた演歌が、順に１００曲出てくる。みんなでそれを延々と歌うのだ。

野村の社員が連れ立ってカラオケに行くと、演歌以外を歌う空気にならない。金沢支店に配属された時、最初の歓迎会で『シクラメンのかほり』を歌ったら、同僚から不思議な生き物でも見るような目つきをされ、私もそれからは演歌一本槍。せいぜい内山田洋とクール・ファイブなどのムード歌謡しか歌わなくなった。金沢明生寮の寮歌は、北島三郎の『加賀の女《ひと》』。私は今も、北島三郎の歌はすべて歌える。お座敷は常に、三波春夫の『チャンチキおけさ』でスタートした。

酒、カラオケと来れば、次は麻雀とゴルフ。第2事法の頃は、とてつもないインフレレートで徹夜麻雀をやった。一晩で数十万円負けたことも何度かある。ゴルフも賭けてプレーした。全員がバンカーに入れた回数を足し、1回につき1000円で計算して、最後に入れた人がその金額を残りの人に支払う。例えば4人がバンカーに入れた回数の合計が30回なら、最後に入れた人は1人に3万円ずつ、合計9万円を支払う。スリーパットも同じようにした。だからスコアカードは毎回書き込みで真っ黒になり、本来のスコアが分からなくなる。そういう時に小さく丸い文字で、とても上手にスコアカードに書き込む先輩がいた。名前はあえて秘す。

野村きっての酒豪・鈴木政志さん

鈴木政志さんは、第2事法に配属された時の事法担当の取締役で、私は第2事法在籍時の約7年間、お世話になりっぱなしだった。担当企業が海外でファイナンスを実施する場合、担当者が現地まで同行するケースと、そうでないケースがあるが（代わりに役員や部長が行く時もある）、鈴木さんは豊田さん以上に細かく、上場会社の役員の個人情報を把握していた。

「この社長の土産はこれじゃないぞ。この人、娘2人だよな。やっぱりスカーフじゃないか」

だから出張前には膨大な量の書類が必要になる。鈴木さんはそれを一つひとつチェックして、指示を出す。例えば「この社長、現地に着いた日のベッドの枕元に置くのは花じゃない、酒だ」といった具合だ。ファイナンスが連日何本も行われていた頃、鈴木さんはそれをすべてチェックしていた。もちろん昼間は外交して、夜は毎晩宴席で、土日は接待ゴルフ。私は宴会が3日続いただけで気が滅入るが、当時の事法の役員は肝が据わっていた。

寿司屋の息子の鈴木さんは、実は魚を食べられなかった。事法担当の役員は酒豪が多かったが、中でも鈴木さんは、群を抜いて強かった。朝会うと「おお、おはよー、オェッ」などと、いつも朝から酔っ払っているイメージだ。

鈴木さんの酔っ払いぶりに「参ったなあ」と思ったことが一度だけある。午前9時から同伴外交する際、車に乗った途端に「オェッ」とやられた。「うわっ」と思って腰を引くと、鈴木さんは「心配するな、横尾。お前に掛けやせんよ。ビニール袋を持っているから」と笑っている。実際に吐いたりはされなかったが、朝からヒヤヒヤした。

別の日に一緒に車に乗っていると、鈴木さんは「お前は一緒にいる時にはいつも寝てばかりいるが、本ぐらい持っていないのか」と、自分が読んでいた本を貸してくれた。それから鈴木さんも私も寝入ってしまい、車が本社に着くまで熟睡した。運転手から「着きましたよ」と言われてハッと気がつくと、鈴木さんから借りた本が床に落ちていて、しかも私がそれを足で踏みつけている。寝ていた鈴木さんも起きて、お互いに目を見合わせた。何とも言えない、気まずい空気だった。

小タブチさんのところで書いたNKKとの宴席では、鈴木さんが突然こんなことを言った。

「横尾、相手は鉄鋼会社さんだ。瓶ビールはないだろう」

「しまった」と思って缶ビールを出してもらったが、芸者さんが缶をペコペコやっている。

「マズい、アルミ缶だ」と思ったら、鈴木さんも「アルミじゃないか」と怒っている。「すみません、探します」と赤坂中を探し回ったものの、ライバルの川崎製鉄製の樽型の缶ビールしか見つからない。仕方がないのでそれを取り寄せ、鈴木さんに「鉄製は川鉄しかありませんでした」と謝ると、「バカ野郎、瓶ビールに戻せ」と叱られた。「申し訳ありません」と平謝りし、瓶ビールを持ってくると、エラい人たちはもう日本酒に移っていた。

まるでマンガのようなバカバカしさ。NKK側で一番末席だった常務が「お互い、下っ端はつらいな」と楽しそうに笑っている。私は「気を回しすぎるのも、却って逆効果だ」と、鈴木さんを少々恨めしく思った。

鈴木さんは94年に会長に就任し、日本証券業協会の会長も務めた。97年の総会屋に対する利益供与事件（第2次証券不祥事）で酒巻英雄社長が辞任すると、同年3月半ばから1ヵ月半は社長も兼務した。ガタガタになった野村の再建に奔走したが、05年5月に69歳で亡くなった。98年6月に野村を辞めた私が「グローバル・カンパニー・インコーポレート（GCI）」を設立した際には、会社の設立パーティー、1周年パーティーと、お祝いに上等なワインを持ってきてくれた。第2事法時代の私のすべてを知っている人。それが鈴木さんだ。

大喧嘩して仲良くなった岡莞爾常務

小タブチさんからニューヨーク行きを申し渡された宴席では、さらに別の思い出がある。NKK側と小タブチさんを料亭から送り出すと、鈴木さんと、同席していた事法担当常務の岡莞爾さんが「横尾、ちょっと車に乗れ」と言う。

私が「じゃあ、その辺まで送ってください」と言って車に乗り込むと、2人は運転手に「一周回ってもう一度同じ場所につけてください」と指示している。見送ってくれた先ほどの料亭の女将が、奥に入るのを待っていたようだ。

車を降りて入ったところは、先ほどの料亭の向かいにある別の料亭。中に入るなり、鈴木さんが「赤坂に今残っている芸者を全員呼べ」と頼んでいる。「何だか今日はドンチャン騒ぎだな」と思っていると、何のことはない、ニューヨーク行きの、改めての通告だった。

「おめでとう、米国に行ったら頑張ってくれ」

「お前は英語ができないし、田淵さんには相当言ったんだが、あの人は一度言い出すと聞かないから、諦めて行ってきてくれ。今日は役員2人で開く歓送会だ」

芸者が何人も来た。だが面白くも何ともないし、ますます頭が冴えるだけ。次の日は祝日だったが、私はショックでベッドから一歩も出られなかった。

「どうしよう、英語が喋れないのに、どうしよう」。会社に行くのが嫌になった。

それからは就労ビザを取る必要があり、着任まで2〜3ヵ月の猶予もあるので、英会話学校に通うように指示された。だが、私は「今さら習ったからといって、喋れるものでもない」と、指示を無視した。そうこうしているうちに、時間だけが過ぎた。

ニューヨーク行きが近づいたある日、岡さんから「ちょっと一杯行こう」と誘われた。「また送別会か」と思って付いて行くと、岡さんから予想外の指示を受けた。

「オレと鈴木さんが小タブチさんに頼み込んで、お前はしばらく国内に残れることになった。野村企業情報に行け。お前の代わりに一人、事法の若手をニューヨークへ行かせる」

天にも昇る気持ちというのは、このことを言うのだろう。岡さんに後光が差しているように、私には思えた。

岡さんは、野村の役員の中で「最も怖い人」と恐れられていた。私は一度、岡さんと摑み合いの大喧嘩をしたことがある。86年前半のことだ。85年10月に国債先物取引が始まる少し前、私は岡さんから「日本郵船から、国債先物の1000億円の買い注文を取ってこい」と指示された。実際に注文は取ってきたが、長期金利に先高観があり、債券相場は下落に転じると踏んだので、私は意図的に発注しなかった。その旨は郵船にも伝えた。案の定、85年9月のプラザ合意のあと、日銀は為替市場を円高ドル安に誘導しようと、短期金利を一時的に高めに誘導した。このため債券相場は暴落し、国債先物に投資した会社の多くは大損害を被った。私の金利見通しが的中したわけだ。買い注文を執行していたら、郵船は大きな損失を抱えるところだった。「危ない、危ない。岡常務の言う通りやっていたら、とんでもないことになっていた」。私は胸をなで下ろした。

後日、別の件で言い争いになった時に、私は国債先物取引の件を引き合いに出した。

「あなたの言う通りにしたらひどい目に遭う。僕の方がプロです」

「生意気なことを言うな！　殺すぞ」

岡さんは私の胸ぐらを摑んで、受話器で殴りかかろうとした。

「上等だ、殺せるものなら殺してみろ！」

それから約5時間、私は岡さんと口論を続けた。その挙げ句、岡さんは秘書にざるそばと天丼を注文させて言った。

「そこまで偉そうなことを言うのなら、一人で全部食べてみろ！」

それが仲直りの合図だった。その後、岡さんにはとても可愛がってもらった。

ムチの後藤博信課長席、アメの小池雅治次席

私が第2事法で最初に配属されたのは5課。その時の課長席が後藤博信さん、次席が小池雅治さんだった。のちに後藤さんは野村の副社長、小池さんは常務にまで昇進する。第2章でも書いたが、後藤さんは当初、恐ろしく厳しい課長席だった。配属直後に見合いで結婚することが決まった私が（結婚は82年4月）、「もう事法ではやっていけない。野村での人生は終わった」と悲観的になり、不眠症になったのも、後藤さんの顔を思い出すと寝られなくなってしまったからだ。それほど後藤さんには、毎日のように叱責されていた。それだけに40度の熱を出して、後藤さんから「今すぐ帰って病院へ行け」と優しい言葉を掛けられた時には驚いた。以後は寝られるようになったのだから、私がいかに後藤さんを恐れていたかが分かるだろう。

配属されて2ヵ月経つと、私も少しずつ客ができ始めた。だが後藤さんは「フロック（まぐれ）だろう」と、私の努力を認めようとはしない。私は「フロックだったら買ってくれないだろう」とカチンときたが、後藤さんは「悔しかったら、他所でもう一発買わせて来い」と挑発

する。「こん畜生！」と腹が立って日立製作所株の買い注文を500万株取ってきても、やはり「フロックだ」と叩かれた。私は悔しくて地団太《じだんだ》を踏んだ。

するると次席の小池さんが夜11時頃、「おい、ちょっと飲みに行こう」と私を誘う。

「お前はよく頑張っている。後藤さんの言うことは気にするな。あの人も、お前を育てたい一心なんだ」

後藤さんに比べて、小池さんはとても優しい。「よし、頑張ろう」と、元気が湧いてきた。あとで考えると後藤さんがムチ役、小池さんがアメ役でつるんでいたのだ。

次の異動で後藤さんとは課が分かれ、小池さんが新しい課長席に座った。その頃から私は外債販売で大きくコミッションを稼ぐようになるが、ある時、後藤さんに「横尾、ちょっと」と呼び止められた。

「小池の課ばかり、いいよなあ。お前、少しぐらい何とかできないか？」

つまり後藤さんは私に「外債を少し回せ」と頼んでいるのだ。ようやく認めてもらった気がして、私は少し気分が良かった。

「稲野社長、横尾副社長がベスト」

それでも「やはり後藤さんはすごい」と思ったことがある。「今日はちょっとサボろう」と考えてサウナに行き、素知らぬ顔で本社に帰ってみると、部に1人いる株式担当の後輩が、頼みもしないのに、私の客が営業特金で保有する石川島播磨重工（ＩＨＩ）株を無断で売り飛ばしていた。きっと自分の相場観で「目先の天井を付けた」とでも思ったのだろう。ところが株価を見ると、ＩＨＩはそこからストップ高近くまで値上がりしていた。客はＩＨＩ株が勝手に売られてしまったことを、まだ知らない。しかも先輩の一人が近づいてきて「わっ、横ちゃん、サウナのいい匂いがしている！」と言ったせいで、私のサボりがバレてしまった。進退窮まっていると、後藤さんが「何かマズいことでもあったか？」と尋ねてきた。

「株式担当の後輩が、私の客のＩＨＩ株を勝手に売り飛ばしてしまって……。迂闊にも昼間からサウナに行っておりましたので、彼だけが悪いわけではありませんが」

するとと後藤さんは「お前の後輩を守ってやるから、待ってろ」と自信たっぷり。わざわざ自分の客のところまで出向いて了解を取ったうえで、私の客のＩＨＩ株の現物売りが、自分の客のＩＨＩ株の空売りになるよう、注文伝票を操作してくれた。これで私の客のＩＨＩ株は元通り残る形になった。「本当にありがとうございました」と礼を言うと、後藤さんは「礼には及ばん。相場観のないお前に、本当の相場観を教えてやるから見ていろ」と、得意の憎まれ口を叩いた。

その数日後にＩＨＩの株価が瞬間的に値下がりしたタイミングがあり、後藤さんは空売りを買い戻して鮮やかに利益を上げた。私が「後藤さんの相場観は、やっぱりさすがですね」と持ち上げると、彼は「怖かったあ！　買い戻しのタイミングはもう来ないいんじゃないかとヒヤヒヤしたよ」と本音をポロリ。お互いに大笑いした。

そんな経緯もあって、後藤さんとは随分と仲良くなった。後藤さんと麻雀を打つと、前半は勝てるのに、後半は必ず負けている。麻雀を打っている最中に、酒をどんどん注がれるのだ。ご本人は酒を一滴も飲まず、オロナミンCの牛乳割り。こちらはいつの間にやら、酒をしこたま飲まされ、何が何だか分からないうちにボロ負けした。もちろん、腕前の違いもあったのだろうが……。ちなみに私は勢いで打つ麻雀で、強気一本槍。絶対に降りない。

後藤さんは何か困りごとがあると、必ず私を引っ張り出した。92年5月に私が営業業務部運用企画課長に就任し、商品設計上問題のあった販売済みの不動産担保証券の回収に奔走したのも、直属の上司である後藤さんの指示だった。

同じ頃、第2事法5課の先輩で富山支店長に就任していた稲野さんが、支店の成績不振に苦しんでいた。見かねた私は人事担当の役員だった後藤さんに直訴した。

「社長候補と目される稲野さんがこれではマズいでしょ。僕を富山の次席で行かせてください」

ところが、後藤さんは涼しい顔で言った。

「いいんだ。お前を支店長で出す時は、実績を上げさせるために出す。稲野は経験を積むためだけに出している。別に支店で実績を上げなくても、あいつはトップに立つ男だ。稲野社長、横尾副社長、これが野村のベストだ」

「はあ、僕は副社長ですか？」。すると後藤さんは、私に謎をかけた。

「お前をよく知っている役員がお前を何と呼んでいるか、知っているか？『消防車』だよ。何かあれば、必ず火を消してくれる。実戦で確実に成果を上げることが、お前に求められる使命だ」

後藤さんの言によると、私はいつまで経っても使い走り。トップには立たせてもらえないらしかった。少しショックだった。

ダジャレの大タブチ会長

大タブチこと田淵節也さんは、私が第2事法に配属された当時の社長。途中からは会長になった。京大と事法の大先輩で、名経営者として有名だが、私はあまり接点がなく、印象も薄い。

野村にも「京大会」があった。「若手はカネがないだろう」との配慮で、毎年の新人研修の時期に合わせて開かれ、私も引っ張り出された。だが、銀行員のように大学ごとに徒党を組むのが嫌で、先輩の少ない野村に入った私にとっては迷惑千万な存在だ。先輩諸氏と飲んでも面白くないし、気持ち悪かった。大タブチさんは京大会の存在に特段反対せず、普通に受け入れていたようで、私は「ちょっとこの人、あまりタイプじゃないな」と感じた。

大タブチさんは、ケッタイなダジャレをよく口にする人だった。年初の挨拶では「野村コンピュータシステムと野村総合研究所を合併することに決めた。これを『研コン（乾坤）一擲』と言うのかな」。世間的には「清濁併せ呑む」と評された大タブチさんの、意外な一面だ。

小タブチさんのあとを襲って、第8代社長に急遽就任した酒巻英雄さんの印象はさらに薄い。公社債部（のちの債券部）時代の酒巻さんを見て「債券の知識はあまりないな」と思ったが、証券会社でもあの年代（酒巻さんは35年生まれ）は債券の教育をまともに受けておらず、それもやむを得ないことだった。

酒巻さんは人柄が悪いわけではないが、営業の経験が浅く、損失補塡問題がなければ社長には就任しなかった人だろう。小タブチさんが後任社長をきちんと決める間もなく引責辞任したことが、やはり野村の最大の悲劇だった。

お行儀が悪かった橋田喜和副社長

87年12月に常務に昇進した中野淳一さん、橋本昌三さん、橋田喜和さん、田窪忠司さんの4人は、いずれも62年入社の同期。最初に取締役に昇格した中野さんは常務になるまでに4年かかったが、橋本さんと橋田さんは取締役から常務に昇進するまで1期2年。田窪さんに至っては取締役をスキップして、航空機リース事業を展開する子会社の野村バブコック・アンド・ブラウン常務から、いきなり野村本体の常務に復帰する離れ業を演じて話題になった。社内では4人のうちの誰か1人が、小タブチさんの後継者になると目されていた。

中野さんは人柄が穏やかで有能な営業マン。私は浜松支店次席の頃、営業部門のトップの中野さんに表彰状をもらった程度の関係に過ぎないが、その先見の明は素晴らしかった。特に95年6月に野村不動産の社長に転じてからは、ユニークな経営戦略で野村不動産のブランド力を一気に高めた。バブル崩壊によって不動産市況が低迷する中で、中野さんは「二流の土地ではなく、一等地を買い漁れ。２０００万～３０００万円のマンションは止めて、すべて億単位のマンションに切り替えろ」と指示し、都内の一等地を次々と押さえていった。これによって、それまではただ頑丈で良心的なマンションを作るだけの会社だった野村不動産のブランド力が上がった。今や野村不動産の「ＰＲＯＵＤ」といえば、一等地にあるおしゃれな高級マンションの代名詞。私は「センスがあるなあ」と感服した。不動産業界での野村不動産の今の地位は、間違いなく中野さんが築き上げたものだ。惜しくも２００７年８月に68歳で亡くなったが、過去数十年間の野村グループの経営者の中で、将来を見据える眼は一番優れていた。

トリプルメリット・ウォーターフロント相場の立て役者、橘田喜和さん。頭の回転の早さと閃きの良さが持ち味の、生粋の相場師だった。彼のあの作戦がなかりせば、日本の上場会社は株価低迷で軒並み潰れていただろう。とにかく勘だけはやたら凄かった。

ただし、お行儀の方は悪かったと思う。「人間的には面白いが、度が過ぎる」という話をよく聞いた。私が浜松支店次席の頃、橘田さんから「松本（学支店長）と横尾がいるんだから、一度遊びに行きたいな」という電話があった。私と松本支店長がその件を話していると、会話を聞きつけた支店長秘書の女性社員が「橘田さんが来るんですか？　お願いだから断ってください。あの人が来ると店の女の子をホステス代わりに触るし、大変なんです」と、悲痛な表情で訴えてくる。松本支店長はいろいろと理由を考えて、橘田さんの浜松支店来訪を阻止した。お行儀さえ良ければ、橘田さんは社長の椅子を争えたかもしれない人だった。

田窪さんは事業法人部、引受部、債券部以外に企画や人事も経験した、実に知的でオールマイティーな人。ゴルフがとてもお上手だったが、私は同じ部署で働いたことがなく、飲みに行ったこともないため、これといったエピソードがない。

橋本さんは穏やかで、極めてオーソドックスな人。私が野村企業情報とWPに出向していた88年10月から90年11月までの2年間、事法担当役員だった橋本さんとは様々に関わった。この章の最後に、その2年間のエピソードに触れよう。

野村企業情報の後藤光男社長と衝突

岡常務の配慮で、ニューヨークのWPへの出向を当面免れた私は、野村證券とWPの共同出資で設立された野村企業情報にとりあえず出向することになった。

野村企業情報が入っていたのは、東京・日本橋の野村本社の向かいにある、野村グループの第2江戸橋ビル。社長の後藤光男氏は58年に横浜市大を卒業して野村證券に入社したが、原町田支店（現・町田支店）の支店長だった73年、協同飼料事件（大手飼料メーカー協同飼料の株をめぐる株価操作事件）に連座して逮捕・起訴される。その後は子会社のベンチャーキャピタル、日本合同ファイナンス（現・JAFCO）に出向していたが、大タブチさんと仲が良かったようで、88年10月の野村企業情報設立と同時にJAFCO専務から、企業情報社長に返り咲いた。

後藤社長は、協同飼料事件で野村での出世の道を絶たれたことが、よほど悔しかったのだろう。JAFCOから連れてきた部下を優遇し、歴代の野村の社長を輩出してきた事法出身の社員を目の敵にした。企業情報に来て早々、私は後藤社長からこんなプランを聞かされた。

「これからはM＆Aの時代。国際派のビジネスマンを育成しなければならない。アルバイトも含めた社員全員で、1週間の海外研修を行う。ロンドンとニューヨークのWPの事務所巡りには、超音速旅客機のコンコルドを使う。すべてにおいて一流じゃないとダメだ」

「何を寝ぼけたことを言っているんだ」と頭に来た。コンコルドはロンドン－ニューヨーク間の飛行時間を6時間から3時間にする程度で、われわれの視察旅行はそれほど時間を争うようなものではない。そのくせ価格は片道150万円前後もする。要するに会社のカネで大名旅行がしたいだけだった。

「そんな真似は止めましょう。作ったばかりの会社ですよ。研修旅行は野村本社の研修部に任せるべきです」

実は私は企業情報に異動した直後、事法担当の橋本常務（当時）から、ある指令を受けていた。

「企業情報は大タブさんも絡んだ、ちょっと特殊な会社だ。すぐには乗り移れないが、そちらで火をつけてくれれば、消火作業で飛び移れる」

つまり「後藤社長の行いから何か決定的な悪事の証拠を見つけて、ボヤを火災にしてくれれば、本社から『大変だ』と乗り込んで行ける」ということ。企業情報の名の通り、上場各社の業務内容や財務状況などを調査するのが野村企業情報の仕事なのに、それを組織的に行える体制にもなっていない。私は一介の課長に過ぎなかったが、「事法のようにきちんと担当を決めて、上場会社を一社一社こまめに回らないとダメだ。行き当たりばったりでは無意味だ」と主張した。だが後藤社長は私の言い分を全く聞き入れようとしない。われわれは最初から何かにつけて激しく衝突した。

そうこうするうちに、「野村企業情報がいかに魑魅魍魎《ちみもうりょう》だらけなのか」という怪文書が野村の役員全員の自宅に送られてきた。「組織になっていない」「公私混同だ」などと書かれている一方、事法についてもあれこれと書かれている。事法と企業情報の双方に詳しい人間が書いた体裁であることは明らかだ。私は事法担当の杏中保夫《あんなかやすお》取締役に呼び出され、この文書を初めて見せられた。

「この文書を知っているか？　後藤社長と喧嘩しているし、事法のことも詳しく書いてある。誰が見ても、お前が書いたと思うよな」

もちろん、書いたのは私ではない。言うことを聞かない私を追いだそうとする、後藤社長サイドの嫌がらせとしか思えなかった。後藤社長は私の評価を最低ランクに落とそうとさえしたが、それは人事部が食い止めてくれた。

羽田拓との出会い

小タブチさんのご指名で野村企業情報に出向したものの、私は企業の価値を測る「ディスカウント・キャッシュ・フロー法」（ＤＣＦ法。収益資産の価値を評価する手法の一つで、株式や不動産などの投資プロジェクトの価値を算出する場合に使われる）の算出方法すら知らない。誰が教えてくれるわけでもない。同僚は英語が使え、会話も横文字だらけ。会議の中身はさっぱり分からなかった。

私は「後藤社長に対する反撃は、M&Aの知識を身につけてからだ」と考えていたが、専門書などを購入して勉強するつもりはさらさらなく、野村企業情報のプレゼンテーション用資料を見ながら、関数電卓を叩いてDCF法などを検証した。すると半日もかからずに理解できてしまった。

窮地の私を助けてくれたのが、野村退職後も私と行動を共にする羽田拓だ。63年生まれの羽田は、父親の仕事の関係で高校時代をニューヨークで過ごし、84年に東大工学部に入学した。野村の内定を得たあと、88年に卒業したが、大学側の手違いで卒業時期が4月になり、野村の入社も5月にずれ込んだ。このため当初配属が決まっていた支店ではなく、英語の能力を買われて企業情報に配属された。生意気な若者だったが、頭が良くて使える部下だった。

件の豪華研修旅行には羽田も反対していた。だが、後藤社長に説得されてあっけなく陥落。後藤社長は研修旅行行きを渋っている社員を一人ひとり説得し、行かなかったのは私一人だった。

こんな対立を続けているうちに、私はいつの間にか「野村企業情報にこんな不逞の輩《やから》がいる」と噂になり始めた。企業情報が入る第2江戸橋ビルは、本社の向かいにある。私が歩いていると野村の社員からは「週刊誌ネタが歩いてきた」という目で見られ、「横尾、頑張ってるか？　ファイティングポーズが凄いな！」などとからかわれた。

NKKの副社長以下の幹部を対象に、エレクトロニクス業界についての本格的な研修を行っている最中のこと。突然、後藤社長から電話がかかってきた。「今夜、どうしてもお前に会いたい」と言うので、指定された新宿区飯田橋の和食屋に行くと、企業情報の課長以上が勢揃いし、酒も並んでいる。何事かと訝っていると、後藤社長が口火を切った。

「横尾はエライ。今日はちゃんと謝りに来てくれた。いや、こいつは立派だ」

さらにさんざんお世辞を言われているうちに、宴席は終わってしまった。

この宴会の目的は、後藤社長が野村の社内に「横尾と手打ちした」とアピールすることだった。私と彼がいがみ合っていることは、野村では周知の事実。大タブチ人事の後藤社長と、小タブチ人事の私が大喧嘩しているのは、社内的にも体裁が悪かったに違いない。若手と年長者のいがみ合いは、年長者の方が大人気なく思われる。両方のタブチさんから「和解しろ」と圧力をかけられ、後藤社長も「このあたりが潮時」とでも思ったのだろう。そういうことに後藤社長は実に長《た》けていた。ただ、そのあと何かが変わったのかと問われると、何一つ変わらなかった。

橋本昌三専務からの極秘ミッション

前述した怪文書が流布している頃、私は野村の橋本専務に呼び出され（橋本氏は88年12月に専務に昇進）、極秘のミッションを与えられた。

「ベアリング大手のミネベアの子会社でＮＭＢセミコンダクターという店頭公開の会社がある。ミネベアはオーナーの高橋高見さんが亡くなり、後継社長から『ＮＭＢセミコンの設備投資に回す金がないので、NMBセミコンを売却したい』という話があった」

私が黙って聞いていると、橋本専務はさらに続けた。

「高橋さんと後藤は仲が良かったらしいが、後継社長は後藤を信用していない。『誰かM&Aができて、後藤の毒牙にかかってない奴を紹介してほしい。できれば事法でやってほしい』と依頼されているものの、事法でM&Aまでは無理だ。そこでお前にこの件を頼みたい。後藤には絶対にバレないように気をつけろ。野村企業情報の中では、誰にも話すな」

これで私は企業情報の誰とも接触できなくなり、結果的にますます孤立した。そんな私を見て、企業情報の他の社員は「あの怪文書はやはり横尾が書いたものだった」と噂したが、そんなことはもうどうでもよくなった。私はエレクトロニクス業界に強く、信用もできる若手社員1人に協力を頼んだ。彼はエレクトロニクス業界担当のアナリストで、ミネベアも2人だけで訪問した。

そのうち私と彼のニューヨーク転勤が決まった（着任は90年5月）。人事担当の酒巻副社長（当時）には「明日の異動発表でニューヨークになるから、一応前もって伝えておこうと思った」と言われた。ニューヨーク行きを言い渡されるのはこれが2回目なので、それほどショックはなかったが、NMBセミコンの案件を仕上げるまで、おいそれとニューヨークに行くわけにはいかない。だがその理由は誰にも話せない。ビザが出た後は、行けない理由がますますなくなり、私は「そこまでニューヨークに行きたくないのか。往生際の悪い奴だ」と非難された。

われわれがNMBセミコンの売却先として交渉を進めていたのは、本格的に多角化を進めていた新日鐵だった。同社の担当役員には「2人一緒にニューヨークに赴任することになりましたので、とりあえず行きます。バリュエーション（企業価値算定）の書類を作るだけですから、向こうでも作れます」と説明して了解を得た。ニューヨークでは2人して書類を作り、それが出来上がると帰国して新日鐵とミネベアに持参した。シミュレーションを繰り返した結果、買収価格が見えてきたので、新日鐵の役員に報告に上がり、2ヵ月かけて作成した企業価値算定の書面を提出した。

「こういうシミュレーションをしました。店頭取引で付いている価格とほぼ同額（一株300万〜400万円）になりましたが、これでいかがでしょうか？」

ところが新日鐵の担当役員の反応は、予想以上に厳しいものだった。

「お前は素人か？　こんなものを頼んでいるんじゃない。頭を冷やして考え直せ」

私は頭を抱えた。M&Aは通常、当事者の双方にそれぞれアドバイザーが付くが、この件に関わっていたのはわれわれだけだった。われわれはニューヨークに引き返し、再び計算をやり直した。半導体業界の将来性の見方にいくつかのパターンを加えると、今度は企業価値がプラスにならない。いくら計算しても収束しないまま、タイムリミットが来てしまった。やむを得ず企業価値がマイナスのまま提出すると、新日鐵の担当役員がニッコリ笑って言った。

「そうなんだよ。誰が見てもこの会社は存続できない。逆さに振っても無理だ。お前らもようやくプロになったな」。私は想定外の反応に戸惑った。

「ミネベアにもこれを持って行きますが、相手がどう言うか……」

すると新日鐵の担当役員は「絶対に言うな」と念押しした上で、買収後のNMBセミコンに対する新日鐵の投資計画を教えてくれた。金額は約5000億円。これには少々驚いた。

「そんなに投資するんですか？」

「当たり前だ。鉄鋼会社が勝負すると言ったら、こんなのは小さい方。とりあえず最初の3年間で5000億突っ込み、そのあとも思い切り投資する。ミネベアさんには『株は全部売らないで、しばらく持っておきなさい。そちらのためにある程度のものは残しておくから、一株10万~20万円でうちに売りなさい。NMBセミコンはうちが育てた方がいい。小銭を稼いでもしょうがないですよ』と伝えてほしい」

この結果、双方は「これで行きましょう」ということで合意。当時、NMBセミコン株の店頭価格は300万~500万円だったが、実際に株式が公開買い付けされた時の価格は、一株わずか10万~20万円。アナリストは誰もが300万~400万円というリポートを書いていたにもかかわらず、われわれが算出して、新日鐵とミネベアが合意した価格はそのわずか何十分の一に過ぎなかった。私は「店頭銘柄や未公開企業の価値など、所詮はその程度のもの。正しい価格など、誰にも定められないのだ」と痛感した。

そしてバブル崩壊

当時のWPのニューヨーク事務所は、ニューヨーク市内のど真ん中にあるラジオ・シティから至近距離の場所にあった。単身赴任する私が住む所を探していると、後輩から「僕が夫婦で住んでいるニュージャージーのフォートリーというところのマンションに、３００㎡の広い部屋が空いています。日本人も比較的多いところです。ジョージ・ワシントン・ブリッジを渡って車で5分ぐらい。家賃は月40万円ほどですが、一度見に来ませんか？」と勧められた。

現地に出向いて、そのまま即決。「後輩と一緒に会社に通えるから安心だ」と思っていると、「私は横尾さんより早い時間のバスで通勤しますから」と言われ、仕方なく会社から借金して購入した日本車を運転して通勤した。出勤する時間は午前10時から11時。空いている時間帯なので、会社まではものの30分とかからない。

ＮＭＢセミコンの一件を除けば特にやることもなかったので、市内の紀伊國屋書店に毎日顔を出し、その日に読む本を買った。そのうち小説にも飽きて、オプション（金融商品を売買する権利）取引の値付けに使われる数式「ブラック・ショールズ・モデル」の分析に嵌まった。

ところで私がニューヨークに来る1年前の89年5月末、日銀は公定歩合を２・５％から３・２５％に引き上げた。私はこの時、プラザ合意と同じ匂いを感じて、事法時代の仲間数人に「絶対に株を売れ」と勧めた。プラザ合意の前にも、大蔵省や日銀が「外債取引は過熱している」とコメントしていた。その時は「何を言っているんだ？」と思ったが、間もなくプラザ合意があり、米国債などのドル建て債券を購入していた法人投資家は、急激な円高ドル安で巨額の為替差損を被った。公定歩合が引き上げられた時、私は政府・日銀が「いい加減に株と土地を売りなさい」と言っているような気がしたのだ。

この利上げを受けて、89年6月の日経平均は3万3000〜3万4000円のレベルで一進一退を繰り返したが、7月に入ると再び騰勢を回復した。事法の運用担当にも同じことを話したところ、「いやあ、横尾さん、株価はまだまだ上がりますよ」と一笑に付された。

ところがそれから約半年後、株価は天井を付けて底なしの暴落を始める。私がWPに出向していた90年5月から90年11月までのわずか7ヵ月間に、日経平均は7200円余りも値下がりした（下落率は24％強）。浜松支店への思いがけない転勤を命じられた90年11月末の日経平均は2万2454円63銭。11ヵ月前の89年12月末の最高値3万8915円87銭に比べると、1年足らずで1万6461円24銭、率にして42・3％もの大暴落となった。バブルの崩壊である。

実はニューヨークに着任後間もなく、私は日本で手付金を払っておいた千葉県鴨川市の野村不動産のリゾートマンションを売却していた。着任の2ヵ月前には大蔵省が、不動産向け融資の伸び率を総貸し出しの伸び率以下に抑えるよう求める「土地関連融資の抑制について」（いわゆる総量規制）を金融機関に通達していた。ニューヨークに転勤して、毎日の日本の株価を意識しない環境に身を置くと、日本の金融政策を客観的に眺める習慣ができる。するとどう見ても、政府・日銀は本腰を入れて金融引き締めに動いているとしか思えない。「これはヤバい」と感じた。

その時点で鴨川のリゾートマンションの実勢価格はまだ売り出し価格の2倍ほどもあり、野村不動産から「地元選出の自民党の浜田幸一代議士（12年8月に83歳で死去）が『2倍の値段で買うから、売ってくれ』と言ってきた」と聞かされた。だが私は彼に良い印象を持っていなかったので、この物件を欲しがっていた野村の親しい役員に「私の買い値でいいから」と買い取ってもらった。NMBセミコンの関係で月に1度は帰国していたので、そのタイミングで手続きした。

3500万円で売り出されたそのリゾートマンションは結局、不動産価格の暴落によって最終的に500万円にまで値下がりした。買い取ってくれた役員から「汚いよな」と苦情を言われ、私は反論した。

「何が汚いんですか？　僕はハマコーに5000万から6000万で売れるというのを、あなたに3500万円で売ったじゃないですか。あなたの相場観が間違っていたんです」

「じゃあ、お前はなんであの時点で売ったんだ？」

「ニューヨークから日本を見ていたら、株と土地は暴落すると思ったからです」

地獄の日々が始まる

結局、私はニューヨークに7ヵ月しかいなかった。90年11月末、米国のM&Aの状況について大手企業20社のトップに説明するため帰国した私は、都内の自宅に帰った。するとそこに「父が倒れて緊急手術を受ける」という知らせが届く。慌てて新幹線に飛び乗り姫路に向かったが、その前に第2事法5課の先輩で人事部次長（当時）の稲野和利さんに電話を入れた。稲野さんとは仲が良く、私は日本に帰るたびに電話していた。

「M&Aのトップミーティングで帰国しました。親父が地元で緊急手術を受けることになったので、これから姫路に行ってきます」

「そうか、手術が終わったら電話をくれ」

この時から12月の人事の一大転換が始まっていようとは、神ならぬ身の私は知る由もなかった。当時の人事担当の役員は後藤博信さん、人事部次長は稲野さん。私の性格を知り尽くしている第2事法5課時代の先輩後輩のラインができあがっていた。そこにたまたま電話してしまった私は、ある意味で「飛んで火に入る夏の虫」だった。

翌日、父の手術が無事終わり、私は約束通り稲野さんに電話を入れた。

「横尾、大変申し訳ないがそのまま浜松に行ってくれ。転勤だ」

「はあ？　明日からトップミーティングで回るので、東京へ帰らないといけないのですが……」

「いったんはお前の同期を浜松の次席に決めていたのだが、普通の奴ではとても務まらないことが分かった。頭を痛めている時に、ちょうどお前が『帰国している』と電話してきた。それならちょうどいいということで、お前を浜松の次席にすることにした。支店長は第2事法の先輩の松本学さんだ。事法の仲間を助けてやってくれ」

「おかしなことを言うな」と思ったが、人事部次長の命令では仕方がない。東京に帰る途中に浜松支店に寄ってみると、株価暴落で300億円もの損を抱えた大口顧客が存在するなど、一気に現実に引き戻された。私はニューヨークどころか、東京にさえ帰れなくなった。クレーム客の対応に追われる、地獄の日々の始まりだった。

第6章 やりすぎる男

「大変な状況だから、ホテルのバー以外には飲みに行かないように」

仕事のためニューヨークから一時帰国していた私は、たまたま電話した野村證券第2事業法人部時代の先輩、稲野和利人事部次長の命令で、取るものも取りあえず、静岡県浜松市にある浜松支店の次席（副支店長）に着任した。

株価の暴落が続いている1990年11月末のことだ。

支店長は第2事法の先輩の松本学さん。着任したその日に松本支店長から掛けられたのが、冒頭の一言だ。「大金を一瞬で失った客たちが怒り狂っているので、街中で野村の社員だとバレると危ない」というのである。

ニューヨークで離任の挨拶をしたわけでも、ニュージャージーの自宅マンションに置いてある家財道具を売却に行く時間を与えられたわけでもない。父の緊急手術に立ち会うため急ぎ帰省した兵庫県姫路市から新幹線に乗り、浜松駅で下車して支店に向かうと、大損している複数の客のところにそのままお詫びに向かった。

浜松支店は、まさにボロボロとしか言いようのない状況だった。野村の支店長は普通、その地域のロータリアン（ロータリークラブ会員）の資格を与えられる。だが浜松支店はあちこちで客に大損させて滅茶苦茶だと非難され、前代未聞の除名処分を受けていた。支店で最も重要な客とされている会社は、他の証券会社との取引や不動産も合わせると、何と300億円もの損失を抱えていた。

連日、ワラントの客から一筆取り

そんな浜松支店の立て直し役として、なぜ私に白羽の矢が立てられたのか。それはワラント（新株引受権、現在は新株予約権と呼ばれる）を購入して資産を失った、小口の投資家の損害賠償請求訴訟が全国で相次いでいたからだ。

オリンパスや昭和シェル石油の救済で私も大いに活用したワラントは、発行した会社の新株を購入する権利で、本体の債券とは分離して売買される。ただ株式そのものではなく、株式を購入する権利に過ぎないので、株価が一定の期間内にあらかじめ決められた水準（権利行使価格）を上回らなければ、ワラントの価格も上がらない。株価が権利行使価格を大幅に下回ったままだと、ワラントの価格は、債券本体の償還期限（ワラントの権利行使期限）が近づくにつれてゼロになる。値上がりも値下がりも激しい、ハイリスク・ハイリターンの金融商品なのだ。

浜松支店だけが特にワラントを大量販売したわけではなかったが、私が稲野次長に電話をしたタイミングはたまたま、浜松支店の客が購入したワラントの銘柄の大半が権利行使のタイムリミットを迎える時期だった。

80年代後半に活況を呈した日本企業のエクイティファイナンスは、株価の上昇基調を前提に行われていた。ユーロドル建てワラント債（新株引受権付社債、WB）のワラント部分も、株価が上昇してワラントの権

利行使価格を上回ることが確実な状況下で取り引きされ、野村をはじめとする証券会社の重要な収益源となった。だが、90年1月から始まった大暴落で、株価が権利行使価格に達する可能性が低くなると、ワラントの価格は株価以上に暴落した。

支店の営業マンも、ワラントの商品性を正しく理解していたとは言い難かった。株と同様、値下がりしても価値がゼロにはならないものとして販売し、虎の子の退職金を全額ワラントに注ぎ込んだ客がすってんてんになったケースもあった。逆に言えば、ワラントの知識のない客だからこそ、勧められるままにワラントを購入した面もあっただろう。

ワラントを販売する際は「最後にはゼロになる可能性があることを了解しています」という確認書を客から取るのが決まりだったが、説明する営業マンがそもそもワラントを理解していないので、確認書を取ったからといって、損害賠償請求訴訟を起こされると証券会社側は負けることが多い。確認書は「ここまですべて読み上げて説明したのか？　こんなもの読む人はいないじゃないか」と判断され、訴訟ではあまり効力がなかった。

そこで野村の上層部は訴訟対策のため、全国の支店にある指示を出した。ワラントで大損した客から改めて「最後にはゼロになる可能性があることを了解しています」と一筆を取り、署名・捺印させるというものだ。そして間もなく行使期限を迎えるワラントが多い浜松支店では、ワラントに精通した私にその役割を担わせようというわけだった。

松本支店長からは「申し訳ないけど、ワラントを買った客全員から一筆取り直してくれ」と依頼され、私は仕事が一段落した午後7時以降、支店長車を使って夜半まで一筆取りに奔走した。一日当たり5軒から10軒は客を回り、頭を下げた。ワラントを買った人の多くは、全財産を投入していた。商品性を考えれば、ワラントに投資するのはせいぜい資産の5分の1程度にしておくべきなのに、株と勘違いして全額を投資していた。「退職金が全部消えてしまった」と泣き出す夫婦もいたが、怒鳴る客はあまりいなかった。その気力も残っていなかったのだろう。怒鳴られない方がつらかった。私が客から取り直した確認書は、合計で約１００件に上った。

バタバタと着任してから2週間ほど経った90年12月上旬のある日。日経平均は朝から暴落している。値下がりする一方の株価ボードを見ていると、急に目の前が真っ暗になった。しばらくじっとしていると、今度は目の前が黄色に。30分ほどしてまともに見えるようになったが、頭が割れるように痛くなり、目の奥も痛くなって耳鳴りが始まった。この耳鳴りは今に至るまで続き、ピーッという高い音が鳴り続けている。「今日もまた、メチャクチャになっている客を回って頭を下げなければいけない」というストレスで、身体に変調を来したのだ。もちろん、医者に行く余裕などなかった。

信用取引の客は仕手株一色

私が着任した当時、浜松支店の最重要の客が３００億円もの損失を抱えていたと前述した。それが、父君が本田宗一郎氏とともに「本田技研工業」（以下、ホンダ）を立ち上げたM氏だった。M氏の父君は本田技研が倒産の危機に瀕した際、私財を投げ打って会社を救ったホンダの大恩人といわれる方で、ホンダの株を大量に保有していた。M氏はこれを担保に入れて信用取引をしていたが、株価暴落で大半を失い、私が着任した頃には、M氏が保有しているホンダの株は10万株程度しか残っていなかった。とにかくホンダから何人も調査に来るほどの重要案件だった。

M氏が３００億円もの損失を抱えた最大の原因は仕手株（特段の材料がないのに、思惑や噂で株価が上下する銘柄。発行株数が少ないものが多い）の売買だった。M氏は何年も前から様々な銘柄で損を出し続けていたが、前任の次席からM氏の担当を引き継いだ私が保有銘柄を確認したところ、仕手株として名を馳せた本州製紙（現・王子ホールディングス）の株ばかりだった。

前任の次席は本州製紙株を５０００円で仕込み、支店の数多くの客に嵌め込んでいたが、それがこの暴落で数百円にまで値下がりしていた。前任者はM氏が病気で入院している最中も無断で売買していたらしく、M氏からは内容証明付き郵便が何通も送り付けられていた。

「なぜこんな仕手株の売買ばかりしたのだろう。支店はいまだにこんな状態なのか」

前任者は引き継ぎの時も仕手株の話ばかりしていた。引き継ぎを終えて2人で昼飯を食べている時、私は「負けたのだから、もうその話は止めましょう」と言った。彼は特に左遷されることもなく、普通に転勤していった。

本州製紙株を買っていたのはM氏だけではなかった。浜松支店で信用取引を行っていた客の保有銘柄はすべて、本州製紙株だった。中には浜松を代表する大企業の自動車メーカー「スズキ」の子会社や、ホンダの関係会社もあった。信用取引では、値下がり幅が大きくなり、預かっていた保証金が担保割れすると追加保証金（追証《おいしょう》）が必要になる。本州製紙株は連日その状態が続くので、信用取引で買っている客には午前中に状況を説明し、あらかじめ資金を用意してもらって、取引が終わった午後3時以降に追証を受け取りに行く。前任者だけでなく、他の営業マンの客も本州製紙株を信用取引で購入しているので、追証をもらうためには、彼らに対する指示と同伴外交も欠かせない。そうして追証の徴収と、ワラントの客からの一筆受け取りの傍ら、私はM氏の会社に日参した。

起死回生の逆転ホームラン

とはいうものの、損をした客のところを謝罪行脚《あんぎゃ》しているだけでは、あまりにも能がない。こちらの気分も滅入るばかりだ。まず火の粉を振り払わなければならない。内容証明付き郵便を送り付けてきている客だけでも、損失を解消させておきたい。「何とかしなければ」という、持ち前の創意工夫の精神が、私の中で頭をもたげてきた。

幸いにも湾岸戦争（米国を中心とする多国籍軍が、クウェートに侵攻したイラクを攻撃し、大勝利を収めた戦争。期間は91年1月17日～2月28日）が始まると予想される時期の直前に、オムロンと東洋エンジニアリングがユーロドル建てWBを発行することを知った。

「中東に強い東洋エンジニアリングがエクイティファイナンスを実施するのだから、戦争にならないか、開戦しても多国籍軍が一発でイラクを制圧するかだ。これしかない」

こう考えた私は、第2事法の時の担当会社だった東洋エンジニアリングの副社長に「湾岸戦争、どうなるのですか？」と電話で尋ねた。すると副社長は事もなげに言った。

「戦争はやる。だけど、問題ないよ」

つまり多国籍軍が圧勝するということか。それなら株価は上がるだろう。ただ、東洋エンジニアリングの商売相手は中東に多い。石油プラントの建設代金が支払われない可能性も、なきにしもあらずだ。そうなると狙うのはオムロンのワラント。内容証明を送り付けてきている客に買ってもらい、起死回生の逆転ホームランを放ってもらうのだ。

それから私はワラントの資料と、オムロンの資料の作成に取り掛かった。オムロンの資料は野村総合研究所の資料などいっさい使わず、すべて自分で収集したデータを基にした。自宅に帰れない日が続き、オムロンの資料は百数十ページになった。ワラントで大損している客に新たな銘柄のワラントを買わせるのだから、何があっても文句を言われないよう、周到に準備した。

いよいよ資料が完成すると、内容証明を送って来た客を一軒一軒訪ねた。発行前のグレーマーケットでワラントの発行価格が決まることや、ここでの買い注文はキャンセル不可であることを、一軒に4～5時間かけてじっくりと説明した。今になってみると、内容証明を送り付けて来るほど怒っている客がワラントを購入してくれたこと自体が不思議だし、客が購入してくれると私が信じて疑わなかったことも不思議だ。だがオムロンのワラント購入のために、数社が新規資金を5億円ずつ入れてくれた。資金力のある上場会社1社は、20億円分も購入した。

個人で数千万円購入してくれた人も複数いた。

そして今日が払込日という1月17日、多国籍軍の空爆が始まり、株価は寄り付きから大暴騰。オムロンのワラント価格は、払い込み数日後には2倍になり、大半の顧客の損失は消えた。M氏の資産運用会社も焼け石に水とはいうものの、約10億円の利益を上げた。内容証明はすべて取り下げられ、買ってくれた客たちは「確かに言った通りだったな」と喜んでくれた。「そのまま持ち続けていてもいいか？」と聞いてきた客も数多くいた。

火の粉を振り払うのが目的だったオムロンのワラント売買だったが、結果的に私のコミッション額も桁違いになった。91年1月が1億円、2月が2億円。全国の支店の半分以上が、私一人のコミッション額を上回れなかった。2月には浜松支店全体のコミッション額が、常に全国トップの京都支店と肩を並べた。浜松支店はもともと稼げない支店として有名で、前代未聞の事態に全国の支店からは「あれは事法にいた横尾が、本社とつるんでやったものだ」と大ブーイングが上がった。

もちろん、そんなことを言われる筋合いはなかった。事法でもグレーマーケットでワラントを買っていたのは私ぐらいだったし、大勝負をして正々堂々と勝ったのだ。

山田氏からの不可解なファクス

それから2ヵ月ほど経った91年3月のある日、浜松支店のファクスに奇怪な文書が送り付けられてきた。当時のファクスの多くは感熱式のロール紙で、あたかもフンドシのごとき様相を呈していた。「こんなものが来ていますが、何ですか?」。女性社員が持って来てくれたロール紙には、聞いたこともない社名のようなものが100社ほど書き連ねてあった。誰が送り付けてきたのかも分からない。

すると間もなくオリンパスの山田秀雄氏が電話してきた。オムロンのワラントの件で浜松支店の名は野村社内に轟いていたので、第2事法で聞きつけて電話してきたらしかった。第2事法から異動して以降、M&Aの案件でオリンパスに行ったことはあったが、山田氏とまともに話をしたのは2年8ヵ月ぶり。山田氏は開口一番、こんなことを言い出した。

「実は森と中塚が証券会社に騙されて、言われる通りに店頭銘柄を買ったら100億円損してしまった。その銘柄リストを見てくれよ」

森久志(もり・ひさし) 1957年富山県生まれ。81年に一橋大を卒業してオリンパス光学工業に入社。85年から米国のニューヨーク大学ビジネススクールに約1年間留学し、87年6月に経理部資金グループに配属された。大学で経営学と商学を学び、オリンパスでは銀行や証券会社の担当者と対等に渡り合える数少ない社員で、88年には野村証券の転換社債部に研修生として数ヵ月間派遣された。野村から戻るとグループリーダーの山田を補佐して資金運用を担当し、97年4月に総務・財務部財務グループリーダー、2002年4月に総合経営企画室長に就任。03年6月に取締役執行役員に昇格し、09年6月に常務執行役員、11年4月には副社長執行役員と昇進。社内では社長候補の筆頭とみられたが、12年2月に巨額粉飾決算事件の主犯の一人として、証券取引法・金融商品取引法違反の疑いで東京地検特捜部に逮捕・起訴され、懲役2年6ヵ月、執行猶予4年の有罪判決を受けた。

中塚誠（なかつか・まこと）　１９５７年東京都生まれ。81年に中央大を卒業してオリンパス光学工業に入社し、85年12月まで経理部資金グループに在籍したあと、大町オリンパスに出向し、88年３月に経理部資金グループに復帰すると２００２年４月から06年３月まで財務部長、06年４月から08年５月まで経営企画本部財務戦略部の部長に就任。06年６月からはオリンパスの出資先の情報通信サービス会社ＩＴＸ常務に出向し、07年６月にオリンパス執行役員に昇格。その後はＩＴＸ社長、オリンパス執行役員兼ＩＴＸ会長、オリンパス常務執行役員を経て、11年６月にオリンパス取締役に昇格した。入社以来、山田、森とともに資金運用を担当し、巨額損失の実態を最も把握している男と言われるが、刑事訴追の対象にはならなかった。

私は「まだそんなことをやっているのか」と驚いた。88年7月に営業特金の損失の穴埋めを終えた際、「資金運用は二度とやらない」と誓ったのに、海のものとも山のものとも知れない店頭市場に手を出すなんて、言語道断だった。そもそも私は店頭株のように、まとまった数量が買えず、流動性もない銘柄を好まない。営業本部からうるさく言われても、いっさい手を出さなかった。私は無性に腹が立った。

「まだそんなことやっているんですか、すぐに損を出しなさい」

すると山田氏が言った。

「いや、僕はやってない。森と中塚が知らないうちにやっていた」

そんなはずはない。森氏と中塚氏が、山田氏の許可なく店頭株を買うはずがない。

「私は店頭株を見たこともないし、ここに載っている会社も全然分かりません」

すると山田氏は突然、全く違う話を始めた。

「横尾さん、外資系でどこか運用の上手いところを知りませんか?」

「外資は全く知りません。僕が知っている外資系の人は林さんといって、第2事法5課で同僚だった人だけです。今はパリバ証券にいますが、株は弱いですよ」

だがよく考えてみると、林氏とオリンパスは私が事法にいた頃からの知り合いだ。森氏は88年の数ヵ月間、野村に研修に来たが、彼のインストラクターが林氏だった。

「僕は林さんの他には、外資系の人を全く知りません」

このあと山田氏はワラントについて根掘り葉掘り尋ねてきたが、結局何が言いたいのかよく分からないまま終わった。

証券不祥事の最中に銀座で殴られる

オムロンのワラントを使って客の巨額損失穴埋めに成功した私は91年3月、松本支店長から「特定の客を持たず、すべての客の対応に当たってほしい」と依頼され、いまだに数千万円単位の損失を抱える客の対応に専念することになった。内容証明郵便を送り付けてきた十数人の大口顧客の救済には成功したが、数千万円の損失を抱える客はまだごろごろしていた。前年からほぼ一本調子で続いた株価の暴落も、この年の1月にようやく底を打って反転を始めたので、私は自分の客をすべて営業課長に譲り、ワラントや本州製紙株の損失に苦しんでいる客の管理に、全力を注ぐことになった。

松本支店長と私は、互いに分担を決めて客の対応に当たったが、最大の懸案は言うまでもなくM氏だった。基本的には私が担当し、私が忙しい時は代わりに松本支店長が対応した。私は昼休みに小一時間、一日の取引が終わった夕方に2時間程度、例外なくM氏の資産管理会社に毎日顔を出した。

M氏の会社は社長のM氏と専務の2人だけ。私は転勤するまでの1年半の間、「これからの日本は」とか「液晶をご存じですか」とか、希望的な未来を語り続けた。液晶の仕組みを紙に書いて説明したこともある。

森久志
元オリンパス副社長

中塚誠
元オリンパス常務

年明け以降は底打ち感が広がっていた株価。しかし4月上旬を境に、再び下落基調に転じた。5月に入ると、私は東京国税局調査第一部の鈴木特官から、第2事法時代の昭和シェル石油のワラント売買に関する事情聴取を2度にわたって受ける。そしてその約1ヵ月後の6月20日、読売新聞の報道を皮切りに第1次証券不祥事が勃発。そこから歯止めのかからない野村叩きが始まった。

「上場会社に補填したんだから、オレにもカネ返せ」

「大口客だけ損失補填して、オレたちは見捨てるのか」

浜松支店の店頭でも、こんな要求を口にする客が相次いだ。こうした客の対応は基本的に次席の私が対応したが、杖をついて来店した老人を支店長応接室に通すと、机を杖でバンバン叩き回って歩くなど、想像を絶する行動をとられて閉口した。野村の他の支店では店頭にバキュームカーで突っ込まれたり、かなり後の話だが本社1階の本店営業部にピストルを乱射しながら飛び込んでくる輩がいたりと、とんでもない事態が起きた。

通勤途上の電車の中や、酒を飲んでいる時などに殴られる社員も続出。私自身、東京に出張して、銀座の並木通りの電話ボックスから電話している時に、突然電話ボックスから引きずり出されて「野村の奴が何で公衆電話なんか使っているんだ」と殴られた。ガラス張りの電話ボックスだったので、野村のバッジが外から見えたのだろう。相手はサラリーマン風の見ず知らずの中年男だった。頭に来たので、殴った男を交番に連行して引き渡したが、「世間は相当怒っているんだな」と感じたものだ。

間もなく本社から「社章を外せ」と指示が来たが、私は意地でも外さなかった。野村の役員はこの頃、公の場に出る時に防弾チョッキの着用を義務付けられた。当時副社長だった鈴木政志さんにパーティーで会うと、「重いんだ、これ」などとブツブツ言っていた。

これは余談だが、東京電力福島第一原子力発電所の事故のあと、装甲車様の車が東電本社を守っている。「優しいなあ。野村證券は銃弾を撃ち込まれても、誰も守ってくれなかったじゃないか」と、時の流れを感じずにはいられない。

自分が可愛い奴ばかり

株価の暴落は92年になっても続き、日経平均は年初から4月初めまでの3ヵ月余りで40％も値下がりした。状況は相変わらず好転せず、M氏の資産管理会社の負債は金利の支払いだけで1ヵ月に1億7000万円にも上った。M氏の会社には、オムロンのワラントで約10億円の利益が上がったが、それも半年分の利息にしかならず、92年初めには利払いが滞るようになった。そうした中でM氏の息子が亡くなり、私は通夜に出席した。「顔を見てやってくれ」と言われ、「本当に踏んだり蹴ったりだ」と気の毒に思った。

後日談になるが、私が92年5月に本社の営業業務部運用企画課に転勤したあと、M氏は野村證券を相手取って東京地裁に損害賠償請求訴訟を起こした。松本支店長の後任の支店長らは、われわれのような対応をせずに逃げ回っており、M氏が怒るのもある意味で当然だった。

私も証人として一度出廷したが、相手の弁護人は「ろくに説明も受けずにワラントを買った」などとデタラメなことを言う。この訴訟に向けて、私は数十枚の報告書を法務部に提出し、法廷では「きちんと説明しています。こちらはオムロンの説明書で、もう一方はワラントの説明書です」と具体的に証言した。M氏側は反論のしようがない。そもそも私が担当している間は利益を上げているのだ。どうせならワラントではなく、本州製紙株について訴えるべきなのだ。「弁護人の選び方を間違えている。僕が代わりにやったら勝てるのに」と思った。この訴訟は野村側が勝訴したようだが、何とも後味が悪かった。

実は私は、1年間のショートリリーフの約束で浜松支店に赴任していた。当初は91年12月の定期異動で別の部署に異動する予定だった。それがなぜ92年4月末まで延長されたのかといえば、中部営業本部長のS取締役が、M氏の件の決着もついていないのに先に転勤してしまったからだ。浜松市内でS取締役、松本支店長、私の3人で食事をした際、S取締役は「ごめんな、先に失礼するわ」と言った。われわれは見送りをせずに飲み続けたが、S取締役は店の階段から転げ落ちて骨折したらしい。その理由を尋ねられたS取締役が「(先に転勤する自分を逆恨みした)松本と横尾に突き落とされた」と答えたと聞かされ、松本支店長と私は「見送りにも行っていないのに……。冗談にも程がある」と呆れ返った。私は「危機的な状況が続いているのに、どいつもこいつも自分が可愛い奴ばかりだ」と失望した。

私の人生を狂わせた電話

92年1月初め、オリンパスの山田氏から唐突に電話があった。前年3月に、訳の分からないファクスを一方的に送り付けてきて以来だ。山田氏はこの時も、こちらから尋ねてもいないのに、オリンパスが抱える前月末(91年12月末)現在の具体的な運用損失額や、92年3月期末に向けた損失処理の考え方を、一方的にしゃべり続けた。私は完全な聞き役である。まさか、この電話がのちに自分の人生を大きく狂わせることになろうとは、私は知る由もなかった。

山田氏によると、オリンパスは大和銀行と米国系のモルガン信託銀行、シティトラスト銀行に特定金銭信託(特金)を開設し、米国系のケミカル信託銀行にも特金以外のファンドを2つ開設していた。これ以外にも日本の証券会社に取引一任で預けている資金が存在した。こうした運用資金に発生している損失は400億円に達していて、オリンパスはこのうちの250億円分を実現損としてすでに確定させ、150億円分は含み損（評価損）のまま抱えているということだった。山田氏は「シティトラスト銀行の特金は帳簿に載せておらず、存在自体を明らかにしていない」と告白した。

「実現損250億円のうちの100億円は損失として計上し、含み損150億円のうちの130億円は、評価損のままで決算を越えるつもりだ」

「公認会計士に事前に相談を持ちかければ、すべてノーだろう。（外資系証券会社が販売している決算対策用の）私募投信の配当先取り（商品を購入して、配当を今期にまとめて計上すること）にしても、毎期（ごと）の按分にされると思う。すべての処理をやってしまって決算期末を越えてから、税理士にその根拠を説明して了解を得るしかない。過去もそのスタイルでやってきている」

「92年3月期の最終的な経常利益は、100億円はキープしたい」

私は黙って聞いているだけだったが、日頃から電話の内容をメモする習慣があるので、この時も近くにあったザラ紙に、他人には読めないような汚い文字で走り書きした。ただ、そんな告白をされたからといって、私にできることは何一つない。野村の事法はいったん担当を外れた会社とは接触しない決まりになっていて、私も担当を外れた後のオリンパスの運用状況など、全く気に留めていなかった。91年3月に山田氏から意味不明のファクスを送り付けられた際に、「店頭株で100億円損している」と聞かされたが、これも気にしていなかった。山田氏から伝えられたあと、オリンパスの損失額は、あっという間に私の記憶から消えた。

配当先取り商品は株価が暴落していた90年代前半、巨額の損失を抱えて決算対策に困っていた日本の法人投資家に対して、デリバティブ（金融派生商品）の扱いに長じた外資系証券会社が積極的に売り込んだ金融商品。運用益が出ていない場合でも、元本を大幅に取り崩して配当金として支払われるため、購入した投資家は運用益を嵩上げすることができる。元本を取り崩した分だけ含み損が膨らむが、その後に運用益が上がれば元本を回復できる。だが、株価が上昇しなければ元本も回復できず、日本の法人投資家が購入した配当先取り商品は、含み損を拡大させるだけの結果に終わった。

それからちょうど2ヵ月後の3月上旬。再び山田氏から電話があった。取引時間中の午前10時頃のことだ。1月に一方的に話した損失を、どう処理したのか報告する電話だった。またもや山田氏は一方的にしゃべり続け、私は今回もグチャグチャな文字でザラ紙に書き取った。

「92年3月6日現在の損失は実現損が250億円のままで、含み損が50億円増えて200億円。損失額の合計は450億円になってしまった。スイス銀行（SBC）、IBZ、スイスユニオン銀行（UBS）、米国のペインウェバー証券から決算対策商品を購入して、SBCに75億円、IBZに50億円、UBSに30億円、ペインウェバーに50億円、合計205億円の実現益を作らせた。92年3月期に計上する実現損は40億円にして、経常利益は100億円にすることが経営会議で決まった」

　この電話のあと、私は支店長室で松本支店長と昼飯を食べた。

「実は先ほどオリンパスの山田氏から電話があり、運用損の処理方法を聞かされました。運用は止めろと言ったのに、まだやっているらしい」。すると松本支店長が言った。

「お前は関係ないんだから、絶対に手出しするなよ」

「そんなこと分かっていますよ。事法の担当者が付いているところに、僕なんかが行ったらエライことですからね」

　こうしたインサイダー情報は必ず営業本部に届けなければならない。しかし松本支店長はあえてそうしなかった。私が電話でアバウトに聞かされただけの不確かな情報で、それが事実かどうかも分からない。そんなことを本部に話して、もしそれが間違っていたら却って大事になる。「山田氏は昔の担当者に話して、自分の気持ちを整理したかったんだろう」。私は単純にそう思った。

　しばらく経ったある日のこと。日課にしているM氏の会社の訪問を終えて、私は珍しく早く帰宅した。スーツの上着を脱いでハンガーにかけようとすると、ポケットに何か入っている。

「いったい何だろう?」と思って取り出してみると、山田氏からの2度目の電話のメモである。

　殴り書きのようなメモなので、自分でも最初は何が書いてあるのかさっぱり分からない。謎解きのようなつもりで眺めていると「会社型投信」とか「配当先取り」とか、意味不明の単語が出てくる。野村ではそんな金融商品を扱ったことがないので、どういう商品なのか、証券マンとして多少興味が湧いた。その日は特にやることもないので、根が几帳面な私は「1度目の電話のメモと合わせて、きれいに整理して書き直してみよう」と考えた。野村證券のリポート用紙を引っ張り出し、1月に聞いた話をまとめたところで、紙が切れた。そこで改めて野村企業情報のリポート用紙を引っ張り出し、3月に聞いた話をまとめた。それぞれリポート用紙2枚になった。

このリポート用紙はしばらく私の机の上に置きっ放しにしていたが、いつの間にかなくなっていた。どうやら妻が、毎月のコミッション表を入れていた野村證券の封筒に入れていたようだ。「ようだ」と書いたのは、その後の20年間、私はこのリポート用紙を一度も目にすることがなかったからだ。コミッション表は持ち帰った時に見るだけで、封筒に入れると見返したりしない。

皮肉にもそれが分かったのは、私の自宅がオリンパス巨額粉飾決算事件の関連で11年12月21日、捜査当局の家宅捜索を受けた時のことだった。逆の言い方をすると、このリポート用紙はそのくらい、私にとってはどうでもいいものだった。ところが1審の東京地裁はこのリポート用紙をもって、「オリンパスに巨額の簿外損失が存在していることを横尾が認識していた証拠」とする東京地検特捜部の主張を認定したのだ。私にとっては〝青天の霹靂《へきれき》〟以外の何物でもなかった。

営業業務部運用企画課長に就任

92年5月、私は予定より半年ほど長くなった浜松支店の次席から、本社の営業業務部運用企画課の課長（職位ではなくポストの課長）に異動した。運用企画課長の仕事は投資商品や資料のチェック、毎月の雑誌作り、支店向けサテライト放送の制作、さらには投資信託の商品設計、年100回の講演会の講師など、驚くほど多岐にわたる。午前零時に会社を出られれば御の字という、超多忙なポストだ。

新設の課の運用企画課は当初、2年後に部に昇格し、私が課長から部長になる予定だった。だが、これから紹介する経緯から、私は社内のいくつかの部署の恨みを買う。そこでいったん同部内の異なるポストに就き、94年5月に群馬県の高崎支店長として、再び現場に立つことになる。

運用企画課でのエピソードに入る前に、浜松支店でオムロンのワラントを購入してくれた客のその後について書いておこう。彼らの中には、ワラントの価格がせっかく暴騰したのに、売却せずそのまま持ち続けた人が多かった。こうした客は私が転勤したあと、想定外の行動を取った。権利を行使してオムロンの株を買うより、オムロンの株そのものを購入する方が割安なのに、わざわざ権利を行使してオムロンの株を手に入れたのだ。それほどまでに、オムロンのワラントに思い入れを持ってくれていたのだろう。

浜松支店が購入したオムロンのワラントと株式は、発行済み株式の2割ほどにも達した。驚いたオムロンから大阪事業法人部を通じて「まさか買収するつもりじゃないでしょうね？」と尋ねられた私は、「大丈夫です。すべて運用目的ですから、ご安心ください」と答えた。

運用企画課長の仕事の一つに、野村総合研究所が発行している経済リポートと企業リポートすべてのチェックがあった。野村総研が発行するリポートは、企業リポートのＮＲＩリポートだけで年間約１０００冊。支店が客に販売する商品と、客に渡す資料は全部、私の了承が必要になった。このやり方に、私は抵抗した。

「そこまでの責任は持てないし、運用企画課がそこまでの権限を持つことは危険です。権限の坩堝《るつぼ》になってしまいます。そんなことをしてはダメです」

本気で抵抗したことが功を奏して「とりあえずチェックしろ」というレベルで収まったが、私は内容に誤りを見つけると、執筆したアナリストを呼んで問題箇所を指摘した。

「この会社の社長が、こんなことを言うはずがない」

「光ファイバーが敷設されるメートル数の計算が間違っている」

「（アパレルメーカーの）ワールドのリポート内容はおかしい。あの生産販売方式に対応できる縫製システムを作っているのはＪＵＫＩ（前・東京重機）だけだ。そんなことも知らずに、ワールドの生産販売方式のリポートを書くなんて、不勉強もいいところだ。書き直せ」

とにかくリポートのレベルが、あまりにも低いものばかり。私は野村総研発行のリポートを1年間停止しようと、真剣に考えた。

「今のままでは、野村に21世紀は来ません。体制を整えるために、アナリストグループを再度強化・育成するので、リポートを1年間休ませてください。1年後に新聞広告を大々的に打って『新生野村総研のスタートです』と花火を打ち上げれば、少なくとも投資家は野村に集中するし、社員もリポートを読むようになります。現状のままでは、営業体でNRIリポートを読んでいるのは僕一人という事態になりかねません」

こうした挑発的な発言が反発を買ったのだろう。野村総研の中で「横尾からの電話はいっさい取るな」というお触れが出回った。野村総研の役員たちは、他の部署から文句を言われることに耐えかねたようだ。しばらくして私は、野村総研の役員たちとじっくり話し合い、意気投合。それからは仕事が進めやすくなった。

債券部からも目の敵に

毛嫌いされたのは野村総研からだけではなかった。毎朝出社してすぐに手掛ける作業の一つに、債券部が出している各国の債券利回りや価格のデータチェックがあった。なぜそんなことが起こるのか理解できなかったが、このデータが間違いだらけ。私はすべて自分で計算し、書き直した。

当時の野村の債券部は、不可解なことばかりやっていた。債券部が算出した都市銀行救済のための劣後債（元本と利息の支払い順位の低い社債）の利回りは、私が計算し直してみると低すぎる（価格が高すぎる）ことが分かった。債券部が使っている計算式では、かなり都銀に有利になるので、全支店に正しい計算式を送った。また、ドイツの税制改正を無視してドイツ国債を推奨していたので、私は全支店にドイツ国債販売禁止令を出した。

私は正しいことをしたに過ぎなかったが、債券部からは大ブーイングが起こり、私は〝国賊〟と呼ばれた。私の目の前で、債券部を管轄する資金運用本部担当の清川昭常務が「いつ横尾のクビを飛ばすんだ!」と怒鳴っているのを聞いたこともある。

清川昭(きよかわ・あきら) 1942年福岡県生まれ。64年に中央大を卒業して野村證券に入社。85年に取締役に昇格し、88年に常務(資金運用本部担当)、93年に専務に昇進したあと、同年8月に野村信託銀行社長に就任。その後は99年に野村アセット・マネジメント投信(現・野村アセットマネジメント)社長を経て、2002年に消費者金融会社「武富士」(現・TFK)の社長に就任した。

私が債券部から目の敵にされた理由は、それだけではなかった。運用企画課長に就任して間もなく、野村が89年と90年に個人投資家向けに販売した「不動産投資ボンド」2銘柄の商品設計に深刻な問題を発見。この債券を購入した個人投資家は合計約1万4000人にのぼっていて、私は当時の後藤常務と稲野総合企画室次長に協力を依頼して、全額回収を図った。これがまた、債券部の逆恨みを買ったのである。

回収の対象にしたのは、89年に約1万3000人に販売された「米国不動産投資ボンド」(発行額3億6000万ドル、期間10年)と、90年に約1300人に販売された「CME(シカゴ・マーカンタイル取引所)不動産投資ボンド」(発行額3000万ドル、期間10年)。ともに不動産担保証券の一種だった。「米国」はニューヨークのオフィスビル、「ＣＭＥ」はＣＭＥが入居しているシカゴのビルの所有権を担保に発行された債券で、野村が独自に商品化したものだった。利回りは高くないが、不動産が値上がりすれば、その値上がり幅以上に儲かる仕組みで、野村は「ビル事業が順調なら、購入時の2～5倍程度の償還益を期待できる」と説明していた。

ところが運用企画課長に就任して間もなく、私が「ＣＭＥ」の利回りを計算してみたところ、ビル事業の失敗で収入が滞った場合に決定的な欠陥があることが分かった。元本割れの危険性が極めて高い。この欠陥に気づいて調べると、債券発行の担保となるビルの資産価値が下がっているうえ、「ＣＭＥ」を発行して資金を集めたビル所有者の事業も不振。期待した利回りや償還益の確保は難しいのに、支店で購入する個人投資家にはこの事実が伝えられていなかった。

清川昭
元武富士社長

なぜこんな詐欺まがいの商品が販売されたのか。調べてみると「ＣＭＥ」を組成したのは野村が出資した米国の不動産会社「イースト・ディール」だった。私はＷＰに出向する際、酒巻英雄副社長（当時）からは「巨額の出資をしたＷＰとの成功事例が必要だ。遊んでいてもいいから、お前の悪知恵でＭ＆Ａを1件仕上げてこい」と言われた。同じ時期に出資した航空機リースの専門会社

「バブコック・アンド・ブラウン」とイースト・ディールにも、何らかの実績作りが求められたことは想像に難くない。そして、イースト・ディールにだけ、成功事例がなかったのだ。

「CME」を引き受けた米国野村の担当者に確かめると、弁護士から「詐欺まがいの商品だから、発行を中止すべきだ」とアドバイスを受けていたことが分かった。前述したように当時の営業業務部担当の常務は、私の第2事法時代の最初の課長席だった後藤博信さん。私は後藤常務にお願いして専従チームを編成してもらい、92年8月頃から、支店で一般客に販売された「CME」の回収に着手。土日も含めてほぼ2ヵ月間、早朝まで作業を続けた。一度帰宅して、午前7時半には営業業務部の会議に出席するのだが、私はこの会議の司会役だったので、本当にきつかった。

ところがその最中、日本経済新聞がわれわれの動きを察知して取材を始めた。この件について大蔵省証券局と折衝していた稲野次長が、日経が動き出した理由を尋ねると、証券局の業務課長が言った。

「お前のところの役員がタレ込んでいる。一番の敵は身内だ。日経はすべて知っている。日経は抑えておくから、速やかに処理しろ。ただし他の新聞が書くと言えば、日経は抑えられない」

私は回収を公表する記者会見の日程を92年11月26日と定め、一人で会見の想定問答の作成を始めた。回収過程で難しかったのは、インサイダー情報規制と役員会の決議だ。役員会で商品回収という重要事実を決定すると、全国紙に掲載されてから24時間以内はインサイダー情報になる。この間、支店に対応させるとインサイダー情報を漏らす危険性がある。このため運用企画課の5人だけで、全支店の客に対応しなければならなかった、さらに日経にリークした役員が特定できなかったので、役員には新聞社の輪転機が止まっている11月26日早朝の時間帯に電話で招集をかけ、有無を言わさず出社するよう手配した。役員会の決議に必要な人数が集まるよう、あらかじめ役員の日程を確かめておくことも忘れなかった。

10月30日早朝に600問の想定問答集を完成させて仮眠していると、父の入院先の病院から連絡があり、父が亡くなったことを知らされた。11月1日には、事態を説明するための臨時支店長会議が本社で開かれる予定だった。だが父の通夜と葬儀があるため、私はこの会議に出席できなくなった。やむを得ず私は想定問答集を後藤常務に託した。

公表当日の11月26日、この日午前中に記者会見することを事前に伝えておいた日経新聞が、朝刊1面トップで「野村證券　投資家に200億円賠償へ」「外債で不適切販売」と伝えた。もう1紙、朝刊で書いた新聞社があったが、事前に書かれることは防いだ。午前5時頃には役員に緊急招集の電話をかけ、午前7時過ぎから臨時の役員会を開催。購入者への損害賠償額は約200億円とされた。事務作業に追われていた私は、午前中に行われた記者会見を欠席したが、事前のシナリオ通りに事を運べた満足感に浸った。

この約1ヵ月後の12月21日、不動産投資ボンド回収に関する社内処分が発表された。資金債券本部長の斉藤惇専務が常務に降格、田窪忠司副社長が減給10％になった。正しいことをしたはずの私はこれによって債券部の猛反発を受け、債券部がある本社5階を歩けなくなった。

斉藤惇（さいとう・あつし）　１９３９年熊本県生まれ。63年に慶大を卒業して野村證券に入社。主に商品開発畑を歩き、ニューヨーク駐在も経験した。86年の取締役昇格後は資金債券本部を担当し、常務、専務を経て95年に副社長に昇進。99年に住友ライフ・インベストメント社長（２００２年に会長）に転じると、03年には産業再生機構社長、07年には東京証券取引所グループ社長、13年には日本取引所グループ最高経営責任者（ＣＥＯ）と要職を歴任した。15年には米投資ファンドのコールバーグ・クラビス・ロバーツ（ＫＫＲ）日本法人会長に就任している。

野村の債券部には治外法権的な空気がある一方、損失補塡問題の発覚を受けて急遽社長に就任した酒巻氏を除くと、出身者で社長まで上り詰めたケースはなく、歴代の社長を輩出してきた事法とは、長い確執の歴史がある。斉藤さんは人柄は良いのだが、資金債券本部長に求められる知識レベルには、明らかに達していなかった。そんな重要なポストを与えられて決裁権を持ったばかりに、部下の説明の内容も理解しないまま、不動産投資ボンドのような詐欺まがいの商品の販売を許してしまったのだろう。

「お前に助けられた」

運用企画課長の時には、客のことを考えて取った行動とはいえ、関係部署に申し訳ないことをしたと思った案件がある。運用企画課長に就いた直後の92年夏のことだ。野村の国際引受部が3年かけて主幹事を獲得した、イギリスにある世界最大の航空機リース会社「ギネス・ピート・アビエーション」(GPA)の1兆円の増資。この件について私は何一つ知らなかったが、「君も会議に参加してくれ」と頼まれて出席すると、すでに役員が20人前後着席していた。

そこで話し合われていたのは「GPAの払込期日は明日なのに、引き受けたシティバンクなど他の外資系が販売に苦戦している」という話だった。だが出席者全員が「ここまで努力したのだからやるしかない。たとえ外資がゼロでも、野村で全額引き受ける。絶対にやるぞ」と意気込んでいた。

私は野村企業情報とWPに2年弱在籍した関係で、M&Aで気をつけなければいけない業種の一つが航空会社で、そこに貸し込んでいる航空機リース会社はさらに信用してはいけない業種であることを知っていた。そこで会議が「よし、やるぞ!」と散会するタイミングで、「質問していいですか? 10分だけ時間をください」と発言を求め、国際引受部長と引受部門担当の荻野玲常務に尋ねた。

「GPAがいいと言ったのは誰ですか?」「日本のM銀行だ」

「M銀行はGPAに貸し込んでいませんか?」

「その通り」。なるほど。謎は解けた。

「M銀行は自分が逃げ出したいに決まってるじゃ

斉藤惇
元日本取引所グループCEO

ないですか。ＧＰＡの顧客の航空会社について洗い出しはしましたか？」「いや、やっていない」。私は「やはりそうか」と思った。

「たぶんボロボロだと思います。いま航空会社でまともな業績のところはありません。この案件は危険です。外資系はＧＰＡの客がどこなのか知っているはずです」

私はそのまま増資の主幹事を続ける場合のメリットとデメリット、逆に主幹事を降りた場合のメリットとデメリットを自分なりに考えて説明した。

「皆さん、どちらを選択しますか。僕なら降ります。降りた方がメリットはかなり大きいし、デメリットは小さいと思います」

すると或る常務が「横尾の言った通りなのか？」と、国際引受部長を責め始めた。それをきっかけに肯定派は総崩れとなり、国際引受部が３年かけて獲得したＧＰＡの主幹事はわずか30分で中止が決定した。それから数ヵ月後、ＧＰＡは世界最大の倒産劇を演じることになるが、件の会議に出席していた役員は誰もが「自分が引き受けを止めたんだ」と言い張った。

主幹事撤退が決まった日の夜、私は国際引受部に謝罪に出向いた。

「３年間の努力を潰してしまい、申し訳ありません。他意はなかったのですが、野村の客が大損しかねないと思ったものですから」

すると荻野常務と国際引受部長は「いや、お前に助けられたのかもしれない。本当にありがとう」と逆に感謝してくれた。部員には恨まれたのかもしれないが、あの一言は本当に嬉しかった。

マルチメディア講演会

何でも屋の運用企画課長の仕事には、イベントの主催も含まれる。私は全国の中堅企業オーナーを集め、当時流行の兆しを見せ始めた「マルチメディア」について、講演会を開こうと計画した。92年秋の講演会はパネル・ディスカッション形式で、東京と大阪でそれぞれ５００社ずつを集めて、満席になった。

東京会場は千葉市幕張にあるシャープの施設を借りた。シャープには20インチほどの液晶パネルを並べてもらったが、当時はそれが1枚8億円もした。この時にパネラーをお願いしたのがオリンパスの下山敏郎社長（当時）、セコムの木村昌平常務（同）、それに伊藤忠商事、イトーヨーカ堂、シャープのマルチメディア担当幹部だった。医療用内視鏡装置で独占的な地位を占めるオリンパスの下山社長には、医療のマルチメディア（遠隔医療）に関する話を依頼した。下山社長はパネラーを請け負ったあとで海外出張し、講演会の前日に帰ってきた。ところが急に電話で「パネラーを降りたい」と言い出す。私は当然、説得に当たった。

「そんな無茶を言わないでください。もう資料を配っているし、他のパネラーの皆さんも来ています」

「医療部門の責任者に『下書きの原稿を書いておけ』と指示したのに、ひどい出来なんだ。こんなもの、僕は読めないよ」。今さらそんなわがままを言われても、こちらも困る。

「どうしたらいいんですか？」

「横尾さん、書いてくれないか」

「そんな無茶な」と思ったが、パネラーを降りられては元も子もない。私は駅からの案内や会場のセッティングを指揮する立場だったが、専門書を掻き集めて徹夜で原稿を執筆し、早朝に下山社長に届けた。すると「これならやろう」と了解してくれた。下山社長には大阪の講演会にも、パネラーとして出席してもらった。

これと同じ時期、社内向けのサテライト放送をスタートさせた私は、日本の産業構造を社員に理解してもらうため、基幹産業から日本を代表する8社を選定し、それぞれ1時間にまとめた「産企探望《さんきたんぼう》」という紹介番組を制作。リポートも配布した。だがこの試みが日経新聞に掲載されると、「野村はまた性懲りもなく推奨銘柄を作るつもりなのか!?」と叩かれた。損失補塡問題の爪痕は、まだまだ消えていなかった。

「しばらく支店に疎開してくれ」

時期は定かではないが、運用企画課長時代のことだ。第2事法5課の先輩で、フランス系のパリバ証券（現・BNPパリバ証券）東京支店の債券部長を務めていた林純一氏から「晩メシを食わないか」と誘われた。指定された銀座のレストラン「プレイ・バッハ」に出向くと、林氏と彼の同僚だけでなく、なぜかオリンパスの山田氏とその知人の女性が座っている。山田氏の出席は聞いていなかったので、私が不審に思っていると、林氏は私をスカウトにかかった。

「パリバに来てくれないか。株の営業が弱いので、野村のエースの君に来てもらいたいんだ」

すると山田氏が突然、横から口出しした。

「横尾さん、あなたは野村にいても評価は低いし、役員にもなれない。林さんのご厚意に甘えてパリバに行った方がいいよ」

何たる無礼か。私は即座に席を蹴って店を出た。今になって考えると、私を移籍させてオリンパスの資金運用を担当させ、損失を穴埋めするつもりだったのだろう。運用で儲けさせたのは、私しかいなかったのだから。


運用企画課は設立当初、2年後に部に昇格して私が部長に就任する予定だった。私は後藤常務から「営業体が取り扱う商品と資料をコントロールしてくれ」と、重要な役割を指示されていた。ところが不動産投資ボンドの件をはじめ、債券部と敵対することばかりやったので、後藤常務も「もう持ちこたえられない」とさすがに匙を投げ、運用企画課を廃止せざるを得なかった。93年5月、私は同じ営業業務部でも近畿・中部本部の「本部付」という立場になった。本部付は担当エリアの支店を監督・指導する、それなりの力を持ったポストだ。私は数十ヵ店の支店を回りながら、支店長と若手営業マンを指導していった。

だが「横尾のクビを切れ」という債券部からの圧力は、日増しに強くなる一方だったようだ。94年5月の定期異動を前に、私は後藤常務から通告を受けた。

「横尾、しばらく支店に疎開してくれ。支店に出ていれば、債券部の毒牙にかからなくて済む。取りあえず2〜3年、黙ってゆっくり静養してくれ」

まさに「無念」の一言だった。債券部に、栄光の営業体が負けたのだ。

94年5月、私は群馬県の高崎支店に支店長として赴任した。着任直前の4月末、高崎市に程近い埼玉県児玉町のこだまゴルフクラブでゴルフを楽しんだあと、私は高崎市の中心にある支店にまで足を延ばした。初夏の高崎の繁華街は薄暗く、私は強烈な敗北感に襲われた。

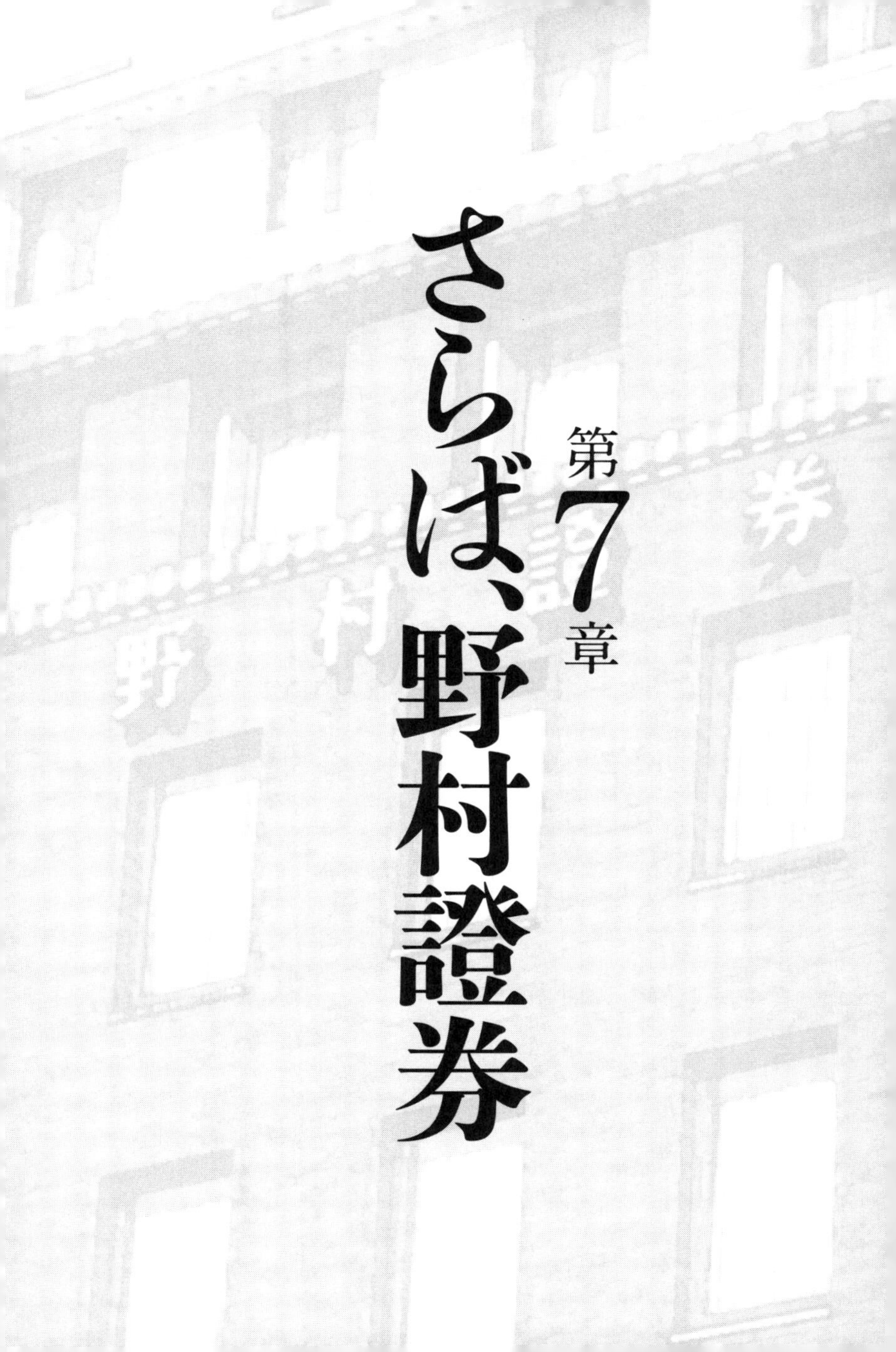

第7章 さらば、野村證券

1994年5月、私は群馬県高崎市の野村證券高崎支店に支店長として着任した。最初は敗北感でいっぱいだったが、いつまでも腐っているわけにもいかない。これまでの経験や考え方を生かして、支店長1年生として新機軸をいくつか打ち出した。

最初に指示したのは「社員を早朝から呼び出すな」。これは初任地の金沢支店の時から考えていた。支店はどこでも午前7時半から会議をやっているが、社則の始業時間は8時40分だ。

「会議は夜もやっているじゃないか。朝から無駄な会議をやる必要はない。夜と朝の違いは、ニューヨーク市場の動きだけだろう。社内のリポートを読めば済むことだ」

すると1週間ほどで、課長たちが「何とも落ち着きません。課長以上だけでいいので、会議をやらせてください」と訴えてきた。私は言った。

「潰れる会社はどこも社員の帰りが遅くなり、会議ばかりが長くなる。いい会社は、その逆だ。だから若い奴らは早く帰して、朝もゆっくり来させればいい。アホな会議はやるべきじゃない」

課長たちには、これはかなりショックだったようだ。

「客に簡単に売らせるな」

2つ目に指示したことは「株は長期投資。自分がいいと思って買わせた銘柄は、簡単に売らせるな。次の担当者に残しておけ」。言うまでもないことだが、証券会社は買いと売りの両方でコミッションを取る。当時は今のようにコミッションが自由化される以前で、一番高いコミッション率は買った（売った）金額の1％以上あった。一番低いのは1億円以上の売り買いで、片道が0・55％プラス12万5000円だったと記憶している。例えば1億円買った客が払うコミッションは67万5000円。同じ株価で売却したと仮定すれば、往復で135万円。取引税を入れると150万円以上支払うことになる。

1銘柄の売買でそれだけ取られるのだから、客は儲かるわけがない。信用取引を使えば金利がかかるし、現物より大きな金額の売買になるため、月に何度も売買していれば、儲けはあっという間になくなる。株価の値下がりだけなら大したことではなく、客はコミッションと取引税で儲けを擦り減らすのだ。だから簡単に売り買い（反対売買）さえしなければ、払うコミッションは減り、かなりの確率で儲けられるようになる。ひどいケースではわずか1％値上がりしただけで売らせるのだから、客は絶対に儲からないのだ。

これも営業マンに納得してもらうまでに時間がかかった。「売り買いさせるな」ということは「コミッションを稼ぐな」と言っているのに等しいからだ。言うことを聞かずに、客に売り買いさせている営業マンがいたので、私は客のところに行って「あのバカが何を言ってきても、売らないでください」と直訴した。

支店の収支がトントンに収まるよう、私は帳尻合わせに常に気を遣った。その結果、私が高崎支店にいた3年間で、支店の預かり資産は倍増した。野村には、客が年間を通じて利益を上げたのか、損をしたのかを示す指標があるが、ある1年間は、全144支店のうち高崎支店のみ、トータルで客が利益を上げた。買わせたら売らせないのだから、当然の帰結だった。

高崎支店長時代の最終盤にあたる97年3月6日、野村は総会屋に対する利益供与の事実を認め、同月14日には酒巻英雄社長が辞任。鈴木政志会長が一時的に社長を兼任したあと、同年5月1日には企画・国際畑の氏家純一常務が新社長に就任した。氏家社長誕生に伴い、野村は私がやっている「買わせたら、売らせない」というやり方を、全社的に採用する方針を打ち出した。私自身は5月初めに東京・西新宿の新宿野村ビル支店長に異動したので、このやり方は私の異動に合わせて「ビル高崎方式」と呼ばれた。

氏家純一（うじいえ・じゅんいち）　１９４５年東京都生まれ。75年に米シカゴ大大学院を卒業して野村證券に入社。企画畑やノムラ・セキュリティーズ・インターナショナル（米国野村）社長を経験し、90年に取締役に昇格。常務を経て97年５月、第10代社長に就任した。２００１年10月からは持株会社化に伴って野村ホールディングス社長になり、03年４月から11年６月まで同社会長を務めた。

ただ私自身は、このやり方が全社的に採用されることに強く反対した。その理由はあとで詳しく記す。

野村證券の投信を販売禁止

話が前後したが、高崎支店長になって3番目に指示したのは「野村證券の投資信託はいっさい、販売禁止」。支店には当然のこととして、営業本部から投信の販売ノルマが与えられる

氏家純一
元野村ホールディングス会長

が、私はそれを完全に無視した。さすがに本社の投資信託部が何度も支店にやって来て、「横尾さんが扱ってくれないと、全店がそっぽを向く。何でやってくれないのか」と泣きついた。私は率直に言った。

「簡単なことだ、絶対に儲からない。第一に運用が下手だ。野村の営業マンは5%、10%値上がりすると売ってしまうから、運用する方はそれに備えてキャッシュポジション（現金比率）を常に高くしている。つまり運用を任されたファンドマネージャーが安心して投資できない状態になっている。やられる時にやられて、取り戻す時に取り戻せない。だからオレは扱わない。スタンスが変わったら言って来い。もしくは、すべての投信に『特別な事情がない限り、5年間は解約できない』というクローズド期間を設けろ。そうすれば扱ってやる」

そんな私が一度だけ思い切って客に買わせたのが、野村ではなく「フィデリティ・ジャパン」の投信だ。フィデリティという米国の投信会社には、上場会社の方が決算資料を持って説明に行く。俗に言う「フィデリティ詣で」である。フィデリティはそれを分析してから投資するスタイルで、私は以前から好ましく思っていた。そのフィデリティの投信を、高崎支店の営業課（個人営業部門）だけで50億円も購入し、客に販売したので、全国の支店が驚いた。投信部から「どうして野村ではなく、フィデリティなんですか？」と尋ねられ、私はこう答えた。

「運用実績を見比べてみろ。月とスッポンじゃないか。フィデリティには上場会社の方から決算書を持って来る。お前のところは上場会社が来ないどころか、野村総研から決算書を買っているだけだろう。そんなところの投信なんて信用できるはずがない」

私が第2事法で勤務していた時代に予備株券の問題で大きなトラブルがあった群栄化学工業にも、フィデリティの投信を約10億円販売した。群栄は野村本社の事法の管轄だったが、高崎市に本社を持つ会社だ。このためかつての担当だった私が高崎支店長に就任すると、事法はそれをよいことに、支店に担当を任せてきた。過去の経緯もあり、〝ありがた迷惑〟と思ったが、群栄にもフィデリティの投信ではかなりの利益を上げさせた。

酒巻社長からもらった接待費

営業マンに「早朝から出社するな」と指示した建て前上、私自身は部下から「一緒に外交に行ってください」と頼まれた時以外、比較的ゆっくり出社するよう心掛けた。途中からは午前11時頃に出社するようになり、地元の地方銀行などに挨拶回りに来た首都圏営業本部長が支店に立ち寄って、支店長室で新聞を読んでいるところに出社したこともある。

「ああ、どうも。もう回って来られたんですか？」

「うん、何軒か回ってきた。じゃあ昼メシに行こうか」

それで怒られることはなかった。支店に電話しても出社していないだろうと（携帯電話が普及する以前の話である)、私の高崎市内の自宅マンションに午前10時ごろ電話してくる役員もいた。しかも私が受話器を取ると「あっ、ごめん、起こしちゃった?」。私が実績を上げているから遠慮しているのだろうが、むしろ「野村の役員は、いつからこんなに腑抜けになったんだ」と悲しくなった。

支店長会議にダブルのスーツと派手なカラーシャツ姿で出席したのも、私が最初だ。真似する支店長は他におらず、私は好き勝手をしていた。会議のあと、知り合いの支店長からこんな電話をもらったことがある。

「横尾さん、大胆だね。社長のすぐ目の前で居眠りしていたじゃない」

「オレがどこに座っていたかなんて、分からなかっただろう?」

「上着を脱いで、一人だけあんな派手なシャツ着てれば、誰だって分かるよ」

ところで、私は交際費をほとんど持たない支店長だった。高崎支店全体では年間約1500万円の交際費が認められていて、私は年度始めの4月に、宴会やゴルフなど接待のスケジュールを各課長に提出させ、その段階で予算をすべて割り振った。私に残されたのは余った18万円だけ。支店の飲み会を開くと、各課長が「お前のところが一番お世話になっているんだから、支店長の分はお前の課で払えよ」などと押し付け合っている。情けなくなって「自分の分は自分で払うからいいよ」となるのがオチだった。

地域の金融機関や上場企業、それに農協(JA)の幹部の接待が多く、持ち出しは結構な額になった。結局は支店全体でも予算が足りなくなり、本社に所用で出かけた際、某副社長に50

万円無心した。それを支店に持って帰ると、私より年長のある次長から「支店長も気が小さいな。オレの予想通り、50万円しか取ってこられなかったよ」と嫌味を言われた。

こんなことでは支店長の沽券《こけん》にかかわる。私は次に本社に出かけた時に一計を案じた。酒巻社長と一緒に車で出かけたのだが、私が降りずにわざと車内に残っていると、酒巻社長が「何で降りないの？」と尋ねてくる。

「実は交際費が全然足りなくて……。『100万やる』と言ってくだされば、すぐに降ります」

するとありがたいことに酒巻社長は、秘書に渋々電話して「横尾がこんなことを言っている。高崎に100万円用意しておいてくれ」と話してくれた。「シメシメ」である。

その100万円を持って高崎に帰り、支店で「100万取ってきたぞ！」と宣言すると、件の次長は「ほらな、50万であぁ言っておけば、次は絶対100万取ってくると思ったよ」と得意顔だ。うまい具合に乗せられた。結局、私が酒巻社長からブン捕ってきた100万円だけでなく、私の予算だった18万円も法人課長に取られてしまった。

実現しなかったゼロイチ・キャンペーン

これは浜松支店の時にも感じたのだが、高崎支店でも、客との人間関係を築くために必要な営業マンの力量が著しく落ちていた。その傾向は、元号が平成になって以降に入社した社員にとりわけ顕著だった。彼らは主に自分の父親の世代をターゲットに営業することになるのだが、そうした人生経験の豊富な人たちと対等に付き合うことが極めて下手だった。

また、一昨年入社した社員が月間150万円のコミッションを稼いでいたとすると、去年入社した社員は100万円、今年入社した社員は50万円と、年次ごとに下がっていくのも気になった。少し努力すれば簡単に先輩を抜けるはずなのに、やろうともしない。これは全国どの支店でも同じだった。われわれが新人の頃、コミッションの月間ノルマは1000万円だったので、それに比べると何分の一のレベルだった。

原因ははっきりしていた。株価の暴落が始まった90年以降、信用取引の追加保証金取りに七転八倒する先輩の姿ばかり見て育った若手営業マンたちは、人間関係が壊れるのを恐れて踏み込もうとせず、誰もが評論家と化していた。例えば私が浜松支店にいた頃、集めた名刺を若い営業マンに提出させたことがあった。彼は1000枚近くも集めていたのに、客にできたのはそのうちのわずかに5人。外交に同伴してみると、「なぜあのタイミングでひと押ししないの？」とがっかりさせられた。

もう一つの原因は、目標とする先輩がいないことだった。憧れのプレーヤーが一人でも身近にいれば、誰もがその人の後を追う。私が浜松支店にいた時には面白い現象が起きた。オムロンのワラントで私が月間1億円、2億円とコミッションを稼いでいると、若手営業マンが急に稼ぎ出したのだ。その時は浜松支店の1年目、2年目、3年目を中心に、中部圏の月間コミッション上位10傑のうち、浜松支店が9位までを独占した。若手を育てるには、実績のあるプレーイング・マネージャーの存在が不可欠なのだということが、身に沁みて分かった。

高崎支店で、それまでコミッションを月間1000万円稼いでいた営業マンが異動して、2

00万円しか稼いだことがない営業マンが配属されたことがあった。「どうしてこんなにレベルを下げてくれるの?」と人事部に不満を言うと、相手は「お前が育てている私には望むところの?」と事もなげに言う。常にプレーイング・マネージャーを志向している私には望むところなので、首都圏営業本部に「若手にとって憧れのプレーヤーが現場に誰もいないことが問題だ。それならゼロイチ(支店長のセールス番号「01」のこと)のコミッション競争、ゼロイチ資金獲得競争キャンペーンを半年間やりましょう」と提案した。支店長も伝票を切ることはできるが、普通はそこまでやらない。私は他の支店長にも声を掛けた。

「部下にエラそうなことを言っているだけじゃなくて、今から新規顧客を開拓するゼロイチ競争をやろう。営業マンの神髄を、若い奴らに見せてやろうぜ」

しかし賛同者は誰一人いない。みんな黙り込んでしまった。営業の担当役員からは「横尾、それ以上言うな。それ以上言ったら組織が崩壊してしまう」と宥《なだ》められてしまった。

データベース・マーケティング

支店長として力を入れたことの一つに「客がわれわれに何を求めているか」を探り出すことがあった。そのためのアンケートを何回もやった結果、導き出した答えは「必要な時に、なぜ電話を寄こさない?」ということと「不必要な時に電話を寄こすな」の2点に尽きた。「必要な時とは、いつのこと?」と、さらにアンケートを続けると「自分が購入した株の値段がなかなか上がらないので、シビレを切らした時」だとか「ものすごく値下がりした時」だとか、客ごとにそれぞれ傾向があることが分かってきた。

客から掛かってきた電話の内容も調査させた。営業マンが電話を掛ける時は、相手の話した中身をメモしている。しかし、客から突然掛かってきて、事務の社員が取った電話は、メモをきちんと取っていなかった。客から掛かってきた電話で質問された内容こそ、客の性格やニーズを知ることができる絶好の材料だ。株を買って数ヵ月も動いていないとシビレを切らせてくる人、2割以上値下がりすると心配になる人（耐えられる値下がり幅は人によって異なる）……。それらが徐々に見えてくる。これを分析し、その客にとって最適な時点で電話すれば、効率はすこぶる上がる。人的・時間的なコスト削減にもつながるし、何より対人関係を作るスキルに欠ける若手営業マンにとっても強力な武器になる。コストだけでなく、客とのトラブルの削減にもつながる。これをデータベース化すれば、全国の支店で使えるのではないか。

顧客の属性や、過去の購買傾向をデータベースに記録して、それを基に一人ひとりの客にマッチしたサービスを提供するという、こうした営業活動は「データベース・マーケティング」と呼ばれる。私はこれをさらに進めて、株価の動向によって自動的に「誰それさんにいま電話を掛けろ」と表示されるようなシステムを作ることを考えた。

ただし、このデータベースを構築するには、大型コンピューターを含む巨額の投資が必要になる。私はやる気満々で、ある副社長に「すべての支店で活用できるので有意義です。100億円出してもらえれば作れます」と掛け合った。だが副社長は「野村のどこにそんなカネがあるんだ」とにべもない。だが「データベース・マーケティングをやってみたい」という私の願望はどんどん膨らみ、野村を退社する理由の一つになっていく。

支援者への損失補塡を要求した地元代議士

群馬県は福田赳夫、中曽根康弘、小渕恵三、福田康夫と自民党の総理大臣を4人も輩出した特異な県で、自民党の代議士（衆議院議員）が幅を利かせている。高崎支店にも支援者の依頼を受けて、苦情を持ち込んでくる自民党のセンセイがいた。

あるセンセイは、自分の選挙区に住む女性の支援者と秘書を連れて、月に何度も訪ねてきた。その支援者は野村で投資信託を購入し、大損しているということだった。センセイは「損失を補償しろ」と言い張るので、会話はすべて録音して10ヵ月ほど交渉を引っ張った。そして頃合いを見計らって「どうしてもご理解いただけませんか？」と尋ねると、センセイは「投資信託なんて、補償がない限り主婦が買うわけがないじゃないか」とおっしゃる。機は熟したと、私は勝負に出た。

「分かりました、もう訴えてください。今は訴えていただかないと、われわれはおカネを払えません。自民党のセンセイが『女の人は補償がなければ投資信託を買わない』とおっしゃった。これはすべてテープに録音してあります。先生が今までおっしゃったことは損失補塡の要求です。テープは裁判所に提出させていただきます。センセイにも当然、証人としてご足労いただきます」

するとセンセイは顔色を変えて「止めよ、止めよ。野村證券には勝てない。帰ろ、帰ろ」と言って、支援者の女性とともどもスゴスゴと退散した。

もう一人、苦情や要求ではないが、ある経済官庁のキャリア官僚出身の代議士が、本人の写真入りの大きなマッチを持参して挨拶に来た。当然、出身母体の官庁が管轄している業界の話には詳しいだろうと思い、いろいろな話題を持ち出したが、何一つ知らない。私は「この人、本当に元キャリアなのかな？」と首を捻った。話が通じないので出身地の話に切り替えると、ますます話が嚙み合わない。1時間ほどいて、だんだん様子がおかしくなってきたセンセイは「今日はいい話を聞いた。君、このマッチは全部ここに置いて帰ろう」と言って、持っていた大型のマッチ箱50個をすべて置いて、帰って行った。私はこれを支店の全員に「全部擦って捨ててくれ」と渡した。ケッタイなオッサンだった。

ベイシアグループの土屋会長

当時の高崎支店の客には、野村の事法出身の私が「なぜ上場しないのだろう」と思うような、立派な会社がいくつもあった。金型関係と流通は特にそうで、家電量販店最大手「ヤマダ電機」（高崎市、2000年に東京証券取引所第一部に上場）の山田昇会長、ホームセンター「カインズ」などを運営する流通大手「ベイシアグループ」（当時の本社は群馬県伊勢崎市、現在は前橋市、未上場）の土屋嘉雄会長からは多大な影響を受けた。

山田会長に最初に会った頃、ヤマダ電機の売上高は200億円そこそこだった。それからしばらくして「売上高1000億円達成」のパーティーがあり、私が98年6月に野村を退社して遊びに行くと「４０００億円が見えたぞ」。そうこうしているうちに「1兆円が見えた」。あの人は本当に達成するのだ（売上高1兆円達成は05年2月）。

その山田会長が「オレはどこで買っても同じ商品というものを、人より安く売るのは上手い。だがホームセンターのように、商品に違いがあるものは、カインズの土屋さんが日本一だろう」と話していた。ベイシアグループはグループ全体で1兆円近い売り上げがあり、しかも無借金。すべて現金仕入れで、手形を振り出したことがない。だから日本で一番安く仕入れて、安く売るから早く売れる。昨日より今日の方が円高なら、輸入品は早く売り切ればそれだけ安く仕入れられる。土屋会長は「即日販売できる能力を持つかどうかが、ここ数年の勝負だ」と話している。とてつもない会社だ。

高崎支店にいる頃に聞いたカインズの1㎡当たりの損益分岐点は、上場しているホームセンター各社の7割以下。土屋会長が九州地区のホームセンターを視察している時に、私は鹿児島から電話をもらったことがある。会長は面白いことを言った。

「しばらく九州には出ない。このあたりの仕入値は、うちの売値よりも高い」

「だったら圧勝できるじゃないですか」。すると会長はこう答えた。

「こんなぬるま湯の場所に出てはいけない。そんな甘い商売をしてはいけないんだ」

私があるメガネチェーンを紹介した時も（メガネは粗利が大きいことで有名）、土屋会長はやはり「あんな商売をやってはいけない」と手を付けようとしなかった。ホームセンターを１００店舗出店し、1㎡当たりの平均売上高を算出して、店長に1年間の猶予を与え、これを超えられなければクビを言い渡す。店長は生き残りをかけて必死に知恵を絞るので、多くの店が損益分岐点を大きく超えて、利益が上がる。そうやって足元を固めてから、また100店舗増やす。それが土屋会長のやり方だった。

上場しているある流通大手のトップが「同じ品物を並べているのに、なぜカインズの方がうちより上等に見えるのだろう？」と不思議がっていたので、私が土屋会長に同じことを尋ねると、会長の答えは実に具体的だった。

「できるだけ光の反射率が高い商品を通路側に並べる。タバコなら白か銀。黒や灰色は奥に並べる。もう一つは蛍光灯。少し天井を高めにして、蛍光灯の数を1・5倍にするんだ」

優れた経営者は常識を積み重ね続けている。話が分かりやすい。私は「この人たちと対等に話せるようになるには、野村證券のトップになるくらいではダメだ」と思った。彼ら創業者は、最初から自ら創意工夫して社員を食べさせている。いくら野村でトップに立ったところで、所詮は他人が作った会社に過ぎない。第2事法で数多くのトップに会ったが、ここまで刺激を与えてくれる人はいなかった。土屋会長から与えられた刺激も、私が野村を辞めて独立する理由になっていく。

高崎支店に現れた珍客

96年夏のある暑い日の朝、高崎支店に珍客が訪ねてきた。私が出勤すると女性社員が飛び出してきて、「支店長室に怖いオジサンたちが来ています」と怯えている。支店長室に入ってみると、待っていたのは麦藁帽を被ったパリバ証券東京支店の林純一氏、林氏の部下の男性、それにオリンパスの山田氏と彼の知人女性の４人。３〜４年前に銀座のレストランで私をスカウトしようとした時と、同じ顔触れだった。事前のアポイントもなく、何の用だろうと訝っていると、山田氏は「東京は暑いから群馬にゴルフに来た」と話す。私は「群馬の方がはるかに暑い。もっと涼しいところに行けばいいのに」と不審に思った。しばらく話しているうちに、山田氏がまたまた不可解なことを言い始めた。

「(9月1日から3日まで開かれる)富山の『おわら風の盆』を見に行かないか？　旅館を５人分予約してあるから、僕らと一緒に行こう」

支店長稼業はそこまで暇ではない。私は「とても無理。勝手に行って」と断った。ところが山田氏はその後も、電話で「風の盆に一緒に行こう」と執拗に誘って来た。私は断り続け、風の盆見物に行くことはなかったが、山田氏の執拗さは最後まで気味が悪かった。

その理由に私が気づいたのは、それから16年も経った２０１２年のことだ。私はオリンパス巨額粉飾決算事件を指南したとして、同年2月に逮捕・起訴され、東京拘置所の独房に勾留されていた。弁護人から差し入れられた、オリンパスの中塚誠氏の検察官面前調書(検面調書)。これに添付されていた、ある資料を読んで閃いた。この資料は、林氏が債券部長を務めるパリバ証券東京支店がオリンパスに販売した仕組債「パリバ債」に関するものだった。

膨らむ一方の損失の穴埋めを目論んだオリンパスは93年春と94年2月、パリバ債を合計５銘柄、金額にして４００億円購入した。パリバ債の元になった債券は、海外の格付けの高い機関が発行した中期債で、パリバ証券がデリバティブ（金融派生商品）と組み合わせて加工した債券なので、パリバ債と総称された。ところがこの購入が裏目に出て、オリンパスの含み損はさらに約286億円も拡大していたのである。

私が山田氏から「おわら風の盆」見物の誘いを受けた96年夏は、すべてのパリバ債の損失が確定していたわけではないが、300億円近い新たな損失の発生が確実視されていた。もちろん私は、オリンパスのそのような惨状を知る由もない。

「山田氏が執拗に風の盆見物に誘ったのは、私を説得してパリバ証券に移籍させ、オリンパスの損失穴埋めに協力させようと考えたからに違いない」

狭い独房の中で、私はようやく腑に落ちた。

野村をドロップアウトした林氏

パリバ債について触れたので、ここで私の野村證券でのエピソードからしばらく離れ、林氏とオリンパスの関係についてもう少し詳しく説明しよう。

林氏は第2章で紹介した通り、私が金沢支店から第2事法5課に配属された際の同僚で、年次は4期上だった。オリンパスの損失を膨らませた、紛れもない戦犯の一人だが、パリバ証券東京支店を辞めたあと、何と08年6月にはオリンパスの社外取締役に就任した。

第2事法に在籍した80年代前半、林氏は不可解な取引に手を染めていた。自分が担当する川崎製鉄の子会社の商社などに、3月期決算ではない金融子会社（川鉄から見れば孫会社）を設立させ、その会社を複数の上場会社の株現（いわゆる「飛ばし」）の受け皿として利用していた。金融子会社側も労せずして謝礼分の金利を受け取れるので、株現を積極的に受けていた。

だが前述した通り、野村證券では株現の仲介はご法度。そこで林氏は自分で勝手に契約書を作成し、運用損が発生している上場会社に話を持ち掛けて、当事者間の相対取引で株現を行わせた。当時はまだ、証券会社が仲介しない株現が認められていた、長閑《のどか》な時代だった。

プラザ合意後の金利低下局面が始まった86年3月以降、事法の債券運用額は増加の一途をたどった。そこで野村の公社債部（のちの債券部）は専任の担当者を置いて、事法からの注文を処理した。その時、第2事法からこのポストに送り込まれたのが林氏だった。この異動が不満だったのか、林氏は88年に野村を退社し、東京支店を開設したばかりのフランスの証券会社、パリバ証券の東京支店に移籍した。

断っておくが、林氏が第2事法でオリンパスを担当した時期は一度もない。オリンパスと林氏の関係が密接になった直接のきっかけは、オリンパスの森久志氏が、研修生として野村に短期間派遣され、パリバ証券に移籍する前の林氏の指導を受けたことにあったようだ。林氏は、森氏から上司として紹介された山田氏とウマが合ったに違いない。

92年3月6日の時点で、オリンパスの特金には、実現損と含み損合わせて450億円の損失が発生していたと、前章で詳述した。山田氏らは配当先取り商品を利用して損失額を圧縮。オリンパスは92年3月期で何とか、約104億円の経常利益を上げた。

同年11月、オリンパスはパリバ証券を主幹事にユーロドル建てWB4億ドル（当時の円ドル相場で約480億円）を発行している。当時のパリバ証券は東京進出から6年足らずの弱小外資系証券。しかも株式部門が弱い。よほどの事情でもない限り、日本の上場会社の主幹事になることはあり得ず、何らかの裏事情があったことは明らかだ。

その4ヵ月後の93年3月、オリンパスは2銘柄200億円のパリバ債を購入。これを皮切りに同年4月には1銘柄100億円、94年2月には2銘柄100億円、合計5銘柄400億円のパリバ債を同証券東京支店から購入した。WB発行で調達した約480億円がこれに充てられたことは、想像に難くない。

前述した通り、パリバ債はもともとフィンランド輸出金融公社など、高い格付けを得ている海外の機関が発行する普通社債（中期債）に、パリバ証券がデリバティブを付加して加工した仕組債だ。債券の償還までの期間は93年発行分が5年、94年発行分が2年3ヵ月に設定され、そこに金利スワップ取引や日本の国債先物取引など、金利絡みのデリバティブ取引が付加されている。この取引の結果次第で、債券の償還時に投資家が受け取る金額が増減する仕組みになっている。

普通なら「何もそんな複雑なものを買わなくても、デリバティブだけ買えばいい」と思うだろう。だが販売するパリバ証券にすれば、この仕組みこそがオリンパスを欺くための目くらましなのだ。信用度の高い社債と組み合わせることで見栄えを良くし、何も知らない初心《うぶ》な日本の上場会社を煙《けむ》に巻くのである。こうした仕組債は、デリバティブに長けた外資系証券会社の独擅場《どくせんじょう》で、フィー（手数料）が高額なことでも有名。オリンパスも数十億円の手数料をパリバ証券に支払ったと思われる。

当時の日本の証券会社で、配当先取り商品や仕組債などの決算対策商品を取り扱っていたところはなかった。仮に開発したとしても、大蔵省(現・財務省)から販売を認められなかっただろう。

オリンパスの簿外損失の始まり

パリバ債の債券部分は、93年発行の3銘柄の発行価格が額面の80%、94年発行の2銘柄はそれぞれ額面の84・9%、87%という割引債(ディープ・ディスカウント債)だった。オリンパスはまず額面の8割でパリバ債を購入し、それを決算期末の3月末に額面の100%でパリバ証券に買い取らせる。これにより作り出した利益で決算数字を嵩上げし、決算期末を越えたあとにパリバ証券から額面で買い戻す。利益を先食いした上に額面で買い戻すので、その分はあとから含み損になってしまうのだ。つまりオリンパス=山田氏がパリバ債を購入したのは、半分が93年3月期と94年3月期の決算対策、残る半分はデリバティブ取引によってそれまでの損失を一気に取り返すことが目的だった。

デリバティブ取引とは、早い話が〝丁半博打〟である。損失の挽回を目論んだオリンパスは、パリバ債に組み込まれたデリバティブ取引で、金利が上昇すれば利益が上がる方に全額を投じた。ところが実際には金利は低下し、債券の償還日の5日前までにあらかじめ設定されていた水準を上回る見込みは、限りなくゼロに近くなった。

このためオリンパスは5銘柄のパリバ債のうち、93年春に発行された3銘柄（合計300億円）について、フランスのパリバ証券本店に額面で買い取らせようとした。しかし97年3月の時点で、3本のパリバ債の価値は合計でわずか約14億円。これをパリバ証券本社に300億円で買い取らせることは、同証券の内規上不可能だった。

そこで山田氏と林氏は、勧角証券香港を使って新たに設立した簿外ファンド（形態は特定目的会社＝SPC）に3本のパリバ債を300億円で移し、そこに損失を移管しようと考えた。97年3月、タックスヘイブン（租税回避地）の英領ケイマン諸島に「Quick Progress Co. Ltd.」、通称「QP（迅速な前進）」と名付けられたオリンパスの簿外ファンドが設立される。特定目的会社の形態で設立されたQPは、言ってみれば〝ゴミ箱〟のような存在である。同年5月には、パリバ証券本店を絡めた3本のパリバ債の売買が実行され、QPに286億円の売却損（実現損）が生じた。だがこれはあくまでも簿外ファンドの損失であり、当事者以外は誰も気づかない。これをもって、オリンパスの「粉飾」がスタートしたのだ。

損失を把握していた金融監督庁

パリバ債の損失について、もう少し話を続けさせていただく。「誰もこれに気づかない」と書いたが、実は正確には異なる。オリンパスが粉飾決算に手を染め始めてから2年半余り経った99年秋、パリバ証券東京支店を立ち入り検査した金融監督庁（現・金融庁）がこれに気づき、同年10月15日、「オリンパス債の販売」と題する質問状を同支店コンプライアンス部に出している。少し長くなるが、ここでその全文を紹介しよう。

「当支店は98年3月にオリンパス販売の第1回無担保社債（発行額50億円、03年3月25日償還）とオリンパス・アジアン・パシフィック債（ユーロ円債、発行額100億円、03年3月25日償還）、99年2月にオリンパス光学工業第11回無担保社債（発行額100億円、02年2月25日償還）を販売しています。98年3月の2銘柄は、親会社であるオリンパス光学の保証付きです。

当支店は上記債券の発行時に、オリンパスの設立したSPCであるQuick Progress社に、オリンパスまたはその子会社に帰属すべき債券の売却損286億円が存在しているものの、オリンパスの連結決算上、すべての損失が開示されていない事実を知り得る立場にありましたが、当該債券の販売に際して、顧客に当該事実を説明しましたか。説明していない場合はその理由を記載願います」

これに対してパリバ証券東京支店のコンプライアンス部長はこう回答している。

「その損失の存在は知っておりましたが、それが開示されているかどうかについて、オリンパスには確認しませんでした。ただし、その確認を行ったうえで当該債券の販売を行うべきであったと認識しております」

つまり金監庁は99年秋の段階で、オリンパスの簿外ファンドのQPに286億円の売却損が発生していることを認識していたのだ。この時、金監庁がQPの件を問題視して何らかのアクションを起こしていれば、簿外損失は286億円で止まっていただろう。13年後のオリンパス巨額粉飾決算事件も起きなかったに違いない。その意味では、金監庁や上級官庁の大蔵省も同

罪である。山一證券の飛ばしに気づいていながら、それを放置して経営破綻させた官僚の怠慢

は、ここにも影を落としている。

退社の腹を固めたが……

林氏とパリバ債の問題でかなり回り道した。高崎支店時代の話に戻ろう。

データベース・マーケティング構想をあっさり却下されたことで、私は野村證券に居続けることの意味を見つけられなくなっていた。ベイシアグループの土屋会長やヤマダ電機の山田会長に感化されたこともあり、野村を退社するかどうかではなく、いつ退社するかが自分の中のテーマになりつつあった。

そんな気分でいた96年春。野村企業情報に出向した頃からの後輩の羽田拓が、突然電話を掛けてきた。浜松支店次席の頃、私は営業経験のなかった彼を浜松支店の営業課に呼び寄せた。するると、羽田は引き継いだ客を器用に扱い、結構稼いでくる。「こんなことをやらせていては成長しない」と考えた私は、上場を目指す地元企業を専門に担当する企業営業課に、羽田を配置替えした。スズキやホンダなどの未上場の子会社や、未上場の独立系の会社を外交したあと、羽田は「帰国子女で英語が堪能」という特性を生かすため、香港の現地法人に配属された。その羽田がわざわざ高崎の私に電話をしてくるからには、何か特別な理由があるに違いなかった。

東京で私と会った羽田は案の定、「野村を辞めることにしました。お世話になった方の了解

だけは、一応取りたかったので」と切り出した。私は自分自身が辞める腹積もりでいるくせに、羽田を引き止めた。

「もう少し待て。あと1年で野村は大きく変わるかもしれない」

1年と言ったが、別に具体的な見通しがあったわけではない。すぐ羽田に突っ込まれた。

「変わらなかったら、どうするんですか？」

「オレも男だ。お前と一緒に辞める」

とうとう私は、自分の本音を第三者に口外してしまった。それ以降、私は役員に会うたびに誰彼となく退社の意向を伝えることにした。

羽田の退社を引き止めてから1年後の97年春、再び彼から高崎支店に電話があった。

「横尾さん、野村は変わりましたか？」「いや、変わってないね」

それどころか、この年の3月には総会屋への利益供与の責任を取って、酒巻社長が引責辞任したばかりだった。

「じゃあどうするんですか」「うん、辞めようか」

この電話がダメ押しになり、私はついに退社の腹を固めた。97年5月の定期異動が近づく頃、私はもう誰から反対されようと、強引に退社するつもりでいた。それを察知した稲野人事部長（当時）からマンションに何度も電話があったが、私はいっさい出なかった。

ところがある日曜日の午後。呼び出し音が鳴った電話に反射的に出てしまった。相手は稲野部長だった。「人事部からお前に電話をかけ続けていた。ようやく出てくれたな。今から東京に来てくれ」。スーツに着替えて本社の人事部に出向くと、案の定、稲野部長から退社を翻意するよう強く慰留された。

「次の異動では転勤させるから、もう少し頑張ってくれないか」

結局、私の意向は聞き入れてもらえなかった。97年5月、私は支店長が1ヵ店で過ごす標準的な期間の3年間を高崎支店で勤め上げ、東京・西新宿の新宿野村ビル支店長に異動した。羽田もしばらくは退社を思い止まることになった。

新宿野村ビル支店長に

新宿野村ビル支店長は、社内で「役員当確の幹部社員が就任する」とされるポストである。稲野部長の人事だったようだ。稲野さんは「誰が見ても見え見えの人事はやりたくない」と言っていたので、本命視されていた事業法人資金運用部長（部署名は当時）に私が就任するのを意識的に避けたのだろう。このポストには1期下で第2事法の同じ課にい

新宿野村ビル

た井土《いづち》太良君（のちにSBI証券に転じ、14年に57歳で死去）が就いた。本社には債券部を中心に私のことを快く思わない人間がいたので、それが関係したのかもしれない。

異動発表の翌日、新宿野村ビル支店の次席が突然、高崎支店を訪ねてきた。

「来月から夏休みが取れるのですが、いつも通り取ったことにして外交するのでしょうか？前の支店長は1日も夏休みを取らせてくれず、全員が1週間取ったことにして出社していました」

何という支店長だ、と私は思った。

「何をバカなこと言うんだ。そんな卑怯な真似をして隣の店に勝っても仕方ないだろう。ルールを守ってやってくれ。全員を確実に休ませろ。今までのことを常識と思うな」

そしていざ着任してみると、客は信用取引で仕手株ばかり手掛けていた。4期上の前任の支店長は典型的な仕手株好き。株式新聞と業界紙だけを愛読し、野村総研のリポートなど間違っても読まないタイプだった。着任後に課長たちの仕事ぶりを見ていると、その日の仕手株情報を教えてくれるダイヤルに電話して、その情報で営業している。現物取引も信用取引も、聞いたこともない仕手株ばかりで、しかもそのほとんどは回転商い（過度な短期売買）だった。もともと何億円も預けていた客は追証続きでボロボロになり、預かり資産が数千万円に減っているのに、それでもまだ回転商いを続けていた。

さすがに「これはマズい」と思った私は、営業マンに信用取引の禁止令を出した。だが営業マンは習慣になっているので、なかなか止めることができない。そこで総務課長とコンプライアンスを見直し、売買の回転率を毎週チェック。信用取引の客は直接説得し、信用取引の口座を閉鎖していったが、案の定、訴訟を起こされた。

新宿という場所柄、ユニークな客も多かった。大きなラジカセを持ち込み、私との会話を録音する人がいた。「支店長に会いたい」と言ってくる客の大半は会話の内容を録音しているので、対抗措置としてこちらも録音する。支店長応接室の壁に掛けた絵画の裏側にピンホールカメラを設置し、客が入室するタイミングで総務課長に録画させた。

私は毎日ピンマイクを付けて客に対応し、録音時間の一番長いテープを使った。隠し録りしている客などは、長時間話しているとソワソワし始め、やがてカチッと音がする。こちらは事情が分かっているので「テープを裏返されてはいかがですか？」と促すと、客は目に見えて狼狽する。この様子が何とも可笑しかった。

慣れっこになってしまった不祥事

当時は総会屋の小池隆一に対する利益供与事件の真っ只中。その騒ぎは酒巻社長の辞任でも収まらず、各支店長は襲われる危険性があるということで、通勤や外交には支店長車を使うことを義務付けられた。特に規模の大きい新宿野村ビル、銀座、虎ノ門の各支店長は、支店長車に乗るよう厳しく指示されていた。それでも夜遅くなると支店長車の運転手に気の毒なので、私は残業代が必要かどうかを運転手に確認したうえで、夜は基本的にはタクシーを使うようにしていた。

総会屋利益供与事件は、総会屋の小池隆一の求めに応じた第一勧業銀行（ＤＫＢ、現・みずほ銀行）と野村など大手証券４社が総額１２７億９２５２万円を供与していた商法違反罪などの事件。野村は自己勘定で上げた株やワラントの売買益４９７３万円を、小池の弟の資産運用会社「小甚ビルディング」名義の口座に付け替えたり、絵画取引で作った裏金３億２０００万円を、小池に直接手渡すなどしていた。大手証券４社が小池に利益供与を始めたのは、小池が91年の損失補塡問題に関して翌年の株主総会前に長文の質問状を送り付けたことがきっかけ。小池の師匠筋に当たる出版社社長、木島力也とＤＫＢの宮崎邦次会長（当時）との長年にわたる親密な関係が事件の遠因とされた。野村は97年３月に利益供与の事実を認め、酒巻社長、松木新平・株式部門担当常務、藤倉信孝・総務担当常務が辞任。３人は同年５月、商法違反などの疑いで東京地検特捜部に逮捕・起訴された。この事件でのＤＫＢと大手証券４社の逮捕者は36人にのぼり、うち32人が起訴されて有罪判決を受けた。

野村が利益供与の事実を認めたのは97年3月6日。さらにこの事件で酒巻社長らが逮捕されたのは同年5月14日。私はこの時、高崎支店長だった。野村は98年の大蔵官僚接待汚職事件、通称「ノーパンしゃぶしゃぶ事件」でも逮捕者を出したが、この時の私は新宿野村ビル支店長。利益供与事件は第2次証券不祥事、接待汚職事件は第3次証券不祥事と呼ばれたが、91年に損失補塡問題という第1次証券不祥事の大波を経験していたので、ある意味では慣れっこになっていた。

私が支店長だった97年から98年にかけて、新宿野村ビル支店はシャッターを日中からすべて下ろして営業した。本社からは「家に届いた荷物の送り主が知らない人なら、絶対に開けないように」「家の玄関前に支店長車を横付けしてから、速やかに乗り込め」などと指示されたり、爆弾対策のため荷物の開け方まで指導されたりした。

場所柄、新宿野村ビル支店には、暴力団や総会屋絡みの情報誌など厄介な客がしばしば訪ねて来た。私は道路を挟んで新宿野村ビルの西隣にある新宿警察署に頻繁に出向き、署長や暴力団担当の刑事に「いざという時には、よろしくお願いします」と挨拶して回った。

オリンパス本社とは近所になったが

新宿副都心の新宿野村ビルから500m離れたところには、オリンパス本社が入るビル「新宿モノリス」があった。同じ新宿副都心とはいうものの、新宿野村ビルは北、モノリスは南と離れており、500mの距離はちょくちょく歩いて遊びに行けるような距離ではない。かといって、わざわざ支店長車に乗っていくほどの距離でもない。そもそも前述した状況下では、おいそれと外出するわけにもいかない。

新宿野村ビル支店長の任期中に、オリンパス本社を訪ねたのはたった一度だけ。第2事法でオリンパスを担当していた頃、個人的にお世話になった藤井謙治常務に会いに出かけた。この時、山田氏や森氏、中塚氏とは会っておらず、彼らが野村ビル支店を訪ねてきたことも一度もない。オリンパス巨額粉飾決算事件の取り調べで、山田氏は「97年6月頃以降、横尾さんに

『オリンパスではまだ簿外ファンドに損失を抱えている』旨を打ち明け、遅くとも98年初め頃までには、簿外損失を抱えたファンドへの資金供給に用いる口座を開設できる外国銀行の紹介を依頼した」と供述している。だが私はその間、山田氏とはいっさい会っていない。供述は全くの作り話だ。だいたい、英語の話せない私が外国銀行を紹介できるわけがない。

不可解な六本木での食事会

98年2月末、ロンドンの野村の現地法人に赴任している羽田から電話があった。香港現法からロンドン現法に転勤していた羽田は、大量に溜まっている航空会社のマイレージの一部が期限切れになるので、期限中にこれを使い切るため、週末を利用して短期間帰国するということだった。3月第1週末の7日（土）昼に帰国して、9日（月）昼に成田を発つという強行スケジュール。日本滞在中は、細君に頼まれた買い物もしたいということだった。

新宿野村ビル支店長には、週末の接待ゴルフがない。東京都内の上場会社や金融機関は基本的に本社の部署が担当するので、支店長の私の出る幕はない。私の週末のスケジュールはいつでも空いていた。

この時点では私も羽田も、ともに6月で野村を退社する意向を固めていた。そこで7日の夜に夕食を一緒に食べて、8日の昼に退社後の打ち合わせをすることにした。7日の夕食は、私や羽田ら野村の社員が頻繁に利用するレストラン「プレイ・バッハ六本木店」で取ることになった。

数日後、営業業務部運用企画課時代の部下の臼井康弘から電話があった。臼井は野村での営業経験が全くないまま、米国系のゴールドマン・サックス証券東京支店に移籍したが、この頃は欧州のリヒテンシュタイン公国のプライベートバンク「LGTリヒテンシュタイン銀行」東京駐在事務所長に就いていた。それでも臼井は時折ご機嫌伺いの電話をくれていて、羽田とも私を通じて面識があった。私が「羽田が帰って来るから、3月7日の夜に六本木のプレイ・バッハで一緒に食事する」と話すと、臼井は「僕も入れてもらっていいですか？」と乗ってきた。断る理由も特段ないので、私は「構わないよ」と承諾した。

プライベートバンク（PB）は富裕層向けの金融サービスを提供している小規模な銀行。スイスをはじめ、オーストリア、リヒテンシュタイン、ルクセンブルクなど欧州の小国に多く、守秘義務の厳格さで有名。税金を納めたくない世界中の富裕層が、表に出したくないカネを預ける。伝統的なPBは個人、または法人格を持たないパートナーシップの形で運営されるが、銀行、証券、保険などを幅広く兼営するユニバーサルバンク型の金融機関「ユニオンバンク・オブ・スイス」（UBS）、「クレディ・スイス・グループ」（CS）、「香港上海銀行」（HSBC）なども、PB部門を設立して世界中に展開している。

羽田、臼井と会食する7日の朝、オリンパスの山田氏から突然の電話があった。山田氏とは96年夏に高崎支店で面会し、執拗に観光旅行に誘われたことは前述した。ただ、それ以降は全く何の音沙汰もなく、こちらからも特に用はないので接触していなかった。山田氏の声を聞い

たのは、ほぼ1年7ヵ月ぶりのこと。その山田氏が、唐突に電話で尋ねてきたのである。

「今日の夕方は何しているの？」

「後輩の羽田がロンドンから一時帰国するので、一緒に晩飯を食います」

「僕も暇だから入れてもらっていいかな？」

「運用企画課時代の部下だった臼井も来ますが、よろしいですね」

だがよく考えてみると、私はマルチメディア講演会の打ち合わせで、臼井を一度オリンパスに連れて行っていたので、臼井と山田氏は互いに面識があった。

身内の食事会のつもりが、急に客が参加することになり、われわれ3人はスーツ姿で集合。午後6時半すぎに入店した。プレイ・バッハ六本木店は、六本木交差点近くの外苑東通りに面した、古いビルの地下にある、パブかキャバクラのような造りのレストランだ。ロングドレス姿の若い女性が客の隣に座って給仕してくれる。店内はそれほど広くなく、入り口近くにはカウンターがあり、右手に行くとベンチシートがつながっていて、隣の島との仕切りはない。この店をよく利用するわれわれ野村の社員も、仕事上の微妙な話をここですることはなかった。話の内容が周りに筒抜けになってしまうからだ。

われわれが入店して間もなく、スーツ姿の山田氏と森氏が入店してきた。2人はこの店を一度も訪れたことがなく、地図で調べて来たという。

「あれ、何で森さんが来るの？　もともとは僕と羽田のプライベートな会食なのに、これは一体何の真似？」

私は不審に思った。すると挨拶もそこそこに山田氏が喋り始めた。

「いやー、山一もやられちゃったし、相場はエラく悪いね」

「えっ!? 山田さん、オリンパスはもう運用は止めたんでしょ。まさか、まだやっているんじゃないでしょうね?」。私がキツい口調で詰問すると、山田氏は慌てた様子で答えた。

「いやいや、やってない、やってない」

相場絡みの話はそこで終わり、他愛のない雑談が続いた。するとそこに今度は中塚氏までやって来た。スーツ姿の山田氏と森氏に対して、中塚氏は普段着にサンダル履き。ひどく場違いな姿だった。聞けば自宅で水槽を洗っている最中に山田氏から呼び出しの連絡を受け、用件も聞かされずに、取るものも取りあえず飛んで来たのだという。中塚氏まで来ることなど全く聞かされていなかった私は、山田氏の考えていることがますます分からなくなった。

結局、会食は1時間半ほどでお開きに。ビーフストロガノフが美味しかったことだけが、妙に記憶に残っている。私、羽田、臼井はもう一軒飲みに行ったあと、午後10時過ぎに解散した。翌8日は、私が羽田の代わりに日本橋の高島屋に買い物に行き、羽田の宿泊先のホテルで、退社後の構想を半日ほどとりとめもなく話し合った。羽田は翌9日の直行便で、ロンドンに帰った。

矛盾だらけの山田氏の供述と証言

読者は、野村證券と無関係の私的な会食の話題を、私がなぜこれほどまで詳細に記そうとするのか、不思議に思われるだろう。実は東京地検特捜部はオリンパス巨額粉飾決算事件の中で、この食事会にデタラメな意味付けをしているのである。簡単に分かるこの会食の開催日をなぜか特定せず、しかもなぜか2ヵ月以上も前に行われたかのように設定しているのだ。特捜部のシナリオ捜査の欺瞞《ぎまん》を暴くため、もう少しお付き合いいただきたい。

特捜部の冒頭陳述によると、私は新宿野村ビル支店長に着任した約1ヵ月後の97年6月頃以降、山田氏から簿外ファンドに損失を抱えている旨を打ち明けられ、遅くとも98年初め頃までには、守秘義務の堅い外国銀行を紹介したことになっている。そして97年末から98年初め頃、羽田も同席する場で臼井を山田氏、森氏、中塚氏に引き合わせ、臼井にLGT銀行の概略を説明させたことになっているのだ。

特捜部が「羽田も同席する場で臼井をオリンパスに引き合わせて、LGT銀行の概略を説明させた」としている会合は、ここまで縷々紹介した98年3月7日の食事会以外にあり得ない。この日付は羽田の出入国記録でも明らかだ。プレイ・バッハ六本木店は日曜日が休みなので、羽田の入国期間中に会食できたのは3月7日しかない。

それからこれも具体的に述べたが、この食事会で臼井がLGT銀行の概略を山田氏らに説明したり、山田氏らが「オリンパスがLGT銀行に預金するので、それを担保にオリンパスの名義を出さないまま、LGT銀行からオリンパスの簿外ファンドに貸し付けをしてもらいたい」などと臼井に依頼したことは断じてない。そんな個別具体的で、危険極まりない微妙な話題をあの店ですれば、隣の客に筒抜けになる。プレイ・バッハ六本木店の店内構造は、そうした会話には絶対に向かない。そのような依頼をするのであれば、中華料理店の個室など、場所はいくらでもある。それに、本気で外国銀行を紹介してもらうつもりなら、依頼する側のオリンパスが店を予約するのが筋だろう。ちなみに同店は、今は存在していない。

証人尋問で「この食事会の際に臼井に預金担保融資を依頼した」と証言しているのは、山田氏一人だ。山田氏は「会食しながら臼井に『融資してくれ』と依頼すると、臼井はまんざらでもなかった」などと証言している。しかし森氏は「覚えていない」、中塚氏と臼井に至っては「会食の時にそんな話（オリンパスがＬＧＴ銀行から預金担保融資を受ける話）は出なかった。オリンパスが（臼井に）融資の依頼を持ちかけたのは、食事会から2週間ぐらい経った時だった」と証言している。

もし3月7日の食事会を受けてすぐに預金担保融資を申し込んだとしても、実際にＬＧＴ銀行からオリンパスへの融資が始まる3月23日までは、わずか16日間しかない。中塚と臼井の証言が正しければ、わずか2日だ。証人尋問で「第三者に対する融資は、お願いすればすぐに決まるのか」と尋ねられた山田氏は、「普通の融資でも、ものすごく時間がかかります。（第三者融資は）非常に難しいですから、かなり時間がかかります」と証言している。すべてが矛盾だらけなのだ。

デタラメな特捜部のシナリオ

ＬＧＴ銀行からの預金担保融資の実行に関する日付の問題にはもう一点、特捜部の重大な欺瞞がある。銀行が担保を取って第三者に融資する際には、担保を提供する会社の役員会が、担保提供が決議されていることを必ず確認する。オリンパスの内規でも「50億円以上の融資および担保の提供と保証に対しては、事前の役員会決議が必要」と記載されている。ところがこの件では、オリンパスがこうした役員会を開いた記録が残っていない。開きたくても開けなかったのだ。

簿外ファンドの存在は、オリンパス社内でも極秘事項。そこに飛ばし用の融資を実行させるため、最終的に380億円もの預金を担保として差し入れることなど、役員会ではとても明らかにできない。そんなことをすれば最後、巨額損失の存在が役員全員にバレてしまう。

ではなぜ、LGT銀行から簿外ファンドへの融資が実行されたのか。最低でもオリンパスとLGT銀行のトップ会談は不可欠である。これについては森氏が証人尋問で「確かLGT銀行のハインツ・ニップ頭取とアジア担当のゲルハルト・ウォルチ取締役が審査を兼ねて来日し、下山会長が対応した。審査を兼ねてトップミーティングを行ったと思う」と証言している。

そこで問題になるのは、ニップ頭取とウォルチ取締役がいつ下山会長と面談したか。私はこの二人の入国記録を検察に請求し続けたが、常に門前払いだった。そこで弁護人に依頼して入手したウォルチ取締役の入国記録の結果は、ある意味で衝撃的なものだった。

それによると、LGT銀行が融資を始める3月23日より以前にウォルチ取締役が来日していた時期は98年2月18日（水）〜21日（土）。3月7日のわれわれの食事会より半月も前なのだ。

つまり私が臼井をオリンパスに紹介してから、LGT銀行との融資交渉が始まったというストーリーは真っ赤な嘘で、交渉はすでにそれ以前から始まっていたのである。

さらに決定的だったのは、オリンパスがＬＧＴ銀行に提出した印鑑証明書と登記簿謄本。この日付が98年2月23日（月）なのだ。総務部長を経験している山田氏が「印鑑証明書は、社内の申請があってから取りに行く」と証言していることを考えると、ニップ頭取とウォルチ取締役が2月18日に来日して、下山会長とのトップ会談で預金担保融資が決まり、ニップ頭取とウォルチ取締役は21日に離日。オリンパスは週明け23日に、印鑑証明書を取得したのだろう。

あの「プレイ・バッハ六本木店」の食事会の際にはお互いおくびにも出さなかったが、臼井と山田氏はあの時点ですでに仕事上のパートナーだったのだ。よく考えると、全く営業経験がないまま実績重視の外資系証券に転職した臼井が、数少ない知り合いの法人投資家であるオリンパスの山田氏を頼らないはずがない。すべては山田氏と臼井との間で着々と進められていたのである。山田氏は臼井からの連絡で、私と羽田の食事会のことを知ったのだろう。その席で野村を退社寸前のわれわれに、ＬＧＴ銀行からの融資が決まっていた簿外ファンドの運用を任せようとしたのではないか。それが食事会の冒頭で私に機先を制されたことで、山田氏はその話を切り出す機会を失ってしまったのだ。

そして特捜部も実は、下山・ニップ会談の存在を知っていた。だから食事会の日付を「97年末から98年初め頃」などとあえてボカした。私が山田氏から簿外損失の存在を聞かされ、ＬＧＴ銀行の臼井をオリンパスに紹介して、飛ばしの資金を融資させた、などという特捜部のシナリオは完全に崩壊していることがご理解いただけたのではないだろうか。

全国部店長会議で事実上の〝退社宣言〟

また長々と寄り道してしまった。特捜部のシナリオがあまりにデタラメなので、説明する私もついつい力が入ってしまうことをお許し願いたい。

では、野村證券時代の最後のエピソードに移ろう。

利益供与事件を受けて酒巻社長が97年3月に引責辞任。2ヵ月後の5月1日には氏家純一新社長が誕生したのは前述した通り。氏家新社長は企画畑と海外しか経験しておらず、営業経験はゼロだ。その新社長が、私が高崎支店で採用した「買わせたら売らせない」という営業スタンスを「ビル高崎方式」「新しい資産構築を目指して」などと称して、全国の支店で踏襲するという。私はこれに断固反対した。

「株は長期投資。買わせたら売らせない」というやり方は、全国のどこの支店でも一律に取り入れられるものではない。これを実行できる体制を整えるためには5年、10年とかかるし、取り入れても問題のないエリアと、そうはいかないエリアがある。支店の体力と支店長、社員、客の体質をすべて見極め、異なるエリアでモデル店を5ヵ店作る。高崎と新宿野村ビルはすでにそうなりつつあったので、全国であと3ヵ店を選び、まずそこだけでやるべきだと考えていた。

さらに絶対必要なのは、私が提案して即却下されたデータベース・マーケティングだった。仮に表面利率6％のブラジル国債が償還されたと仮定しよう。次に買わせる商品がなければ、客は「ありがとう」の一言で資金を引き揚げるだろう。だから償還前の段階から次の一手を考えておく必要がある。そうした客に対する細やかな配慮は、データベース・マーケティングがあるからこそできるものだった。

「客に長期的に投資してもらうためには、目先のコミッションばかりを追い求める証券会社の営業マンに売り買いのタイミングを決めさせていてはダメだ。そのためのベストな選択は投資信託ということになるが、これには信頼できる投信の存在が不可欠。優れた投信を開発し、客に長期間保有してもらう。そうすることで野村の投信も必ず利益が上がるようになる」。これが私の持論だった。実際に営業業務部勤務の時代には、長期投資を志向した「タイミング・バランス」という投信を提案して発売したこともある。

しかし営業経験が皆無の氏家社長は、こうした背景を理解できない。「買わせたら売らせない」という事象面だけを捉え、全国一律で実行しようとしていた。それでは野村證券は潰れてしまう。不満を募らせた私は98年3月、全国部店長会議の場で氏家社長に直に嚙み付いた。

この時の部店長会議では参加者が十数班に分かれ、「野村は今後どうするべきか」というテーマでグループ討議をした。それが終わったところで、班の代表者が討議内容を発表する。発表者の最後になった私は討議内容など何一つ発表せず、氏家社長に「3つ聞きたいことがあります」と尋ねた。

「『ビル高崎方式』を採用するとおっしゃるが、私は無謀だと思います。『過去を捨てよう、野村は大きく変わるんだ』と言っても、これはM＆Aを一つ実現するのと同じぐらい大変な話です。M&Aの際、あなたはきちんと事業計画を立てないのですか？　今回はどんなシミュレーションをされたのですか？　あなたは以前『不祥事がもう一度起きたら、野村は潰れる』とおっしゃいましたが、現実はそうなってはいません。では、どういう形で潰れるのですか？　あの言葉の真意をもう一度説明してください」

私は会場前方で発表していたのだが、氏家社長の隣に座っている鈴木政志会長が小さく拍手しているのが見えた。私は「ちょっと、お止めなさいよ！」と思ったが、内心は「やはり鈴木さんは分かってくれている」と嬉しかった。

氏家社長はこれに自分では答えず、「誰か代わりに答えてくれ」という雰囲気で周りを見渡した。だが答える者は誰もいない。私が「責任を持って、堂々と答えてください」と迫ると、氏家社長はそれきり黙り込んだ。

野村の部店長会議は、野村サテライトの衛星放送で世界中の支店に配信される。この時も2台のカメラが収録していた。しかし新社長がメンツを潰されたとあって、この会議の模様は放送されなかった。私のところには会議終了後、多くの支店長が集まってきた。誰からも「よくぞ言ってくれた」と称賛されたものの、腹が立っていた私は、終了後のパーティーにも参加せずに帰宅した。会議の様子を聞いた社内の知人からは「凄いことを言ったらしいですね」と次々に電話が掛かってきた。だがこれは私にとって、「もう辞めるぞ」という、野村證券への決別宣言だった。

「新社長にここまで恥をかかせれば、さすがにもう誰も引き止めないだろう」

ところで、私の後任の高崎支店長は氏家社長の元秘書だった。彼は客の前で私のことを「社賊」などと罵倒し、私が客のために構築した資産を片っ端から売り飛ばしたようだ。群栄化学の有田喜一社長のところに遊びに行くと、彼は怒り心頭だった。

「なぜお前は転勤したんだ。後任のあいつはオレの保有銘柄を安値で叩き売りやがった。お前が残っていればもう10億や20億稼げた」。相変わらず他人任せの発言を、私はこう言ってたしなめた。

「売却するのを了解したのはあなたでしょう？　私の責任じゃありませんよ」

組織ではなく、人に感謝

初任地の金沢支店に勤務していた頃、私が「社長さん」と仇名されていたことをご記憶だろうか。「野村證券は潰すべきだ。それにはオレが社長になるしかない」と息巻いていた。だが悲しいかな、長くいると愛着が湧いてきて「他の証券会社より、野村の方がはるかにいいな」と思えるようになった。だが、データベース・マーケティング構想が受け入れられなかったり、ゼロイチ資金獲得競争がいとも簡単に却下されたりと、何を提案しても上手く行かなくなるにつれて、さすがの私も精神的に参ってしまった。

98年6月、新宿野村ビル支店長を最後に、私は野村證券での20年間のサラリーマン生活にピリオドを打った。日経新聞が発行する金融専門誌『日経公社債情報』98年6月1日号は、野村の幹部人事に関する記事の中で、私のコメントとして「昔から入社20年を節目に外で勝負したいと思っていた。経験を積ませてもらった野村には非常に感謝している」と書いている。また同月19日付の日経新聞も「常識の蹉跌 自律経済への道筋（9） 平穏な株主総会――前例踏襲、『闇』を切れず」という1面左肩の連載記事で、同様の私のコメントを短く載せた。確かに私は、決して野村が嫌いになって辞めたわけではない。だが、野村という組織に感謝しているわけでもない。第2事法の最初の課長席だった後藤博信さんや、同僚たちに感謝しているのだ。サラリーマンは最初に出会った身近な上司の指導次第で、その後の人生がほとんど決まってしまう。証券マンなら、1ヵ店目で伸びない奴はもう終わりなのだ。

第2事法で最初に配属された5課の同僚だった稲野さんからは、退社の際に労いの言葉をかけられた。私にはこれが一番嬉しい言葉だった。

「普通の人の何倍も働いたのだから、1～2年はゆっくり休め。自分では気づいていないだろうが、かなり疲れているはずだ。本当にご苦労さん」

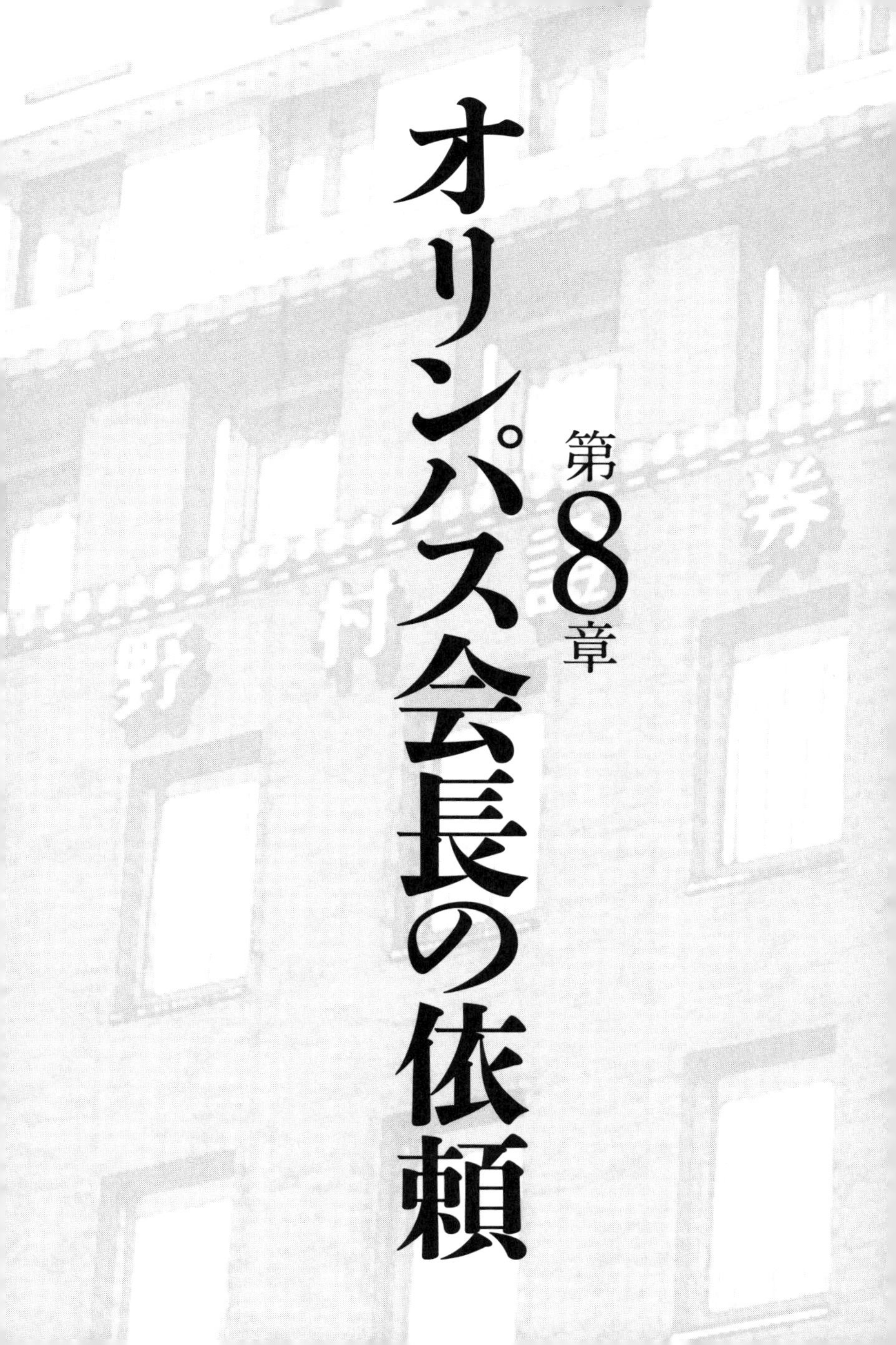

第8章

オリンパス会長の依頼

１９９８年６月。私は20年間勤めた野村證券を退社し、野村企業情報時代からの信頼できる後輩、羽田拓とともにコンサルティング会社「グローバル・カンパニー・インコーポレート（ＧＣＩ）」を立ち上げた。野村を退社するに当たって外資系の証券会社や銀行、さらには大手商工ローン会社などから誘いを受けたが、スカウトには一度も会わなかった。私の頭の中は「データベース・マーケティングを手掛けたい」という思いでいっぱいだった。

データベース・マーケティングへのこだわり

前章でも紹介したが、野村の支店の最大の弱点は、客の特性を掌握する営業マンの能力が著しく低下したことだった。一人ひとりの営業マンに能力があった頃は、収益も上がりクレームも少なかった。実績を上げる営業マンは、人を見る眼を持っている。そうでなければ客の気持ちは分からない。当たり前のことだが、営業実績とクレーム件数は反比例する。

ところが野村には組織としての営業ノウハウが存在せず、すべてを個々の力に頼っていた。なかでも私が驚いたのが、会社の格付け取得に関するノウハウだ。かつて日立製作所にトリプルＡを取らせるため、野村證券と野村総合研究所で特別チームを編成し、実現させたことがある。それを思い出して「あのチームはどうなった？　担当会社にトリプルＡを取らせたいから、指導してもらおう」と探したが、すでにチームだけでなく、ノウハウさえ残ってなかった。野村総研に聞いても「それぞれの人にノウハウはあるけれど、皆どこかに分散してしまった」との答えしか返ってこなかった。

営業マンの客の掌握力が下がれば当然収益が減り、クレームが増える。私が繰り返しデータベース・マーケティングの必要性を説いたのは、会社自体が営業ノウハウを持たなければやっていけなくなると感じたからだ。高崎支店では客に対するアンケート調査を行い、客が求めているのは「余計な時に電話を寄こすな、必要な時に電話を寄こせ」ということに尽きると結論を出して、一人ひとりの客への対応をデータベース化した。私はデータベースのシステムをさらに発展させて、個々の客が連絡を必要とするタイミングがパソコンに自動的に表示されるようなものを構築しようと考えていた。

こうしたデータベースを利用した営業活動、すなわちデータベース・マーケティングはイトーヨーカ堂グループが野村総研と手を組んで、すでに導入していた。私自身も第2事業法人部に在籍していた頃、オリンパスの下山敏郎社長（当時）から「コンピューター事業に参入したい」との相談を受け、イトーヨーカ堂グループのデータベース・マーケティングを担当した野村総研のチームを、オリンパスのコンサルティングに入れた経緯がある。この結果としてオリンパスが92年10月に設立したのが、アパレル業界向けにデータベース・マーケティングのシステムを構築する子会社「UVAS《ユーバス》」（現・オリンパスシステムズ）。「絶対に公言してはならない」という契約を結んでいたようだが、大手アパレルメーカー「ワールド」のOZOCブランドは、オリンパスの社員がデータベース・マーケティングを用いて作ったものだった。

高崎支店で徐々に始めたデータベース・マーケティングを、野村全体に普及させようとして却下された私にとって、これは野村退社後に何としても手掛けたいテーマだった。しかしそれに不可欠な大型コンピューターは、私や羽田に買えるはずのない代物。自分自身の退職金はすべて、銀行借り入れの返済で消えてしまった。その時にふと思い付いたのが、オリンパスのユーバスだった。

ユニクロ柳井氏からの相談

野村を退社したあと、私はユニクロを展開するファーストリテイリングの柳井正社長（当時）から「オリンパスでデータベース・マーケティングをやっているユーバスを、うちに売ってもらえないかな」と相談されたことがある。「あれはそんなに有名なんですか？」と尋ねると、柳井社長は「あそこは有名だよ。アパレルにものすごく強い」と高く評価していた。

ただワールドのデータベース・マーケティングだけでは、ユーバスの収益は上がらない。そこで私と羽田がユーバスに提案したのが、98年12月から投資信託の窓口販売を始める銀行に対するデータベース・マーケティングのシステムだった。

銀行はそれまで投信を売ったことがなく、もちろん販売ノウハウも持ち合わせていない。そこに証券会社の営業マンのノウハウを商品化して販売すれば、都市銀行や地方銀行は間違いなく欲しがるだろう。そもそも銀行のデータは情報の宝庫。教育関係費を他所の家庭より多く使っているとか、夫の給与振込額の変化から昇進・昇格が分かるとか、その家庭の暮らしに関する情報が立ちどころにつかめる。そうした情報と証券会社の営業ノウハウを組み合わせ、「弁護士事務所に時々フィー（手数料）を振り込んでいるような客には投信を販売しない」などといった形で利用すれば、データベース・マーケティングは絶大な効果を発揮するだろう。

コンサルティング会社としてスタートしたGCIにとって、ユーバスがこの話に乗ってシステムが売れれば、コンサルティング料が手に入る。それに何より、GCIとしてデータベース・マーケティングのノウハウを身に付ける訓練にもなる。私と羽田はまずデータベース・マーケティングについて約150ページの資料を作り、ユーバスの横川邦彦社長（当時）に「銀行を狙いにいきましょう」と説得した。横川社長は了解して担当者を付けてくれたので、その社員と3人で都銀と地銀を外交して回った。

横川社長はユーバスの収益の伸び悩みに苦労していたので、私は野村の高崎支店長時代にお世話になったヤマダ電機とカインズに、横川社長と同行した。特にカインズの方は最初から契約を前提とした話し合いだった。ところが横川社長は「私どもはまだアパレルのデータベース・マーケティングのノウハウしかなく、そこまでお役に立てるほどのものを持っていませんと尻込みした。カインズの土屋嘉雄会長がつぶやいた。

「やっぱりメーカーさんはお堅いね。せっかく契約しようと言っているのに、石橋を叩いて渡るんだな。野村総研にも頼んでいるけど、あいつらの方がはるかに酷いよ」

その頃、野村総研はデータベース・マーケティング事業から撤退していた。土屋会長が続けた。

「野村総研のコンサルティングを聞いても、全くダメだ。その割に8億~9億円も手数料を取る。オリンパスさんはワールドで実績があるからいいんだよ。だから一緒に組み立てていこうと思ったのに……」

この時、すでにユーバスとデータベース・マーケティングのシステムを構築していたワールドは「同業他社には絶対にシステムを売るな」と、ユーバスに釘を刺していた。だが土屋会長は面白いことを言った。

「うちがカネを払って開発してもらったノウハウは、同業他社に売ってもらっても構わないよ」

驚いた私が「そんなことしていいんですか?」と尋ねると、土屋会長は事もなげに言う。

「1年先行すれば、他社がどんなに頑張っても絶対にうちを抜くことはできない。だから他所にドンドン出してくれ。その方がユーバスも稼げるし、われわれの手数料も安くなる」

「やはり伸びる会社の経営者は違うな」と感服した。

お読みいただいて分かる通り、私と羽田は、ユーバスが手掛けているデータベース・マーケティングに大きな魅力を感じて、オリンパスに接近した。それなのにオリンパス巨額粉飾決算問題が事件化すると、「オリンパスに巨額の含み損があることをあらかじめ知っていた私と羽田が、それを目当てにGCIを設立して一儲けを企んだ」というニュアンスの報道が続いた。裏を取ろうともせず、東京地検特捜部が意図的に流す情報に乗るだけのマスコミに、私は不快感を募らせた。

LGT銀行東京駐在事務所に間借り

ＧＣＩは設立当初、野村時代の部下でＬＧＴ銀行東京駐在事務所長の臼井康弘の申し出で、東京都港区の東京メトロ神谷町駅近くにある同事務所の一部を間借りしていた。もちろんこの時点では、臼井とオリンパスの山田氏との間で粉飾スキームが構築されていようとは知る由もない。臼井は社長の私のために、小さな部屋を作ってくれた。山田氏はお祝いと称して、デジタルカメラのプリンターのような自社製品を持ってきた。ＧＣＩの設立は、オフィスの写真入りでメディアでも紹介された。

ＧＣＩを設立したあと、羽田が「ロンドン時代の同僚の小野裕史が一緒にやりたいといって来ていますが、どうしますか？」と話しかけてきた。小野は61年生まれ。京大の卒業で、野村では私がリクルーターだった。入社後は東京都港区の虎ノ門支店に配属され、その後は引受部、ドイツ留学、ドイツ現法、野村ロンドンとキャリアを重ね、野村ロンドンで1期下の羽田と同僚になって意気投合した。ドイツには留学と現法勤務と合わせて7年間もいたが、ロンドンでは2年弱しか在籍しなかったようだ。

小野はドイツに留学するまでに結婚を考えていたようで、先輩に紹介された女性と結婚した。結婚式の仲人は野村の稲野和利さん。結婚式には私も出席した。羽田から話を聞かされた際、小野には３０００万円の預金があると聞いて、「それなら会社が潰れても、彼自身はしばらく食べていけるだろう」と採用を決めた。小野は98年12月に仲間に加わり、２０００年1月には取締役に就任してもらった。

羽田も小野に先立つ99年5月に取締役に就任した。会社を設立した当初、私も羽田も預貯金はおろか、借金まみれだった。羽田とは「1〜2年やってダメなら、気は進まないが2人で外資系証券に行こう。外資系でなら5億円や10億円は稼げるだろうから、それからまたやり直そう。小野は3000万円あるのだから、その間は耐えられるだろう」とよく話をした。だから「最初からオリンパスを当てにして野村を辞めた」などというのは、全くの言い掛かりだ。

自分自身の野村退社が公表された98年5月22日の午後、臼井に勧められて私は、来日中のLGT銀行のハインツ・ニップ頭取、アジア担当のゲルハルト・ウォルチ取締役と初めて面会した。臼井から「ニップ頭取は、日本経済や各業界について横尾さんに質問します」と聞いていたので、羽田に連絡し、英語で簡単にまとめた資料をファクスしてもらった。面会の際には質問に答えるだけでなく、臼井に通訳を依頼し、データベース・マーケティング構想を売り込んだ。保秘が堅いことで有名なLGT銀行なら、日本の銀行のデータベース・マーケティングが可能だと思ったからだ。この時、臼井をサポートすることを条件に、LGT銀行から60万ドル(当時の円ドル相場で約8100万円)がGCIに融資されることになった。

日本株ファンドの運用アドバイス

野村を退社して4ヵ月ほどが過ぎた98年10月頃、オリンパスの岸本正壽社長(当時)が「GCI設立祝い」の名目で、赤坂の料亭で宴席を設けてくれた。意外な申し出だったが、断る理由もないので出掛けると、岸本社長の他に山田氏、森久志氏、中塚誠氏、それに財務部の事務担当の京相正志《きょうそう》氏が顔を揃えていた。そこにはなぜか、パリバ証券東京支店の林純一氏まで加わっている。こちらは私一人。羽田や、ＧＣＩのバックオフィス担当役員の中田昌宏は参加していない。中田は私の野村企業情報時代の同僚で、もともとは三菱電機で放電加工機の設計をしていた。同じバックオフィス担当の小野が入社した後も、1年半から2年ほどは小野と一緒にバックオフィスの仕事をした。

この席で、岸本社長から「特金を１００億円運用してほしい」と頼まれた。「11年前のブラックマンデーの時に、オリンパスを窮地から救ったことをまだ覚えているのだな」と思ったが、私は投資顧問の資格を持っていない。その時はそれを理由に断ったが、その後も何度か山田氏から依頼の電話があり、最後には「外資系ファンドへの助言なら、法的に問題ないだろう」と説得された。根負けした私は翌年早々、ＬＧＴ銀行が英領ケイマン諸島に設立した３本の日本株ファンドの運用について助言することになった。この時点での私は、オリンパスとＬＧＴ銀行の間ですでに取引が始まっていることに気づいておらず、ＬＧＴ銀行のファンドの運用への助言を任されたことも「オフィスを間借りするなど、われわれがＬＧＴ銀行の世話になっていることに配慮してくれたのだろう」と思い込んでいた。ファンドは私がオリンパスに紹介した扱いにされ、中田と臼井の間で紹介料に関する契約書が交わされた。それはこのファンドの満期まで支払われたようだ。

ファンドの総額は１００億円弱だったが、実際に私がＬＧＴ銀行（相手は臼井）の運用に助言したのは、ＮＫＫとメルシャンの2銘柄だけ。金額にしてわずか1億円強に過ぎなかった。それでも羽田からは「うちには日経ＱＵＩＣＫもロイターもテレレートもないし、アナリストリポートも読んでいないのに、日経新聞だけを読んで助言するのは失礼でしょう」とたしなめられた。「フィーがなくなってもいいのか？」と尋ねると、羽田は「いいですよ」と涼しい顔だ。

99年3月頃に辞退しにいくと、岸本社長は「そんなに嫌なら降りていいよ」と理解してくれた。2銘柄ともほとんど損をしていなかったので、「これだけ株価が下がっているのに、さすがは横尾さんだ」と褒められたが、私は「1億円しか買っていないのに、やられるわけないでしょう」と大笑いした。実際、私はこの仕事に全く興味がなかった。今から考えると、オリンパスはこれをきっかけに、私を運用損失の解消に引き込もうとしたのだろう。ところが私がわずか数ヵ月で断ったので、その後、私には資金運用の話を切り出せなくなったのではないか。

下山会長からの思いがけない依頼

それより少し前の99年初め、私はユーバスとのこれまでの経緯を報告するため、オリンパスの下山会長（当時）を訪ねた。この時、下山会長から思いがけない依頼を受けた。

「横尾君、うちで稼いでいるのは胃カメラなど医療用内視鏡装置だけだ。そこは誰もが聖域だと思い込んで、社長でさえ足を踏み入れられない治外法権のような状況だ。何とかこれを壊さないとダメだ。ガンが撲滅される時代が来れば医療用内視鏡装置は厳しくなり、売り上げがガタ減りするのは目に見えている。何とかしなければいけない。各事業部に新しい収益のタネのようなものが生まれていないか、回って見てきてくれ」

産声を上げたばかりのGCIにとって、この申し出はコンサルティング料を稼げる絶好のチャンスだ。そこまで私を信頼してくれている下山会長に対して、断る理由もない。私は「具体的なコンサルティング料は後で決めればよい」と考え、それから約1年間かけてオリンパスの各事業部を巡回した。東京都八王子市にある技術開発センターにはかなり頻繁に出かけた。各事業部に面談をセットしてもらい、そこに出かけて研究者たちと話し合い、課題を決めて取り組んでもらう。提案書を作って何度もミーティングした。

大量の資料も作った。こちらは専門家ではないから、1つ作るにも時間がかかる。カネもないので、午前中は大型書店で専門書を立ち読みして中身を頭に叩き込み、その日の午後から必死になって資料を作成した。100ページ近い、分厚い資料も数多く作った。われわれがオリンパスの巨額損失の穴埋めで手数料を得ようと考えていたなら、こんな手間のかかる作業はしないだろう。

その過程で、オリンパスの財務部から「オリンパス販売という子会社を上場させたいが、どう思うか？」という相談があり、私は具体的な条件を例示した提案書を提出した。「どちらかと言えば反対、やっても意味がない」という内容だった。これも後から考えると、上場で得た資金を何らかの形で損失解消に利用しようとしたのだろう。GCIはこの時、約1000万円の手数料を受け取った。GCIがオリンパスの事業見直しに関して受け取ったコンサルティング料は、たったこれっぽっちである。私がお人好しだったと言われれば、それだけのことなのだが……。

ＧＣＩはオリンパスだけでなく、マツモトキヨシのオーナーが所有している建設会社やスーパー銭湯の処理について相談を受けたり、横浜市のマリンタワー横にあるビルのオーナーからそのビルの活性化について相談を受けたりしていた。だが集中的に取り組んだのはオリンパス1社だけ。経営資源を熟知した上で行うコンサルティング業務は、そう何社もできるものではない。オリンパスの経営資源とシナジー効果を生み出すベンチャー企業を見つけるには、やはり相当の時間がかかる。当時は重粒子線がん治療が始まりかけていた頃だったので、下山会長には「内視鏡部門を６０００億円や８０００億円で売り払えば、その金利で十分食っていけます。その間に何か新しいことを見つけたらどうですか」と、オリンパスの存在意義を根底から覆すような提案もした。

オリンパスの出資で投資ファンド設立

銀行へのデータベース・マーケティングの外交と並行して、1年以上かけてオリンパスの各事業部を巡回したが、結果は暗かった。私は下山会長に結論を伝えた。

「オリンパスの事業部からは、残念ながらいいアイデアは絶対に出ません。ただ、先輩方が築き上げた良質な経営資源があります。そのすべてを『何かいいアイデアがあれば、使ってもらって構いません』と世の中に公開して、外部のアイデアと一緒に守《も》り立てましょう」

この構想の実現に向けて、私は99年秋にあるプランを提案した。２０００年1月28日にオリンパスの役員会で承認された、英領ケイマン諸島籍の投資ファンド「G. C. New Vision Ventures, L. P.」（ＧＣＮＶ）である。ファンドの設立者はオリンパスで、われわれＧＣＩがこのファンドの資金を運用する。つまり、オリンパスの経営資源をうまく活用できそうなベンチャー企業を探して、ファンドの資金を投資するのである。うまく行けば、オリンパスにとって新たな事業になるかもしれないし、われわれも大きな手数料を受け取ることができる。下山会長には３００億円の出資をお願いし、満額を認めてもらった。償還までの期限は10年。こちらの裁量で12年まで延長することが可能だった。

もちろん、３００億円を初めから全額使うつもりはなかった、これはベンチャー企業に対する見せ金でもあるからだ。かといって、投資を決めるたびにオリンパスに出資を依頼していては時間ばかりかかり、最終的にはカネが出ない危険もある。そこでまず３００億円という金額面の枠を設けて、下山会長に設立してもらったのがＧＣＮＶだった。

ＧＣＮＶの投資先として、私はとりあえず医療事業、バーコード事業、デジタルアーカイブ（博物館や美術館、公文書館の収蔵品といった有形・無形の文化資源をデジタル映像化して保存すること）などを考えていた。だが、オリンパスには医療分野の特殊なケースを除き、営業マンが存在しなかった。

そこでＧＣＮＶの運用者（ゼネラルパートナー＝ＧＰ）として、英領ケイマン諸島籍の「ＧＣＩケイマン」を設立し、投資先のベンチャー企業の技術や商品を外交して回ることにした。もちろんそれは形式上のことで、実際に外交するのは親会社のＧＣＩと、新設した「インフォブリッジ」という外交専門の会社。そのための数人を野村證券から採用した。野村以外の会社から来た社員も合わせると採用者は約20人。投資先の会社に送り込む社員も雇ったので、グループ全体では年間で億単位の人件費が必要になった。

ＧＣＩとＧＣＩケイマンが、オリンパスから受け取った手数料や成功報酬の合計額は、最終的に約85億円にのぼった。だがその半分は税金に消え、社員の給料や入居したビルの賃借料などを支払うと、手元にはいくらも残らなかった。ＧＣＮＶはのちに、当初の予定より3年早く２００７年9月に解約されるが、私はその際に山田氏に呼び出され、「悪いけどＧＣＩグループで雇った人はそちらで全員、責任持ってね。うちは要らないから」と宣告を受けた。そこでわれわれは、投資先に送り込むために雇い入れた高給の料理人などをＧＣＩで抱えなければならなくなった。その後、巨額粉飾決算事件で私を取り調べた警視庁捜査2課の湊刑事からは、「あなたはものすごくカネを使ったと言うけれど、調べてみると個人的にはほとんど取っていなかったんですね」と驚かれた。

ところで山田氏が検事の取り調べや公判での証人尋問で語った、ＧＣＮＶ設立の経緯はこうだ。

「監査法人の指導により、00年3月末で特金をすべて解約しなければならなくなった。特金内にある国債は、損失を抱えた金融商品を簿外ファンドが買い取る際に、買い取り資金を捻出する手段として利用していた。特金を解約するとこの国債が使えなくなり、金融商品を簿外ファンドに飛ばせなくなる。そこで新たな資金供給ルートとして、オリンパス側がGCNVを設立し、横尾氏のGCIケイマンに運用を依頼した」

読者はこの山田氏の発言内容がいかにデタラメか、すでにお分かりだろう。GCNVは、私が下山会長に持ちかけ、ベンチャー企業に投資する目的で設立してもらったもの。山田氏は設立に何一つ関与していない。

「QP」という簿外ファンド

今から思えば、GCNV設立当初から不可解なことはあった。00年3月1日の設立から半月後の3月14日、LGT銀行ケイマンに開設したGCNVの口座に、オリンパスから300億円が入金された。そして翌15日には「Genesis Venture Capital Series Ltd.」(GV)というファンドからも、50億円の入金があったのだ。オリンパスの第三者委員会の事情聴取で初めて知ったのだが、このファンドはわれわれと同様に、オリンパスの巨額粉飾決算の共犯として逮捕・起訴された「アクシーズ・グループ」の中川昭夫氏(上告中)と佐川肇氏が設立したファンドだった(判決は共犯ではなく幇助)。われわれ3人と中川氏、佐川氏とは全く面識がない。

GCNVに課せられた仕事は、「オリンパスの新規事業を作れ」という点に尽きた。〝シーズ(種)〟を探し出すのは時間がかかる。買ってきたシーズが花を開き、最終的にオリンパスの新規事業になるかどうか。だからこそオリンパスの事業とは縁遠く、どこも手掛けていない事業をしているユニークな会社に投資した。そのGCNVに経営資源など全く提供しないGVが参加することに、私は強い違和感を持った。

ＧＣＮＶの設立早々、ＧＣＩの経理を担当している小野に、山田氏がこんな提案をしてきた。

「ＧＣＮＶの資金を遊ばせておくのはもったいない。効率的に運用するため、ＱＰという運用会社の1年満期の社債を購入してもらいたい。利回りは年1％。毎年12月に償還される。ベンチャー投資の資金が急に必要になった時には、ペナルティーなしでいつでも社債を解約できる」

オリンパスが「粉飾」のために作った簿外ファンド「ＱＰ」（257ページ参照）の名前をわれわれが聞いたのは、この時が初めてだった。もちろん、その本当の役割など聞かされていない。いつでも好きな時に解約できて、その時まで1％の利回りを保証してくれる。1年物の中期国債ファンドを購入するようなものだった。当時の1％は、日本の10年物国債並みの利回り。そんな美味しい提案を断れば、逆にオリンパスから「では自分たちの力で、年1％で運用してくれ」と言われかねない。そんなことができるはずなかった。われわれは3人とも、資金の短期運用などやった経験がない。ＱＰがどういう会社なのか確かめることもなく、小野は勿《もっ》怪《け》の幸いと山田氏の提案を受け入れた。

小野はＱＰをオリンパス関係の運用会社と認識していた。小野から「満期1年の社債」と聞かされた私は、ＱＰについて「オリンパスとは無関係の短資会社（金融機関同士で行われる、主に1年未満の短期的な資金の貸借を仲介する会社）なのだろう」と信じて疑わなかった。ＧＣＮ

Ｖに全額出資してくれているオリンパスが元本保証した社債を購入するのだから、自分たちでＱＰのデューデリジェンス（資産査定）を実施する必要性など、私は微塵も感じなかった。

のちの巨額粉飾決算事件の際、東京地検特捜部はわれわれがＱＰのデューデリをしなかったことを共犯の根拠として挙げた。だが、われわれはオリンパスが保証した社債を購入するのだから、デューデリを行うならその対象はオリンパスになる。こんな常識さえ、特捜部には通用しないのだ。

話を元に戻そう。山田氏の指示に従って、われわれは00年3月16日、ＧＣＮＶにあった３２０億円をＱＰに送金した。その際は私が指示書に署名して行った。その後、3月20日には３２０億円のうち20億円が、さらに6月28日には40億１０００万円がＱＰからＧＣＮＶに返還された。理由の説明はなかった。

その後は毎年12月のＱＰの決算期末に合わせて社債がいったん償還され、資金がＱＰからＧＣＮＶに戻る。そして決算期末を越えるとＧＣＮＶは新たにＱＰの社債を購入し、資金をＱＰに送金する。われわれはベンチャー企業に投資するたびにＱＰの社債を解約していたので、ＧＣＮＶからＱＰに対する送金額は、投資対象が増えるにつれて減っていった。最終的にわれわれがベンチャー投資に費やした資金は約１９２億円にのぼり、07年9月にＧＣＮＶが早期解約される段階では、ＱＰにはＧＣＮＶから送金された約２４０億円が残っていた。この資金をＱＰがどう使ったのか、われわれには知る術がなかった。

実兄が社長を務めるＩＴＸに投資

ＧＣＮＶがベンチャー企業に投資した総額約１９２億円のうち、72億円は山田氏の指示で、日商岩井のＩＴ系ベンチャーキャピタル「ＩＴＸ」が発行する他社株転換型社債（ＥＢ）と、ＩＴＸ株の購入に充てた（のちにすべて売却して購入資金を回収）。これがあらぬ疑いをかけられる一因にもなったのだが、ＩＴＸは私の実兄の横尾昭信が社長を務める会社だった。99年のクリスマスの頃、兄から東京都港区赤坂のホテルのロビーに呼び出された私は、羽田とともに兄と面会した。椅子に腰かけることもなく、短い時間の立ち話だった。

「宣政、ＩＴＸに投資してくれそうな会社をどこか紹介してくれ。日商岩井の資金繰りはかなり厳しい。子会社の中で唯一マシだったインターネットプロバイダーの『ｎｉｆｔｙ』も、資金繰りの関係でこの間、富士通に売却してしまった。ＩＴＸは会社として魅力がなく、今のところ『みどり会』（旧三和銀行系の企業グループ）でも三和銀行と帝人、船井電機しか投資していない。どこか大きな会社が１００億～２００億円投資してＩＴＸ株を購入してくれないと、資金繰りの厳しい日商岩井は潰れてしまう」

自分の親しい取引先でＩＴＸに興味を示しそうなのは、オリンパスとＬＧＴ銀行だけ。兄と別れたあと、私は携帯電話で山田氏に連絡した。

「兄の発案で設立したＩＴＸという会社があります。オリンパスでここに投資してくれませんか。興味があれば、兄から連絡させます」

幸いにも山田氏は興味を示したので、私は山田氏の連絡先を兄に伝えた。さらに兄とともにＬＧＴ銀行の臼井を訪ねてＩＴＸへの投資を勧めたが、こちらの方は断られた。兄は年明け早々の00年1月4日に岸本社長を訪ねてＩＴＸへの投資を依頼したという。ただ、私はここに同席していない。

2月に入り、オリンパスはＩＴＸ株に１５０億円投資することを決める。兄のところには、財務担当の菊川剛常務（当時）からこの決定を伝える電話が直接掛かってきたという。ところがＩＴＸ株売却を最終的に決める日商岩井の役員会が開催された00年3月24日夕方、オリンパスは突如、日商岩井に「投資額を50億円に縮小する」と通告してきた。

菊川剛
元オリンパス会長

菊川剛（きくかわ・つよし）　１９４１年愛媛県生まれ。慶大を卒業後、64年にオリンパス光学工業入社。米国の販売子会社オリンパス・カメラ・コーポレーションに出向し、83年に同社社長に。85年に本社に戻り、宣伝部長や広報宣伝部長などを経て93年に取締役に昇格。常務として米国子会社の社長・会長を経験したあと、２００１年６月にオリンパス本体の社長に就任。07年には藍綬褒章を受章。12年２月に巨額粉飾決算事件の主犯の一人として、証券取引法・金融商品取引法違反の疑いで東京地検特捜部に逮捕・起訴され、懲役３年、執行猶予５年の有罪判決を受けた。

この時、私は家族連れでハワイ旅行の真っ最中。現地時間の23日午後10時半頃、羽田からの電話で事実を知った。ハワイから電話しても、その当時の兄は携帯電話を持っておらず、会食に出かけていて連絡が取れない。慌てて山田氏に電話すると「期末の資金繰りを読み違えた」などと言い訳する。

「冗談じゃない！　ＩＴＸは日商岩井の救済案件です。資金繰りが狂って日商岩井が行き詰まれば、すべてオリンパスの責任になりますよ！」

私の剣幕に気圧《けお》されたのか、山田氏は「すぐに岸本社長を追いかける」といったん電話を切った。しばらくして山田氏から電話があり、「残る１００億円分のＩＴＸ株は、今月中に３００億円の資金で開設する英領ケイマン諸島籍の『Neo Strategic Venture, L. P.』（Ｎｅｏ、のちほど詳述）という投資ファンドで購入する」と説明された。私はこの2週間前の3月9日、オリンパスに呼び出されて山田氏からＮｅｏの設立を伝えられていた。その運用もＧＣＮＶと同様、ＧＣＩケイマンが担当することになっていたので、私は「兄の窮地を救えた」と胸をなで下ろした。

最終的に１００億円分のＩＴＸ株は、オリンパスが3月中にＬＧＴ銀行に組成させた「New Investments Ltd. Class Fund IT Ventures」（ＩＴＶ）という英領ケイマン諸島籍の私募投資信託にＮｅｏから１０１億円を出資して購入することに決まった。私はこの時初めて、ＩＴＶの存在を聞かされた。

TeaoとNeo

前述した通り、ＧＣＮＶが設立された翌週の3月9日、私と小野は山田氏からオリンパス本社に呼び出され、ＧＣＮＶとは別の投資ファンドを設立する考えを伝えられた。

「このファンドは病院の買収に利用する。以前に警備会社のセコムが病院の経営に手を出した結果、病院のセキュリティシステム納入から排除されたことがある。ましてや医療用内視鏡装置で圧倒的シェアを誇るオリンパスが、自社の名義で病院を買収すれば、内視鏡のシェアを落とすことになりかねない。だからこの投資ファンドの設立は公表しない。運用はＧＣＩケイマンにお願いするが、オリンパスの名前を出さないファンドなので、報告書は作らなくて結構」

さらに山田氏は、新設するファンドの資金供給ルートの説明を始めた。

「新たに作る投資ファンドに資金を供給するため、ＧＩＭ－Ｏ《オー》という別のファンドを作り、そこから３００億円を出資する。ＧＩＭ－Ｏと新たな投資ファンドとの間にはオリンパスのＳＰＣ（特定目的会社）を挟み、これを新たな投資ファンドのリミテッドパートナー（出資者）にする」

この投資ファンドが前述した「Ｎｅｏ」、そしてオリンパスのSPCが「Ｔｅａｏ」である。山田氏は「（Ｎｅｏの）余っている資金はGCNVと同様、ＱＰの社債で短期運用してください」と小野に指示した。もちろん小野はこれに従った。

リヒテンシュタイン公家の反応

ところでＧＩＭ－ＯからＴｅａｏを経てＮｅｏに送金された３００億円の原資は、いったいどこから出てきたのだろう？　それになぜわざわざ、Ｔｅａｏを挟むという面倒なスキームにしたのだろう？

３月９日に山田氏からＮｅｏへの資金供給ルートについて説明を受けた際、私はこのスキームに疑いを持ったり、ＧＩＭ－Ｏというファンドの素性を深く追及したりはしなかった。Ｎｅｏの所有者のオリンパスが３００億円をきちんと入金さえしてくれれば、運用者であるわれわれは、投資対象のベンチャー企業の開拓や、ＱＰへの送金といった業務を淡々とこなすだけだ。依頼者の意思をいちいち詮索することはない。

これから触れるＧＩＭ－Ｏ↓Ｔｅａｏ↓Ｎｅｏというスキームの真相は、私が東京拘置所の独房に勾留されている間に、主に弁護人から差し入れられる証拠書類を読んで解き明かしたものだ。少し込み入った内容になるが、お付き合い願いたい。

オリンパスは98年3月と同年8月、ＬＧＴ銀行に合計３８０億円を預金し、これを担保に入れて、ＱＰと並ぶ損失隠し専用の簿外ファンド「Central Forest Corp.」（ＣＦＣ）に合計３００億円の融資を受けた。一方、監査法人から00年3月末までに特金を解約するよう迫られたため、簿外ファンドのＣＦＣやＱＰが特金にある国債を使って飛ばし用の資金を調達するという、これまでの手法は放棄せざるを得なくなった。そこでオリンパスは99年9月、預金担保融資の極度額を800億円まで拡大するよう、LGT銀行に申し入れたが、「一顧客に対する融資額としては巨額すぎる」と断られてしまった。

オリンパスは資金調達の新たな方策として、LGT銀行の戦略商品とされる公募投信「GIM」を購入し、これを担保に融資を受けるやり方に転換。LGT銀行もこれを了承した。00年1月、オリンパスの役員会はGIM400億円分の購入を承認するとともに、預金の上限額を700億円と定めた。山田氏は社内で急に、預金を引き出すよう命じられた場合でも、「700億円までの預金は役員会で承認されている」と抵抗する目的で、あえてこの金額を設定したようだ。というのも当時のオリンパスには、LGT銀行への380億円と、ドイツの大手銀行「コメルツ銀行」への300億円という、CFCへの融資の担保となる預金が存在していた。これを引き出そうとすれば簿外ファンドへの資金供給が止まり、粉飾（簿外損失）があっという間にバレてしまう。この2つの預金の合計額は680億円と、定められた預金の上限額にほぼ等しかった。

GIMを担保にした融資を受けるに当たり、下山会長と総務・財務部部長付の森氏（当時の財務部長は山田氏）は00年2月末、臼井とともにLGT銀行のオーナーであるリヒテンシュタイン公家を表敬訪問。美術品のデジタルアーカイブをGCIで制作しようと計画していた羽田もこの時、リヒテンシュタイン公家が所有する華麗な美術品の数々を見学するために3人に同行した。

下山会長と森氏は「LGT銀行がGIMを販売してくれる」と信じて疑わなかった。ところが「解約時に400億円もの資金が一斉に引き出されると、GIMそのものの運用に影響が出かねない」と危惧したリヒテンシュタイン公家は、オリンパスのGIM購入に難色を示す。GIMは本来、リヒテンシュタイン公家の資産の運用を目的とした公募投信だったのだ。

2月28日、LGT銀行は突如、オリンパスに対するGIMの販売をキャンセル。下山会長と森氏は途方に暮れた。同行していた羽田はこの直後、盗難に遭った美術品の追跡をビジネスとする美術商にデジタルアーカイブを売り込むため、リヒテンシュタインを発ってロンドンに向かった。

不可解なスキームに隠された意味

この時、オリンパスがGIM担保融資を預金担保融資に切り替えることができていれば、あのような面倒なスキーム（左図参照）にはならなかったに違いない。臼井を通してオリンパスの状況を熟知しているLGT銀行は、はるばる日本から表敬訪問にやって来た下山会長を相手に、頭ごなしに預金担保融資をキャンセルするような真似はさすがにしなかったはずだ。恐らく、GIM購入資金の400億円を預金に切り替えるよう依頼したことだろう。

ところがオリンパスは1月の役員会で、預金額に700億円のキャップを設けており、これが却ってアダとなった。「役員会でGIM購入の了解を取り付けている。何とかしてほしい」と森氏に懇願された臼井からの連絡を受け、LGT銀行はGIMの下にオリンパスのO《オー》を付け

LGT銀行からオリンパス簿外ファンドへの資金の流れ

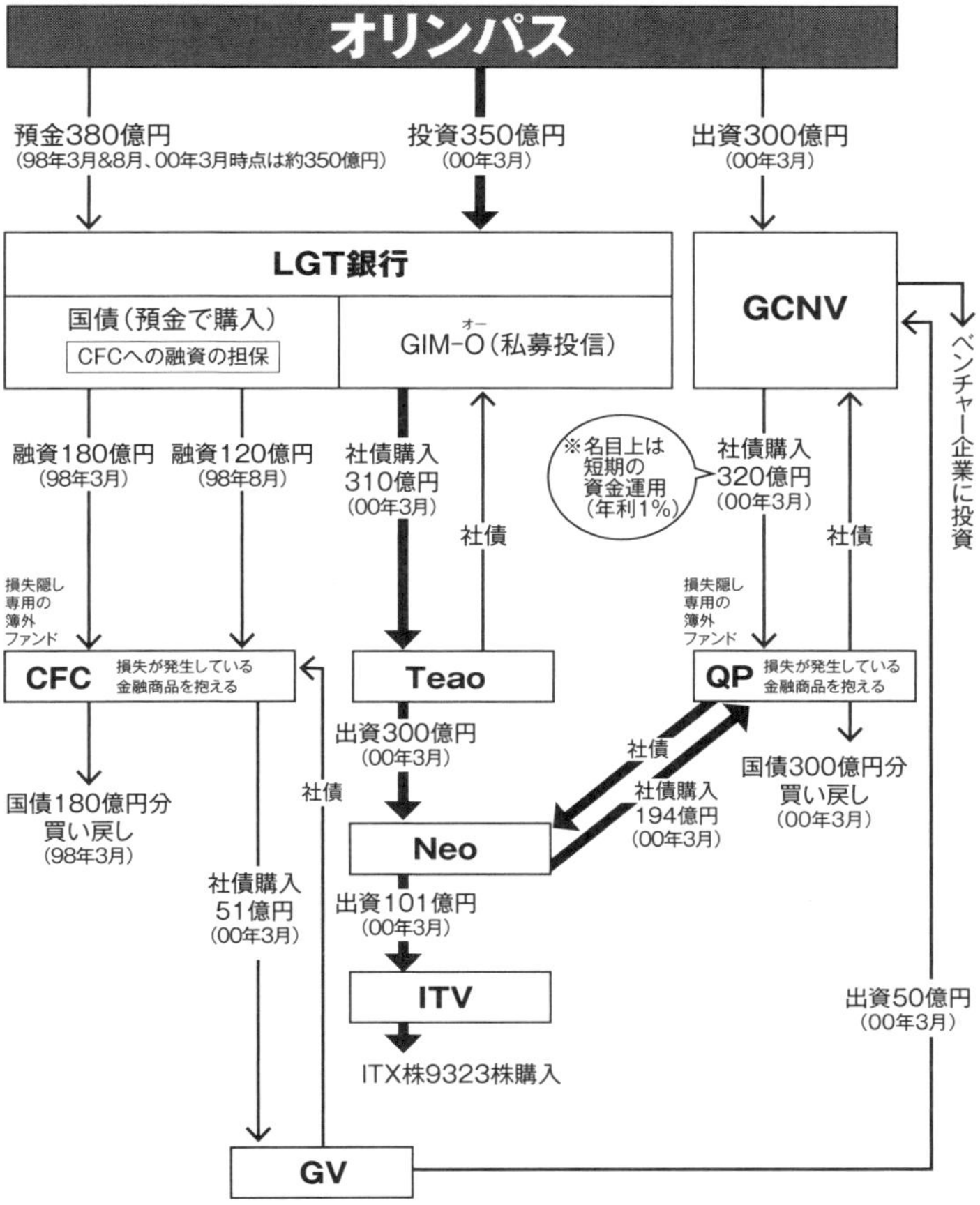

「GIM-O」から簿外ファンド「QP」に資金を流すため、
複雑なルートを構築している（太線部分）

た私募投信「ＧＩＭ‐Ｏ」を組成した。

だが、そもそも私募投信は融資の担保として適格ではない。ＧＩＭ‐Ｏを融資の担保にすることを断念した臼井は、アジア地区担当のウォルチ取締役らとともに、ＧＩＭ‐Ｏの資金をオリンパスの簿外ファンドＱＰに流す仕組みを検討。コンプライアンス（法令遵守）を重視するＬＧＴ銀行上層部が何とか受け入れ可能なスキームを捻り出した。

このスキームの核心は、ＧＩＭ‐Ｏがオリンパスの簿外ＳＰＣ「Ｔｅａｏ」の社債を大量に購入し、その資金を別の政策投資ファンド「Ｎｅｏ」に流して、そこからさらにＱＰとＩＴＶに資金を供給するやり方を取っていること。ペーパー会社のＴｅａｏが発行する社債は無担保、無保証の投資不適格債で、運用会社が購入してはいけない代物である。ところがＧＩＭ‐Ｏを運用する「ＬＧＴケイマン」（ＬＧＴ銀行の英領ケイマン諸島法人）は、オリンパスがＧＩＭ‐Ｏに投資した３５０億円の88％強にも当たる３１０億円を、Ｔｅａｏ債に集中投資している。

こんな無謀な資金運用は、たとえ私募投信でも許されることではない。運用会社は投資価値のある対象を選び、それらに分散投資するという運用準則を定めており、これを逸脱して資金を運用すれば、投資家から賠償責任を問われてしまうのである。

しかし、ＧＩＭ‐ＯがＭ＆Ａ（企業の買収・合併）に使う政策投資ファンドであれば問題はない。そこで臼井らは、ＮｅｏがＧＣＮＶと同様に新規事業開拓を目的とする政策投資ファンドであるように仮装することを思いつき、ＧＣＮＶの運用者のＧＣＩケイマンをＮｅｏの運用者にした。さらにＴｅａｏをＮｅｏのリミテッドパートナー（出資者）にしておけば、ＧＩＭ－Ｏがペーパー会社のＴｅａｏの私募債に集中投資しても政策投資となり、ＧＩＭ－Ｏを運用する側の問題は生じなくなる。

ベンチャー企業投資が目的のＧＣＮＶがすでに存在しているのに、オリンパスが同じ目的のＮｅｏをわざわざ簿外に設立した理由は、まさにここにあった。そして政策投資ファンドというＮｅｏの役割を明確に打ち出すためには、Ｎｅｏの運用者をＧＣＮＶと同じＧＣＩケイマンにしておく必要があったのだ。ご丁寧にもＬＧＴ銀行は、ＧＩＭ－Ｏの説明書に「ＧＩＭ－Ｏの運用アドバイザーはＧＣＩである」と虚偽の説明まで記載している。

要するにこの不可解なスキームはすべて、ＧＩＭ－Ｏを運用するＬＧＴ銀行側の事情で作られたものだった。そうでなければ、コストが高いうえに成功報酬まで徴取される投資ファンドのＮｅｏを、オリンパスがわざわざ設立する理由はないのだ。

ＬＧＴ銀行の奇想天外な手口

このスキームのもう一つの問題点は、ＧＩＭ－Ｏの運用報告書の交付についてである。ＧＣＮＶと同様、ＧＩＭ－Ｏの運用者は、出資者であるオリンパス側にその結果を伝える義務がある。だが山田氏らは、ＬＧＴ銀行に公募投信ＧＩＭの販売を断られてしまったことを、社内で報告していない。オリンパス社内では、ＧＩＭ－Ｏはあくまでもｌ ＬＧＴ銀行の公募投信として扱われ、私募の政策投資ファンドとは認識されていなかった。ましてや、得体の知れない簿外

ＳＰＣの社債を３１０億円も購入していることがバレると大問題になる。とはいうものの、ＬＧＴ銀行がＴｅａｏ債を記載しないままだと、運用報告書を偽造したことになる。

この矛盾を回避するため、ＬＧＴ銀行は一計を案じた。「ＬＧＴ－ＮＩ」というペーパー会社を設立し、ＧＩＭ－Ｏの所有権をそこに移す一方で、オリンパスにはＬＧＴ－ＮＩの議決権のない参加株式（ＬＧＴ－ＮＩのすべての資産を所有する権利はあるが、経営権は持たない株式）を渡した。この姑息な手段によって、ＧＩＭ－Ｏの形式上の所有者はオリンパスからＬＧＴ－ＮＩに移り、ＬＧＴ銀行がオリンパスに運用報告書を交付する義務がなくなるのである。

しかもオリンパスに付与されたＬＧＴ－ＮＩの参加株式は、ＬＧＴ銀行の了解がなければ売却できないという条件が付いていた。つまりオリンパスにはＬＧＴ－ＮＩの議決権が与えられていなかったのだ。ＬＧＴ銀行と森氏との間では、ＬＧＴ－ＮＩに関するメールがやり取りされた形跡があるが、オリンパスはこの事態をどの程度理解していたのだろうか。

私はオリンパスの第三者委員会の報告書に「06年と07年にＧＩＭ－Ｏのおかしな報告書がある」と記載されているのを発見した。証拠申請して内容を見ると、運用はＬＧＴケイマン。保有する有価証券の中にＴｅａｏ債の記載はなく、資産の80％以上をトヨタ・モーター・クレジットなどの優良会社の債券が占めていた。実際には保有していない銘柄ばかりだろう。この時点で、ＧＩＭ－Ｏの運用資産に占めるＴｅａｏ債の割合は94・３％にも達していた。この運用報告書はあずさ監査法人から提出されたものだが、証人尋問に登場したオリンパス側の全員が「全く知らない」と証言している。しかし、このような報告書が必要になるのはオリンパスだけであり、報告書を監査法人に渡すことができるのも、オリンパス社員以外にいないはずだ。

署名を偽筆した臼井

さらに酷いのは臼井による私のサインの偽筆である。これまで書いた通り、臼井は野村證券時代の部下で、LGT銀行東京駐在事務所長。巨額粉飾決算事件の証拠の開示を求めていく過程で、臼井が私の署名を偽筆した文書が、判明した分だけで10件見つかった。契約書もあれば、送金指示書のようなものもある。臼井は証人尋問で「横尾さんの了解を取らずに、横尾さんの名前で署名した」と証言している。自ら偽筆を認めているのだ。しかもその理由は「GCIはGIM-Oのアドバイザーなのに、全く何のアドバイスもしないので、GCIが契約違反に問われるのを避けるため、横尾さんの代わりに署名した」という信じ難いものだ。

特捜部の取り調べや、公判での証人尋問では、私がGIM-Oの署名権を持っていて、GIM-O関係の書類に署名したとされている。ところがGIM-Oの資産はLGT-NIの署名で動いていて、LGT-NIの口座の署名権者リストにわれわれの名前は存在しない。つまり、われわれにはGIM-Oに関して何の権限もなかったのだ。

私がGIM-O関係の書類に署名したのは2度だけ。1度目はGIM-Oが310億円のTeao債を購入する前の00年3月17日（購入日は同月21日）。GIM-OからTeaoへの送金指示書に署名している。2度目はGIM-OがTeao債15億円を追加購入する01年9月。これもTeaoへの送金指示書に署名している。私は2度とも、臼井に依頼されて署名した。

ＧＩＭ－Ｏの運用に関わっていないＧＣＩが、なぜＧＩＭ－Ｏの送金指示書に署名を求められたのか。実はこれは臼井なりの行内対策だった。ＧＩＭ－ＯがＴｅａｏ債を購入することで資金が流入する政策投資ファンドのＮｅｏは、われわれＧＣＩが運用者を務めている。そこで、「Ｎｅｏの運用者であるＧＣＩも、Ｔｅａｏ債の購入を了解している」という一種の担保として、私に署名を依頼してきたのだ。

２度目の署名の際には、私が署名した送金指示書には、送金額と送金先の口座番号しか書かれていなかった。ところが勾留中に関連資料を見ていると、全く同じ日付、送金額、送金先の送金指示書がもう一通あり、こちらには購入するＴｅａｏ債の名称と償還日、「普通、急ぎ、小切手」といった送金の方法に関する記載がある。それに何より検査済みであることを示すスタンプ（検印）と、ＬＧＴ－ＮＩの署名権を持つ２人の署名がある。どちらが本物の送金指示書なのかは改めて記すまでもないだろう。ここでも私の署名は、一種のリスクヘッジ（危機回避）だった。

「代筆」と言い張った特捜部

臼井は他にも数多く偽筆していたが、東京地検特捜部の任意の事情聴取には「偽筆などやったことありません」と答えていた。私は勾留中にこの問題に気づき、差し入れられた文書を綿密に検証して、13年5月13日に検察側に予定主張書面を提出した（他にも山田氏の供述に関する予定主張書面を6月7日に提出）。実はこの時期は公判前整理手続きが終盤に差し掛かり、7月には初公判が開かれる運びになっていた。

するとの東京地検特捜部は突然、1年半ぶりに山田氏、森氏、それに臼井の聴取を再開。6月11日には勾留中の私、羽田、小野の3人を組織犯罪処罰法違反（マネーロンダリング）の疑いで逮捕した。特捜部はこの時点になってようやく、当初の臼井の供述内容が危ういことに気づき、公判に証拠として提出する供述調書を作り直す必要性を理解したのだ。マネロン容疑での逮捕は、臼井の供述調書を作り直すための単なる時間稼ぎの手段だった（367ページで詳述）。

のちの証人尋問で、偽筆の事実を認めた臼井はこんな証言をしている。

「横尾さんに偽筆した事実を話した覚えはありませんが、偽筆した書面の案件自体は横尾さんも知っていたはず。オリンパスの京相さんに『横尾さんの代わりにやってくれ』と唆《そその》かされて偽筆した覚えもあります。横尾さんはものすごく忙しい人で、なかなかつかまらなかった。手間を掛けるのが忍びなかったので偽筆しました。携帯電話で連絡するなんて、そんないいアイデアは思いつきませんでした。（署名は羽田でも小野でもよかったのでは？）それも思いつかなかったですね」

臼井が偽筆を行っていた頃、私はすでに携帯電話を常時持ち歩いていたし、臼井と固定電話で話したことはない。私の弁護人に「これがもし（LGT銀行に）見つかっていたら、（あなたは）どうなったんですか？」と尋ねられた臼井は、「たぶん間違いなくクビでしょうね」と答えた。ということは、LGT銀行は臼井の偽筆に気づいていなかったわけだ。

ところが検察側は、臼井本人でさえ認めているすべての偽筆をあくまでも「代筆」と言い募った。だが臼井の「代筆」には、次のような問題点がある。

① 臼井は私に「代筆した」と報告しておらず、真筆者の了解を取らない代筆はあり得ない

② 「私、臼井は横尾の代筆をします」という形で、代筆者の名前が書かれていない代筆はありえない

「相手が忙しそうだから」という親切心で、クビまで賭けて偽筆する人間が、果たしているものだろうか。臼井には偽筆しなければならない何らかの理由があり、その文書はGCIのわれわれには見せられない代物だったに違いない。それはわれわれが「飛ばし」の存在に気づくような内容だった。だから臼井は、私の偽筆で署名したのである。

臼井の偽筆は、われわれの無罪を証明する重大な証拠になると思っている。だが検察側は頑として代筆と言い張り、裁判所もこちらが「おかしい」と指摘を始めると、この一件に全く触れようとしなくなった。これを「代筆」と認める判決が確定すれば、日本の署名制度は崩壊してしまうのではないかと、私は本気で危惧している。

ユーバス買収は果たせず

話が一気に事件後の公判にまで飛んでしまった。巨額粉飾決算事件が起きるまで、オリンパスの惨状など何一つ知らず、興味もなかった私にとって、勾留中の独房で初めて知った事実はあまりにも多い。どうしても話が先走ってしまうのをお許し願いたい。

時計の針をGCNV設立直後の00年春にまで巻き戻すことにしよう。私はGCNVに投入さ

れた300億円のうちの50億〜100億円を利用して、以前から考えていたオリンパスのデータベース・マーケティング事業会社「ユーバス」の買収に乗り出そうとしていた。GCNV設立に当たっての合意事項として、「オリンパス社内の事業部の買収も可」とされていたからだ。私は「いよいよ金融機関向けのデータベース・マーケティングを始められる」と意気込んでいた。「ユーバスは収益が上がらない」と不満を持っているオリンパスも、喜んで売却してくれるとばかり思っていた。

ところが予想に反して、オリンパスとユーバスの一部から猛烈な反発の声が上がった。頼みの下山会長も、仲裁に乗り出してはくれなかった。「ユーバスを使った金融機関向けのデータベース・マーケティングは手掛けられない」。落胆した私はこのあと、ユーバスとの関わりを絶った。「実現一歩手前まで漕ぎつけた」と思っていたデータベース・マーケティング構想の夢は、果たされないまま終わった。

肩入れしたベンチャー企業「NEWS　CHEF」

とはいえ、嘆いてばかりもいられない。われわれは有望なベンチャー会社の発掘に努めた。投資先は二十数社に上ったが、ユニークで歴史の新しい会社ばかりに照準を合わせて投資したので、純粋なベンチャー投資は50億円程度にしかならなかった。

その中で私と羽田が有望視したのが、オリンパス社内で「新事業3社」と称された「NEWS　CHEF」「ヒューマラボ」「アルティス」。特にNEWS社は私がとりわけ肩入れした会社だった。ＮＥＷＳ社は電子レンジ用の調理容器の開発や、容器とセットの食材を販売する会社。知り合いの公認会計士事務所の紹介で03年春に面接した創業者のＯ社長は、元日本道路公団の設計技師という異色の経歴の持ち主だった。25年かけて開発した電子レンジ用調理器具は、単に温めるだけではなく、生の食材から調理できるという優れモノ。内熱調理は風味付け以外に油を一切使用せず、極めてヘルシーで、さらに煮る・炊く・蒸すだけでなく、フライや焼き鳥などの調理も可能だった。私はＯ社長から強烈なインパクトを受けた。

「かなり魅力的な案件だ。Ｏ社長の視点もなかなか鋭い。だが性格がちょっとエキセントリックで胡散臭いのが気になる。何かあってオリンパスに迷惑がかかるとマズいので、最初はＧＣＮＶではなくＧＣＩで投資しよう」

　こう考えた私はすぐにＧＣＩから３０００万円を投資し、ＮＥＷＳ社株１５００株（一株20万円）を取得。03年12月以降は、運用を任されていたＮｅｏとＩＴＶの資金を使い、05年12月までの２年間に４億９０００万円で合計２４５０株を購入した。ＧＣＮＶの資金を使わなかったのは、どうしてもＯ社長の胡散臭さに不安を感じたからだ。

　そして、残念ながらその予感は的中した。Ｏ社長は三井物産やイトーヨーカ堂に街宣車で乗り付けたこともある、行動派の右翼だったのだ。その事実が分かったのは、初対面から１年以上も後のこと。理不尽な言いがかりをつけられたが、半年がかりで説得して辞めてもらい、07年２月からは私自身がＮＥＷＳ社の社長に就任した。

「食分野はまだまだ伸びる」と確信していた私は、調理した食材のおいしさを味わってもらおうと、単独のイベントを何度も開催。大規模な食ビジネスのイベントにも出展した。料理自体は好評だったが、具材を内熱調理用に特殊な形でカットしなければならず、この問題解決だけで約3年かかった。さらに独自開発の容器のコストを下げようと考え、オリンパスから樹脂成型の専門家を招いて代替品の開発を依頼したが上手くいかず、自分で特許を取得して開発する羽目になった。

オリンパス側にもNEWS社に関心を持ってもらおうと考えた私は、山田氏に何度かNEWS社の容器で調理した米飯を食べさせたが、山田氏は「こんなもの、何の魅力があるんだ？」と全く興味を示さなかった。

ヒューマラボとアルティス

健康食品販売会社のヒューマラボは、「長岡L・E・M研究所」という会社から商品の販売権を譲り受け、羽田が中心になって立ち上げた会社だ。同研究所は創業者の長岡均氏が40年間続けていて、われわれは「一部でいいので株を持たせてほしい」と2年近く交渉したが、断られ続けた。そこで05年7月に「L・E・M販売」（同年10月にヒューマラボに社名変更）を設立し、販売権のみを譲り受けることにした。

社長に就任した私は、長岡氏に「やはりある程度は先生がヒューマラボの株をお持ちになった方がいいでしょう。とにかく騙されたと思ってヒューマラボの株式オプション（売買選択権）を持ってください」とお願いし、いつでもヒューマラボ株の20％を一株5万円で買えるオプションを無償で提供した。長岡Ｌ・Ｅ・Ｍ研究所には05年4月と7月、Ｎｅｏから合計1億円を貸し付け、同年7月には、Ｎｅｏが同社株１２００株を一株5万円、総額６０００万円で購入した。さらにその1ヵ月後には、Ｎｅｏから3億円を追加送金している。

長岡Ｌ・Ｅ・Ｍ研究所の椎茸菌糸体の商品には相当数の研究事例があり、ガンや肝硬変に対する効果の素晴らしさも十分認識できた。私と羽田は投資するまでの2年間、病気の患者に商品を配り、その効果に自信を深めていた。「商品を作れば売れる」と単純に考えていた。サプリメントビジネスには客に向かって効能を謳えないという難点があるが、「いざ販売」という段階になって、オリンパスからＣＭ禁止を言い渡されてしまった。「医療分野に近いところで問題を起こせば、内視鏡事業に影響が出る」というのがその理由だった。そこでその後は美容クリームを開発し、販売価格も2万円以下にして販売を続けた。

医療系プラスチックの廃棄処理ビジネスを手掛けるアルティスは、設立に当たって厄介な経緯があった。羽田が注目した時点ではＯＺという名称で、注射器などのプラスチックをA重油に戻す装置を開発し、不法投棄の撲滅を目指していた。だが様々な問題があり、羽田も撤退する方向で動いていた。

ところがオリンパスからＯＺに送り込まれた久松裕明氏が、ＯＺ側の了解を取らないまま件の装置を模倣し、新会社としてアルティスを設立してしまった。怒ったＯＺの社長は、２つの右翼団体を操って嫌がらせしてきた。私はオリンパスの依頼を受けて事態の収拾を図り、最終的にはわれわれＧＣＩからＯＺ側に３０００万円を支払って決着させた。

そんな状態だったので、アルティス株の購入にはGCNVではなく簿外ファンドのＮｅｏの資金を使った。05年12月、２９４０株を2回に分けて合計1億４７００万円で購入した。

急にNeoに興味を示した山田氏

ＧＣＮＶでベンチャー投資をスタートした当初、最終的に1〜2社にまで絞った投資対象に集中投資するため、ＧＣＮＶには２００億円程度残るようにしようと考えていた。だがＧＣＮＶは投資対象を絞り込む前の07年9月、オリンパス側の都合で10年の満期を待たずに償還された。ＧＣＮＶが購入したベンチャー企業の株は、ＧＣＮＶの償還時にオリンパスがすべて現物で引き取ることになっていたが、結局はＧＣＩも相応分の引き取りを求められた。

前述した通り、新事業3社への投資は、相手先の素性に対する不安からＧＣＮＶの資金を使わず、オリンパスの名前が直接分からない政策投資ファンドのＮｅｏとＩＴＶの資金を主に使った。山田氏らは当初、Ｎｅｏの投資対象に全く関心を示さず、投資対象に関するミーティングさえ開こうとしなかった。それでも私は、投資先の会社に「Ｎｅｏはオリンパスのファンドです」と明言するようにしていた。

ところが05年の秋、山田氏はＮｅｏの投資先の新事業3社に突然関心を示し、川田均氏を責任者とするオリンパスの社員を新事業3社に何人も送り込んで来た。

05年9月30日、山田氏はオリンパスから新事業3社に送り込んだ社員に宛てて、次のようなメールを送った。ＧＣＩでは羽田のメールアドレスに送信されていた。

「菊川（社長）も山田も、皆さんの心労十分理解、感謝しております」「いずれにせよ時間がありません、頑張りましょう、気合を入れて、仕上げたいと思います、益々のご支援を」

叱咤激励のメールには違いなかったが、山田氏は何をそんなに焦っているのだろう？　当時の私にはさっぱり見当がつかなかった。

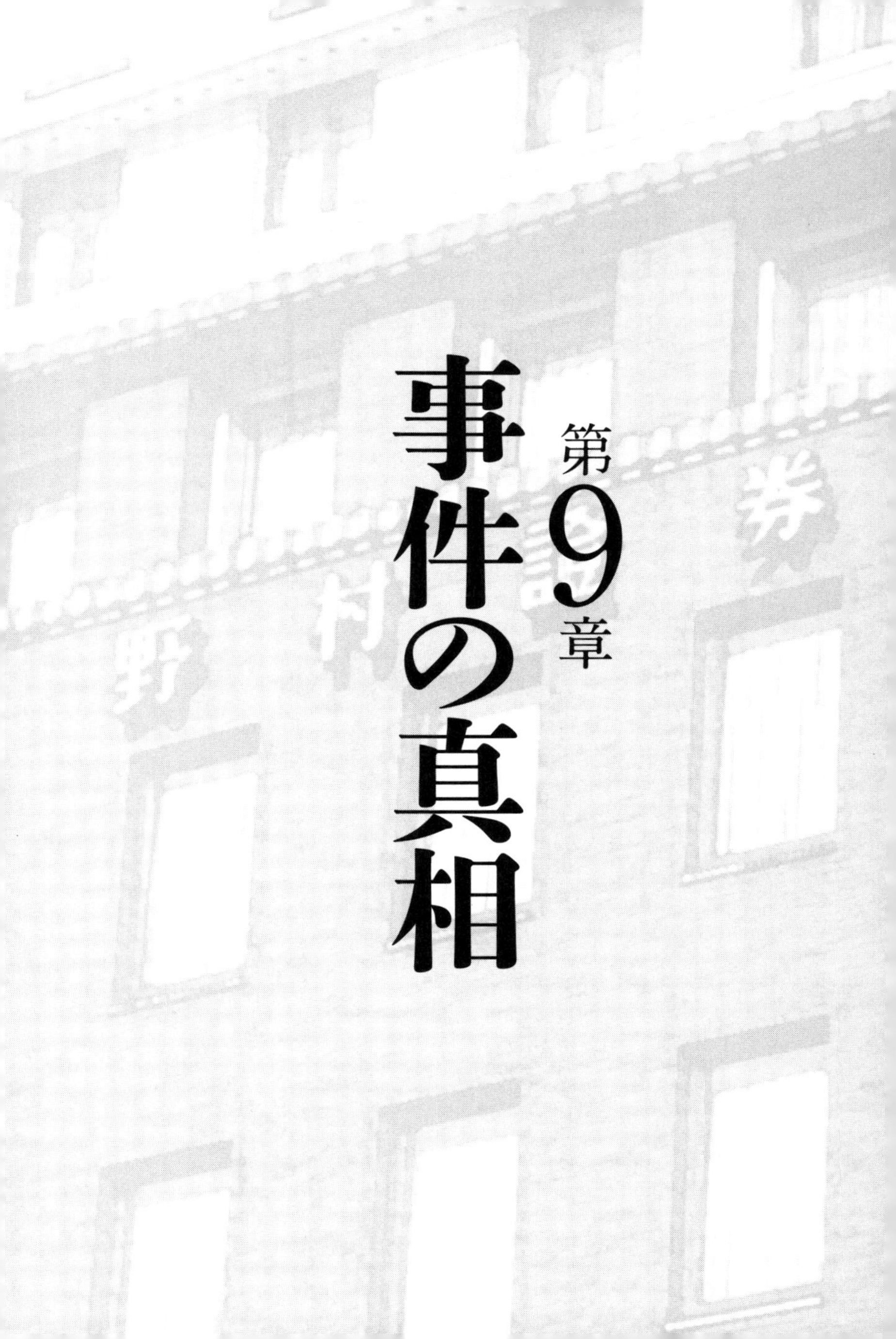

第9章 事件の真相

２００５年秋頃、オリンパスの財務部を管轄するコーポレートセンター長だった山田秀雄氏は、「ＮＥＷＳ　ＣＨＥＦ」「アルティス」「ヒューマラボ」などＮｅｏが投資しているベンチャー企業３社（新事業３社）に突如として興味を示し、オリンパスから社員まで派遣してきた。

もともと山田氏は、Ｎｅｏの投資先に全く興味を示さなかった。その理由について、私が腑に落ちたのは、巨額粉飾決算事件で逮捕・起訴されて以降のことだ。前章で詳しく述べたが、オリンパスはＬＧＴ銀行に公募投資信託ＧＩＭの購入を断られるまで、Ｎｅｏの設立など考えてもいなかった。図らずもＧＩＭがＧＩＭ－Ｏに替わったことで、泥縄式にＮｅｏを設立せざるを得なくなったのである。継子のような存在のＮｅｏがどこに投資しようが、山田氏が興味を示さなかったのも、ある意味で当然のことだった。

なぜＮｅｏの投資先に興味を？

その山田氏が態度を豹変させた理由。これも逮捕・起訴後に分かったことだが、山田氏は簿外の政策投資ファンドのＮｅｏとＩＴＶが投資した新事業３社を利用して、損失隠しスキームを解消しようと考えていたのだ。


オリンパスが行った「飛ばし」のここまでの経緯を振り返っておこう。

オリンパスは簿外ファンドのＣＦＣとＱＰに飛ばし用の資金を供給する手段として①ＬＧＴ銀行に約３８０億円を預金（１９９８年３月と８月）、②コメルツ銀行に約３億ドル（99年10月と12月の合計。当時の円ドル相場で約310億円）と150億円（2000年6月）を預金、③投資ファンドGCNVに300億円を出資（00年3月）、④LGT銀行に組成させた私募投資信託GIM－Oに約350億円を投資（00年3月）――という4つのルートを構築した。山田らはこの資金を使って、損失が発生したパリバ債などの金融商品を簿外ファンドのCFCとQPに集約した。03年3月末現在、2つの簿外ファンドが抱える損失は、実現損と含み損を合わせて合計約1176億6000万円に膨らんだ。

01年6月に社長に就任した経理財務担当常務の菊川剛は半期に一度、CFCとQPの損失状況について山田から報告を受けていた。損失隠しのための4つの資金供給ルートを早期に解消しようと考えた菊川は、山田に簿外損失穴埋めの方策を検討するよう指示。横尾からNeoとITVで投資している数十社のベンチャー企業について聞かされていた山田は、新事業3社の利益を使って簿外損失を穴埋めしようと考え、05年9月にオリンパスから社員を派遣した。

だが新事業3社の業績はとてもそのような状態にないことが分かり、山田らは早急な方針転換を迫られる。そこで出された結論が、極端に水増ししたM&Aの費用を、簿外損失の解消に充てるやり方だった。水増し分を簿外損失とほぼ同額に設定し、これを「のれん代」（買収に要した金額から、買収先の純資産額を差し引いた金額）に置き換えて計上することで、長期間かけて簿外損失を解消しようと考えたのである。

さらに拘置所内で目を通した文書から、私は山田氏がNeoの投資先に関心を持ったもう一つの理由を発見した。「アクシーズ・グループ」の中川昭夫氏らが仲介した、オリンパスと米国の医療器具メーカー「ウィルソン・クック」との高額の買収交渉が、04年10月に破談になっていたのだ。ウィルソン・クックの買収成功を受けてアクシーズ・グループに支払う報酬を極端に水増しし、水増し分を還流させて簿外損失隠しルートを解消するという目論みは、これにより一時棚上げになった。次の買収候補先との交渉が首尾よくまとまる保証もない。そこで山田氏は、われわれが手掛けていた新事業3社にまで触手を伸ばす気になったのだろう。

謎の中国人投資家

06年3月初旬。GCIの小野裕史のところに山田氏から電話が掛かってきた。

「チャン・ミン・フォンという中国人投資家が、新事業3社に興味を持っている。彼の投資ファンドの『Dynamic DragonⅡ』(DDⅡ)と『Groval Target』(GT)に、Neoが保有している新事業3社の株を売却してやってほしい」

山田氏は、株価と株数まで小野に指定してきた。DDⅡにはアルティス株を一株557万円で530株(29億5200万円)、NEWS社株を同445万円で450株(20億2000万円)、またGTにはヒューマラボ株を同1410万円で210株(29億6100万円)。これによりNeoは合計79億3300万円の運用益を上げ、Neoを運用しているGCIには8億円近い成功報酬が転がり込むことになった。

山田氏の申し入れを聞かされた時、私は一瞬耳を疑った。新事業3社の直近の増資の株価はNEWS社が一株20万円、アルティスとヒューマラボは同5万円に過ぎない。NEWS社の株価はスタートから3年程度で22・25倍、1年も経たないアルティスは278・5倍、ヒューマラボは282倍にもなるのだ。

「でもよく考えてみれば、3社とも今後の中国にとって必要な技術だ。中国での販売権を考えた上での投資なのだろう。われわれも中国で商品を販売しようと考えていたが、今の実力では当分無理。まさに〝渡りに船〟だ」

山田氏の申し入れ通り、チャン氏という中国人投資家に新事業3社株を売却するよう、私は小野に指示した。DDⅡからは3月10日、GTからは3月13日に、購入代金が入金されてきた。これも逮捕・起訴後に分かったことだが、DDⅡとGTはオリンパスがチャン氏に指示して設立させた英領ケイマン諸島籍のファンドで、実態はオリンパスだった。購入代金を実際に動かしていたのは、当時オリンパスの財務部長だった中塚誠氏か、部下の京相正志氏のどちらかだったのだろう。

チャン・ミン・フォンは、シンガポールでオリンパスの簿外ファンドへの資金供給役を担った中国系シンガポール人。ドイツのコメルツ銀行シンガポール支店に勤務していた1999年前半、中川の紹介で山田や森久志と知り合い、オリンパスの預金を担保に同支店が簿外ファンドに融資するスキームを構築した。LGT銀行における臼井と同じ役割である。チャンが2001年3月にフランスのソシエテ・ジェネラル（SG）銀行シンガポール支店に移籍すると、オリンパスはそれに歩調を合わせて預金をコメルツ銀行からSG銀行に移し、スキームを継続。チャンが独立した後の05年2月には、チャンに債券投資ファンド「SG Bond Plus Fund」（SGボンド・プラス）を設立させて、SG銀行への預金450億円に新規の150億

円を加えた600億円を投資した。
チャンはオリンパスの損失隠しに協力した疑いにより12年12月、滞在先のロサンゼルスで米連邦捜査局（FBI）に逮捕され、容疑を認めて起訴された。保釈金は500万ドル（当時の円ドル相場で約4億5500万円）だった。

この件で小野に電話してきた山田氏は、「チャンさんは、オリンパスと非常に仲のよい投資家なんだ」と説明したという。オリンパスはもともと、外国人株主が非常に多い会社で、外国人投資家向けのインフォメーション・ミーティングを頻繁に開いていたので、私はチャン氏を、オリンパスの株主の一人と信じて疑わなかった。Ｎｅｏの運用を委託されている立場のわれわれとしては、山田氏にそう説明されれば疑いを挟む余地はない。山田氏の言い値でチャン氏に売却するだけだった。

架空会社の株購入を指示される

06年3月9日、オリンパスの事業投資審査委員会が開かれた。年2回開催されるこの会議の趣旨は、オリンパス側がＧＣＮＶの投資状況についてのわれわれの説明を受けること。この時は前年12月のＧＣＮＶの決算報告が中心だった。「審査結果の報告」という、この会議に関する書面には、「横尾が、新事業3社の株式を第三者から買い取って子会社化するよう勧めた」とか、そのためにオリンパスが試算した買い取り価格まで記載されている。私は勾留中にこの書面を初めて見たが、全く身に覚えのない話だった。この文書は会議に出席していない事務局の社員が作成している。委員長は山田氏。何やら意図的なものを感じる。

さて、Ｎｅｏの口座にＤＤⅡからアルティス株とＮＥＷＳ社株の購入代金が振り込まれた3月10日。オリンパスの京相氏から、小野に電話があった。

「香港株式市場に上場しているＶＩＤＹＡＨという株式を、早急にＧＣＮＶで購入してもらいたい。代金は香港のスカイワード・アジアという証券会社の口座に振り込んでほしい」

京相氏に指示された株価と株数による買い付け代金は16億１０００万円。小野はこの金額をスカイワード・アジア証券の口座に振り込んだ。小野はこの証券会社の名前を聞いたこともなかったが、京相氏の指示なので何一つ疑わなかった。

ところが2週間後の3月24日、この16億１０００万円は売買のキャンセルという理由で丸々返金された。そんなバカな株取引は普通あり得ない。上場企業の株の売買注文はキャンセル不可能で、反対売買しかできない。株価の変動による損益が発生するし、仮に売りと買いの株価が全く同じだったとしても、コミッションと税金を引かれる。購入時と同じ金額が戻ってくるわけがない。だが小野は、これにも疑念を持たなかった。

保釈後に調べて分かったのだが、ＶＩＤＹＡＨという会社の株は、世界中の株式市場を探しても上場されていなかった。これもオリンパスが損失ルート解消のためにデッチ上げた作り話で、16億１０００万円は実際にはチャン氏のファンドであるＧＴがヒューマラボ株を購入する代金に一時的に流用されていたようだ。われわれがオリンパスの内情を知っていたら、このような回りくどい方法は取らず、直接われわれからGTに送金するよう、オリンパスが命じれば済んだはずだ。

GCNVも新事業3社株を高値で購入

3月15日か16日頃、今度は山田氏から小野に電話があった。

「GCNVでも新事業3社株を購入してほしい。オリンパスの政策投資ファンドのGCNVが3社の株を持つことで、3社がオリンパス系列の会社であることを、第三者に表明できる。株価は先日のDDIIとGTの売買事例があるので、それに合わせてもらいたい」

小野が山田氏から指示された、新事業3社株の株価と購入株数の内訳は、ITVが保有しているNEWS社株を一株445万円で400株(17億8000万円)、Neoが保有しているアルティス株を同579万円で760株(44億円)、Neoが保有しているヒューマラボ株を同1437万5000円で320株(46億円)。合計すると107億8000万円になる。DDIIとGTが購入した株価に比べると、NEWS社は全く同価格だが、アルティスは22万円、ヒューマラボ株は27万5000円高い。山田氏は「ITVには3月17日、Neoには同月23日に入金してほしい」と事細かに指定してきた。

小野から山田氏の指示を聞かされた私は、特に気にもならなかった。読者は「107億円もの資金がGCNVから出ていくのに、何とも思わないのか?」と思われるかもしれないが、第三者に資金が流出するのではなく、実態はオリンパスの口座間での資金移動に過ぎない。もともと遊んでいる資金だし、何といってもＧＣＮＶの金主であるオリンパスからの指示である。繰り返しになるが、われわれはＧＣＮＶの運用者の立場に過ぎない。ＤＤⅡとＧＴの売買事例のことを言われれば、「そう言われれば、そうだな」という程度にしか思わない。ＧＣＮＶが購入するアルティスとヒューマラボの株価は、ＤＤⅡとＧＴが購入した株価に比べて若干高かったが、これも深く追及することはなかった。

一気に償還されたＱＰ債

ＧＣＮＶは00年3月の設立当初から、ベンチャー企業投資に使っていない資金を、期間1年のＱＰ社債（満期はＧＣＮＶの決算期末に合わせた毎年12月）で運用していた。ＱＰの実態はオリンパスの損失隠し専用の簿外ファンドだが、山田氏から「外部の資産運用会社」と説明されていたわれわれは、そのように信じていた。ＱＰに運用させている資金の一部を、ベンチャー企業投資に回す場合は、ペナルティーなしで社債を売却できるので、ＱＰ債はわれわれにとって、かつての中期国債ファンドのような存在だった。ＧＣＮＶのベンチャー企業への投資額が増えるにつれて、ＧＣＮＶのＱＰ債の保有残高は次第に減少する。当初の３５０億円は、06年1月の時点で２４０億円にまで減っていた。

さらに新事業3社株の売買に歩調を合わせるように、06年3月に入るとＱＰ債の途中償還が一気に進み始めた。8日に30億円、14日に95億円、そして24日には１１５億円が途中償還され、月初に２４０億円あったＱＰ債の残高はあっという間にゼロになった。なぜＱＰ債がこれ

新事業3社株売買をめぐる資金の流れ

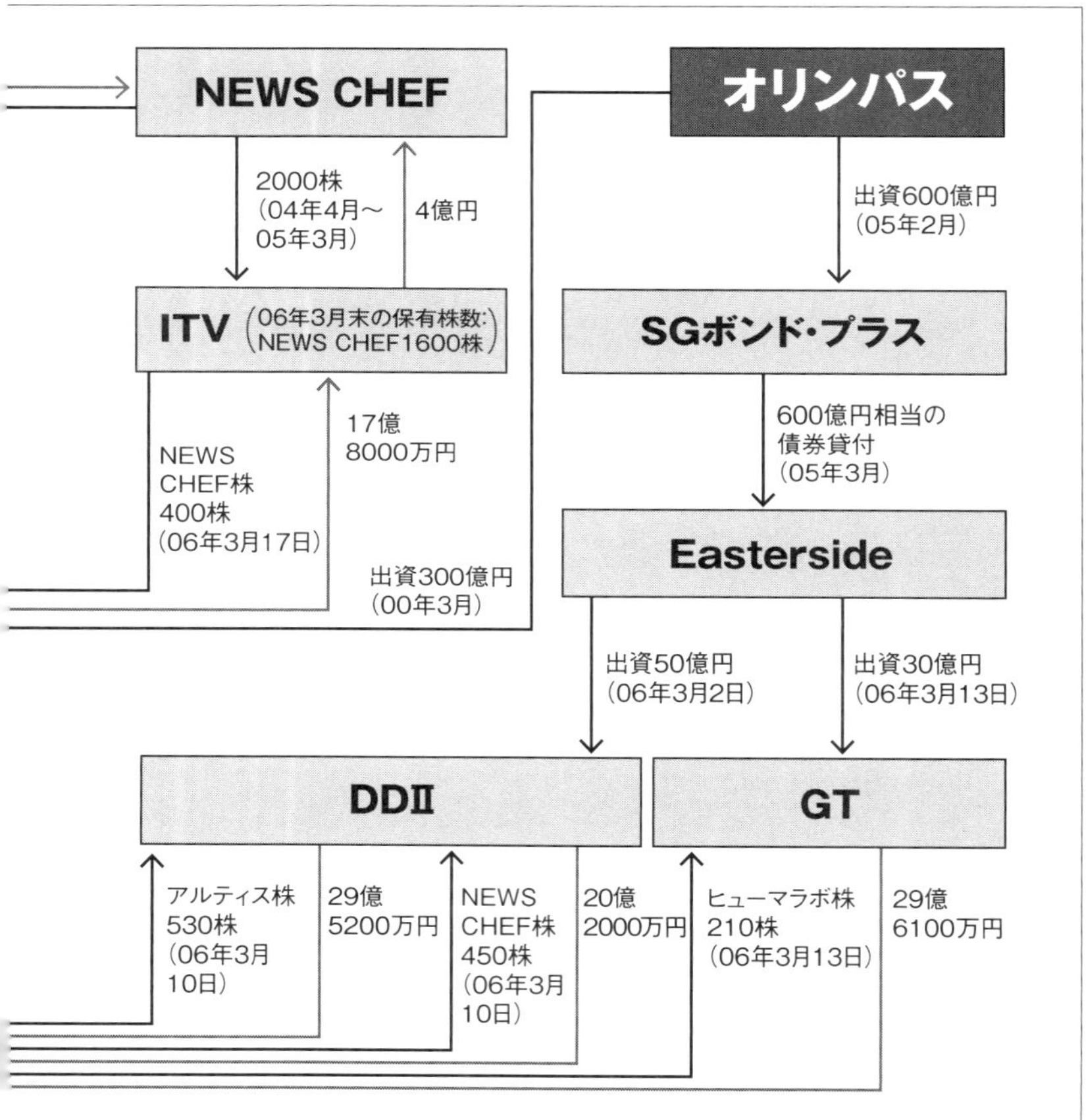

チャート右側の「Easterside」は本文には登場しないが、中国人投資家チャン・ミン・フォン氏が作ったペーパーカンパニー。横尾氏らは「DDⅡ」「GT」がチャン氏のファンドであるという説明を受けていたが、実際にはオリンパス主導で作られたものだったことが分かる。

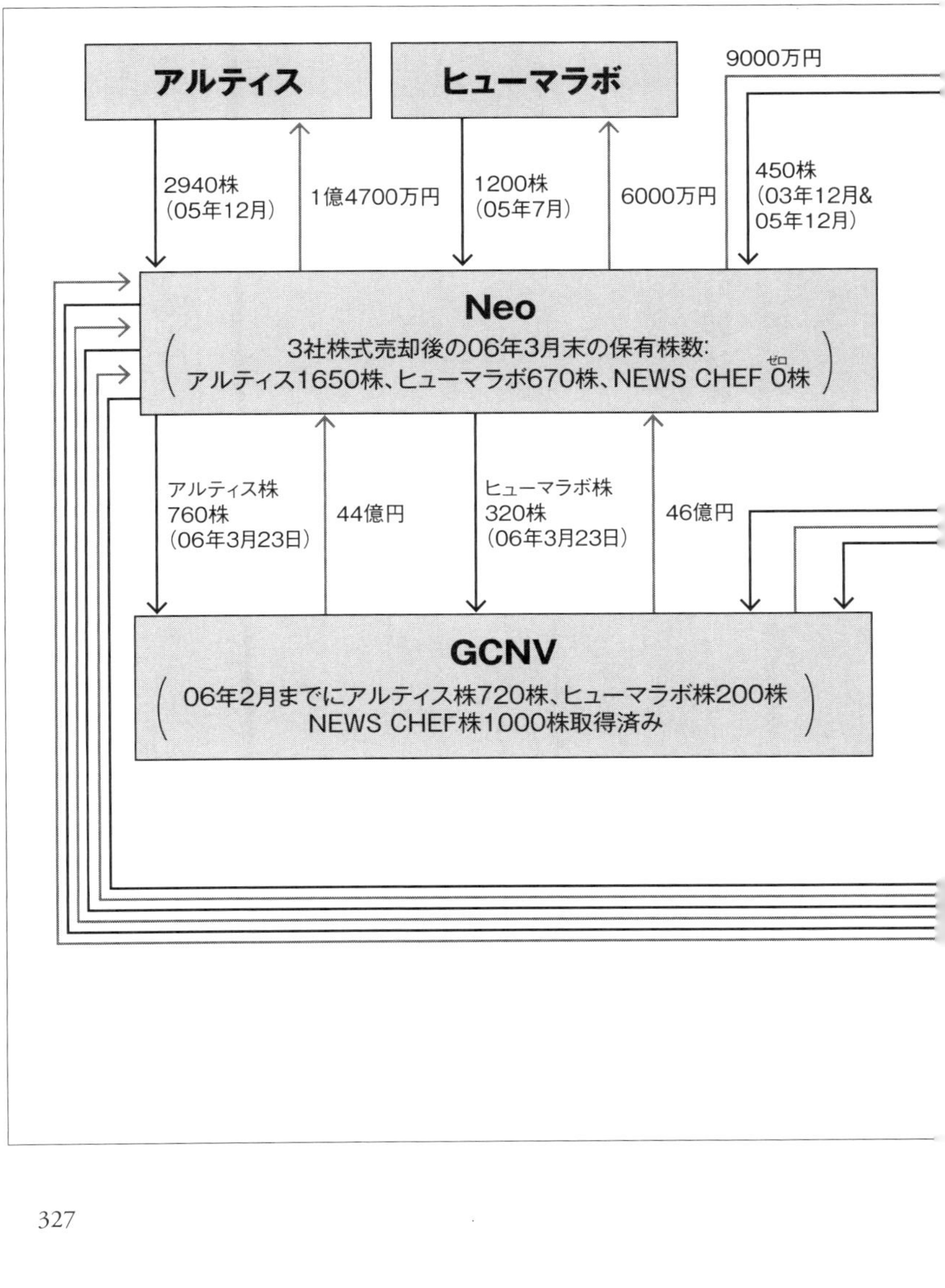
アルティス
ヒューマラボ
9000万円
2940株
(05年12月)
1億4700万円
1200株
(05年7月)
6000万円
450株
(03年12月&
05年12月)
Neo
(3社株式売却後の06年3月末の保有株数:
アルティス1650株、ヒューマラボ670株、NEWS CHEF 0《ゼロ》株)
アルティス株
760株
(06年3月23日)
44億円
ヒューマラボ株
320株
(06年3月23日)
46億円
GCNV
(06年2月までにアルティス株720株、ヒューマラボ株200株
NEWS CHEF株1000株取得済み)

ほど慌ただしく償還されるのか、オリンパス側から説明はいっさいなかった。QP債が全額償還され、われわれが償還金の一部を新事業3社株の購入に充てたことにより、GCNVの資金は3月24日の時点で119億円になった。

このタイミングでわれわれは、GCNVの資金の一部を、出資者のオリンパスとGVに途中償還した。これは2月初めに、山田氏から申し渡されたことだった。

「役員会で『GCNVのベンチャー企業投資のスピードが遅い』と批判が出ている。この批判に応える必要があるので、オリンパスとGVの出資額の2割を償還してほしい」

文字通り〝メシの種〟を奪われるわれわれは強く抗議したが、山田氏は聞く耳を持たなかった。小野は3月30日、オリンパスに60億円を償還。4月12日には、GVにも10億円を償還した。この時点でGCNVの資金は65億円余りに減少した。

それにしてもオリンパスは、なぜこの時期にかくもバタバタと動いたのか。勾留中や保釈後に熟読した証拠書類から、私はその真相を突き止めた。私と小野の与《あずか》り知らないところで、オリンパスは損失隠しルートの解消に向けてあがいていた。私が解明したその実態を明らかにしよう。

QPとGCNVとの関係解消を計画

「07年から（関係の深い投資ファンドを子会社化するよう）会計基準が変更になると、GCNVの監査を通じて、あずさ監査法人にQPの存在を突き止められるおそれがある。それより前に、ＧＣＮＶとＱＰとの間の資金の流れを断ち切らねばならなかった。そこで簿外にある資金とＧＣＮＶの資金を使って新事業３社の株を著しい高値で買い取り、その資金をＧＣＮＶとＱＰとの関係解消に利用しようと考えた。自分がこのプランを考えついたのは05年12月末のことで、その時には山田さんにとても褒められた」

06年３月にドタバタと動いた理由について、中塚氏は東京地検特捜部の事情聴取でこう説明している。だが本当の理由は、そこではない。そもそも、07年からの会計基準の変更は、06年１月のライブドア粉飾決算事件を受けて検討が始まったもので、06年３月の段階ではまだ何も決まっていなかったはずなのだ。私が90年以降のオリンパスの有価証券報告書を取り寄せて確認したところ、あずさ監査法人には、オリンパスの監査を10年以上担当している公認会計士が複数いた。常識では考えられない長さだ。その会計士の名前が、06年３月を最後に有報上から消えている。オリンパスの担当を外れているのである。

山田氏が92年１月、野村證券浜松支店次席の私に掛けてきた電話の内容を思い出していただきたい（第６章参照）。運用損失を私に報告した山田氏は、「公認会計士にはすべての処理を終えて決算期末を越えてから、その処理の根拠を説明して了解を得るしかない。過去もすべてそのスタイルでやって来ている」と話している。つまり、あずさ監査法人でオリンパスを長年担当した公認会計士は、損失の実態を事後承諾していたのだ。だから、公認会計士が交代する前に、山田氏らはＧＣＮＶとＱＰの関係を断ち切ってしまおうと考えた、これが真相だろう。

ところが、そのための簿外資金は当時、大幅に不足していた。その資金を捻出するために、山田氏らが考えついたのが、簿外ファンドのＮｅｏとＩＴＶが保有するＮＥＷＳ社株を著しく高値で売買し、資金を捻出することだった。

ＮＥＷＳ社は新事業３社の中で一番歴史が古く、特許も取得するなど、会社としての実体が最も整っている。３社の中では圧倒的に事業価値が高く、株価を著しく高い水準に設定しても違和感が少なかった。そこで山田氏らは、ＱＰ債の全額償還に不足している約１１０億円を、ＮｅｏとＩＴＶが保有するＮＥＷＳ社の株数（合計２４５０株）で割り、ＮＥＷＳ社の株価を1株４４５万円と弾き出した。これで捻出できる額は１０９億２５０万円。不足額とほぼ同じ金額だ。中塚氏も証人尋問で、「検察からかなりしつこく、『初めはＮＥＷＳ社1社だけでやろうとしたんだろう？』と詰められた」と話している。特捜部もこれに気づいていたのだ。

ＱＰ債の全額償還に充てる簿外資金をさらに手厚くするため、山田氏らはＩＴＶが保有しているＩＴＸ株の売却も始め、３月20日までに13億７０００万円を捻出した。ＩＴＶが保有するＩＴＸ株はこれ以外にも、約50億円で2月28日にオリンパス本体に売却されており、山田氏らはこの50億円もＱＰ債の償還に流用した。

新事業3社株売買の真相

ところがそこに予期せぬ事態が出来《しゅったい》する。私から新事業３社の情報を聞いた群馬県高崎市の化学製品メーカー、群栄化学工業の有田喜一社長が、新事業３社に関心を持った。群栄は、私が野村證券第２事業法人部で担当した会社で、２月28日に群栄本社でＮＥＷＳ社製品の試食会を行うと、有田社長はNEWS社だけでなく3社に投資する意向を示した（詳しい経緯は後述）。試食会の数日後、私は山田氏に「群栄さんが新事業3社に投資してくれますよ」と伝えた。私には、もちろん吉報だ。

しかし山田氏には、その反対だった。すでにこの時点でオリンパスは近い将来、新事業3社の買収で捻出した資金を使い、損失隠しルートを解消しようと目論んでいた。仮に群栄が各社に1億円ずつ投資した場合、一株5万円に過ぎないアルティスとヒューマラボの株式の大半は、群栄に支配されてしまう。そうなると、新事業3社株を損失隠しルートの解消に利用することは不可能になってしまう。

この事態を防ぐには、アルティスとヒューマラボの株価も、NEWS社と同様に著しく高値に設定し、群栄が保有する株数を低く抑えなければならない。山田氏らはその方策として、NEWS社だけでなく、アルティスとヒューマラボを加えた3社の株を、著しく高値でGCNVに買い取らせる方針に転換した。NEWS社株だけでなく、アルティス株とヒューマラボ株も、QP債の全額償還に不足する約110億円の捻出に利用しようと考えたわけだ。

だがいきなりそれを行うと、GCNVを運用しているわれわれが、余りに高い株価に疑念を持つおそれがある。われわれは3社の直近の増資の株価がNEWS社で一株20万円、アルティスとヒューマラボで一株5万円と知っているのである。そこで山田氏らは、3社の著しく高い株価に信憑性を持たせ、われわれに疑念を持たせないようにするため、3社株を前もって第三者の簿外ファンドに購入させることで、実績を作っておこうと考えた。その第三者こそ、チャ

新事業3社株売買を利用した損失隠しルート解消の流れ（概略図）

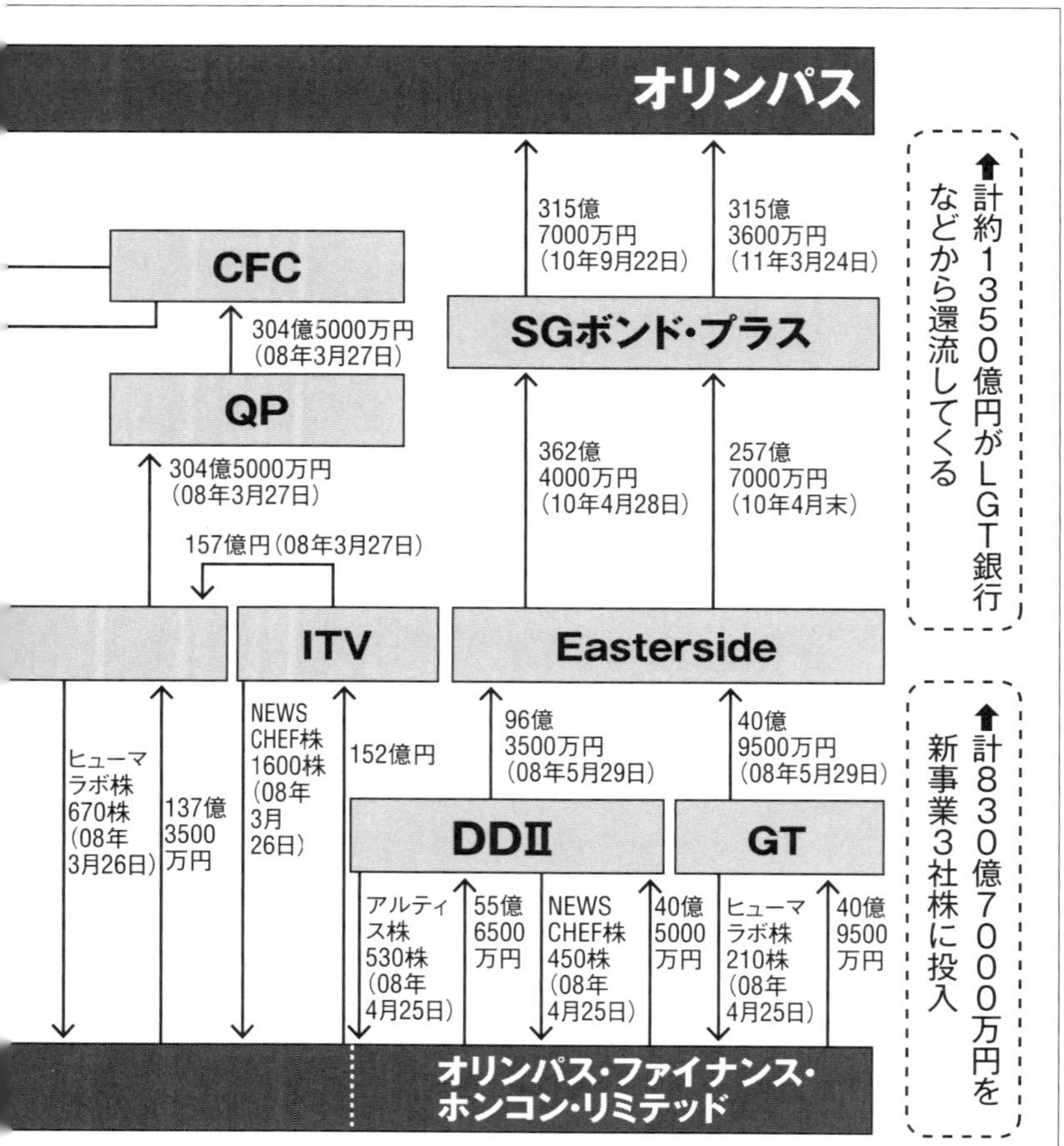

オリンパスは新事業3社株に計830億7000万円を投入することで、帳簿上は計約1350億円が入ったことになる。こうして捻り出したカネで損失を穴埋めし、投入資金は新事業3社の「のれん代」として処理していた。

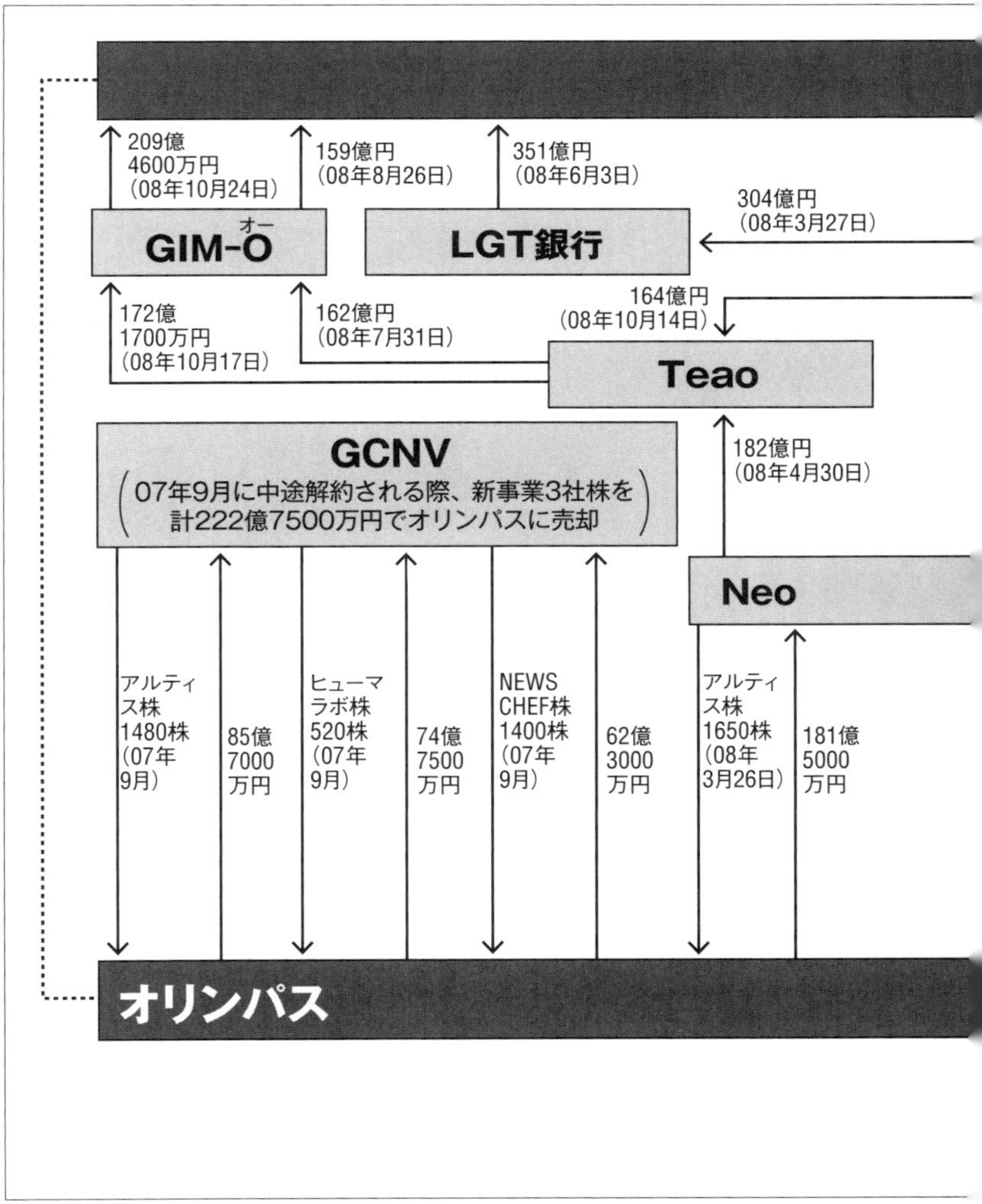

209億
4600万円
（08年10月24日）
159億円
（08年8月26日）
351億円
（08年6月3日）
304億円
（08年3月27日）
GIM-O《オー》
LGT銀行
172億
1700万円
（08年10月17日）
162億円
（08年7月31日）
164億円
（08年10月14日）
Teao
GCNV
（07年9月に中途解約される際、新事業3社株を
計222億7500万円でオリンパスに売却）
182億円
（08年4月30日）
Neo
アルティス株
1480株
（07年9月）
85億
7000
万円
ヒューマラボ株
520株
（07年9月）
74億
7500
万円
NEWS CHEF株
1400株
（07年9月）
62億
3000
万円
アルティス株
1650株
（08年3月26日）
181億
5000
万円
オリンパス

ン氏のＤＤⅡとＧＴだったのだ。

ＮＥＷＳ社の４４５万円という株価は、ＱＰ債の全額償還に不足している約１１０億円という金額を、ＮｅｏとＩＴＶが保有しているＮＥＷＳ社の株数で割ったものであることは、すでに説明した。実際に不足していたのは約１１０億円で、アルティスとヒューマラボの株価も、既定路線のＮＥＷＳ社株の４４５万円を軸に決められた。今の私にはその計算過程もトレースできるが、煩雑になるのでここでは触れない。いずれにせよ、3月1日から同月7日までの間に、ＮＥＷＳ社株単独の売買を、３社株の売買に切り替えることが決まり、これにより発行済みのＱＰ債が3月中に全額償還された。

ＮＥＷＳ社だけ別の基準で事業価値算定

オリンパスが新事業3社株につけたベラボウに高い株価は、データ的な裏付けが何一つない。事業価値をいっさい無視した、単なる算数なのだ。その数値に信憑性を持たせ、あずさ監査法人に疑義を唱えられないようにするため、オリンパスは京相氏の知人の公認会計士に依頼して、いかにももっともらしい3社の事業価値算定を行った。そしてこの報告書からも、山田氏らが当初はＮＥＷＳ社株だけを使って、ＱＰ債の全額償還を考えていた事実が浮かび上がる。

オリンパスから新事業3社の事業価値算定を依頼されたのは、公認会計士の井坂俊達《しゅんたつ》氏。京相氏の個人的な知り合いで、ある時バッタリ再会したのを契機にオリンパスから仕事を依頼されるようになったという。もちろん私は面識がない。

その井坂会計士が3月16日付で作成した「ベンチャー会社事業価値試算」という題名の文書がある。この中で井坂会計士は、ベンチャー企業の事業価値算定に使う方法ではなく、上場会社の事業価値を算定する方法で新事業3社の事業価値を算定している。かつて野村企業情報でM&Aの実務を経験した私から見ると、この算定方法は明らかに不自然だ。

ただ、私が着目したのはそこではない。井坂会計士のベンチャー会社事業価値試算に基づいて3社の株価を算出すると、アルティス株とヒューマラボ株は実際に使われた数値と矛盾しない。ところがNEWS社株の場合は、445万円とは全く異なった数値になる。つまり井坂会計士はベンチャー会社事業価値試算とは別の機会に、別の方法でNEWS社の事業価値を算定していたとしか思えない。

実は井坂会計士は、08年3月にオリンパス本体が3社株を買い取る際にも、事業価値算定を依頼されている。その報告書の中で井坂会計士は、「ベンチャー企業の事業価値算定に使う割引率（将来受け取れる収益などを現在受け取るとすれば、どの程度の価値になるのかを示す換算値）を19〜26％に設定した」と説明している。この割引率は、井坂会計士が購読している経済誌『一橋ビジネスレビュー』の05年6月20日号に掲載されたものだという。

私はこの割引率を使って06年3月のNEWS社の事業価値を後付けで算定し、これを基に株価を弾き出してみた。するとピッタリ445万円になるではないか。つまり井坂会計士は、自分の手持ちの資料の中から都合のよい算定方法を引っ張り出し、アルティスとヒューマラボとは別のやり方で、NEWS社の事業価値を算出していた。私の推論はここでも裏付けられた。

突然訪ねて来た群栄の有田社長

さて、ここからは山田氏らに「QP債を全額償還するにはNEWS社株単独ではなく、アルティス株とヒューマラボ株の売買も必要」と翻意させるに至った、群栄化学工業の投資の件に焦点を移す。私と羽田はこの一件で、詐欺罪に問われているのである。

話はQP債が全額償還される1ヵ月半前に遡る。06年2月9日、東京都港区虎ノ門のグローバル・カンパニー（GCI）を珍しい客が訪ねて来た。群栄の有田喜一社長。1983年にスイスフラン建て転換社債の転換をめぐり、大きなトラブルを起こした（第3章参照）、あの群栄の社長（トラブルの当時はまだ副社長だった）である。

その時はたまたま私も羽田も会社にいて、1人でフラッと入って来たこの珍客に対応した。有田社長に「最近何やってるの？」と尋ねられたので、私はGCNVやNeoの資金を投じて育成に力を入れているベンチャー企業について説明した。

「NEWS社、ヒューマラボ、アルティスの3社にはオリンパスがご執心で、人も送って来ているし、この3社を立ち上げたいという気持ちがかなりあるようです。特に私が手掛けているNEWS社が独自開発した電子レンジ用調理容器は優れモノで、これを使って調理した料理の味はなかなかのものです。群栄さんも一緒にやりませんか？　例えば北関東エリアの権利を取って、お宅が食のビジネスをやるなんていうのはいかがですか？」

群栄はフェノール樹脂と異性化糖だけの会社で、オリンパス以上に経営が苦しいことは、野村時代に担当して承知していた。新規ビジネスに飢えている有田社長は案の定、「それは面白い。うちの本社で試食会をやってもらえないかな」と乗って来た。私は「やりましょう」と答えて、日程の調整を依頼した。

その日の夜はインフォブリッジ（GCIのベンチャー企業開拓用のグループ会社）の社長とともに、有田社長と銀座で会食。そのあと、有田社長行きつけのマジックバーで酒を飲んだ。食事をしながら、私は新事業3社への出資を提案した。

「販売権を取っていただくのであれば、権利金はいただきますよ。僕らも相当カネを突っ込んでいますからね」

すると有田社長は急に渋い顔になった。

「それはないだろう。一緒に立ち上げようというのに、うちから権利金を取るのか」

そのうち別のプランが閃いたので、私は再び提案してみた。

「それでは、3社の株を持たれてはいかがですか？　1社につき1億円ぐらいずつ持ってもらえば、その金がこちらに入って来て、われわれもそれを使うことができます。権利金をいただくのではなく、株で持ってもらっても構いませんよ」

「1社につき1億円」というプランは、あくまでも出資金のつもりだった。ところがのちにこれが独り歩きしたこともあり、私と羽田は粉飾決算事件の際、詐欺容疑で再逮捕・起訴されてしまった。

プレゼンテーション用資料

同年2月28日、有田社長から依頼された試食会を、群栄本社の一室で開催した。GCIは保冷車を持っていないので、この時はNEWS社の容器を使ったビジネスを展開している関係会社「N-Link」の石井社長に協力を依頼した。N-Linkは有名料亭などと提携し、NEWS社の容器に入れた料理を贈答品として、大手デパートで販売していた。当日は私が容器の説明、石井社長が料理の説明と、役割を分担した。

試食会ではNEWS社について説明するため、「こういう料理を作ります」という内容の営業用資料を配付した。これに具体的な事業計画などのデータは含まれていない。試食を終えた有田社長が言った。

「横尾さん、オリンパスが興味を示していたベンチャーがあと2つあっただろ? それもついでに説明してよ」

アルティスとヒューマラボのことだ。この2社の育成は、同席していた羽田に任せていた。

「何かある?」と尋ねると、羽田は「この中に資料が入っています」と、持参したノートパソコンを指差す。そこでこの資料を、試食会を開いた部屋の壁に投影し、羽田が業務内容を説明した。

便宜上「プレゼンテーション用資料」と呼ばれることになるこの資料は、両社の業務に関する専門的な情報を具体的に記載した、100ページほどの写真入りパンフレットである。ヒューマラボは羽田ともう一人の社員、アルティスは社長の久松裕明が中心になって作成した。群栄側に急に求められてこれを部屋の壁に映したので、羽田は印刷したものを群栄側に渡してはいない。

試食会が終わると、有田社長や他の役員数人と社長室でコーヒーを飲んだ。「会合がある」という有田社長が先に出て行ったので、私と羽田は残った役員と雑談して帰京。翌日は有田社長にお礼の電話を入れ、1ヵ月後の3月27日に群栄本社を再訪するアポを取った。

山田氏には、群栄で試食会を催す計画を事前に伝えてあった。試食会の結果、好感触を得た私は、それから間を置かず、山田氏に「群栄さんが新事業3社に投資してくれますよ」と伝えた。私のこの一言で、山田氏がヒューマラボ株とアルティス株を著しく高値で売却する決心をした可能性が高いことは、すでに述べた。

3社株の増資を引き受けた群栄

3月27日の昼過ぎ、羽田に自宅まで車で迎えに来てもらい、私は群栄本社に向かった。さすがに3度目なので、われわれも新事業3社についてクドクドとは説明せず、新たな資料も持参しなかった。有田社長から「会社の周りの農地が売りに出ると買っている」と聞いた私は、彼にメビオール農法（フィルム野菜）に関する協力を依頼した。すると有田社長は砂糖を例に出し、農業がどれほど大変なのか、延々と独演会を始めた。

この日の面談は1時間余りで終わった。われわれが帰ろうとすると、有田社長が「メシを食べに行こう」と誘う。まだ日も高く、しかも羽田はこれから車を運転しなければならない。一度は誘いを断ったものの、「是非に」と言われては断り切れない。ＪＲ高崎駅近くの鮨屋で午後３時半過ぎから食事を始め、私と有田社長が酒を飲み始めるともう止まらない。結局はホステスのいるクラブにも寄って、帰宅は夜になった。

これは勾留中に目を通した証拠書類や公判での証言で分かったことだが、羽田は４月前半、有田社長から「役員会で話し合うから、参考になる新事業３社の資料を何か送ってくれないか」と電話で依頼された。羽田はこれをオリンパスの山田氏に伝え、オリンパスは中塚氏が作成した新事業３社の「投資提案審議資料」（書面に記載されている作成日は06年３月16日）をＧＣＩにファクス。ＧＣＩの社員がこれをそのままファクスで群栄に転送した。羽田は山田氏に「何か資料を」と依頼したままで、山田氏からどのような資料が送られてきたのかは確認していない。ＮＥＷＳ社に掛かりきりになっていた私は、この事実すら知らされていなかった。

だが４月24日に開かれた群栄の役員会では、３社の増資分を引き受けるかどうかは決まらなかった。また、この時点ではまだ増資分の株価も決まっていなかった。増資分の引き受けについては、新事業３社の事務局と群栄の経理部が直に交渉した。３社の事務局はそれぞれ、オリンパスの経理部と相談しながら話を進めていた。４月末には群栄と３社の事務局との間で、「株価はまだ決まらないのか？」「まだ決まっていません。５月になったら連絡します」というメールがやり取りされている。

オリンパスからはその後、増資に関する資料として中塚氏らが作成した「増資提案資料」と

「増資目論見書」が群栄に送られている。公判での山田氏の証言によると、この2種類の資料はオリンパスが作成し、山田氏がチェックしたという。群栄が引き受ける増資分の株価は結局、GCNVがNeoとITVから購入した際の価格と同じに決まり（これについては当時の私も聞かされた）、群栄は5月16日の役員会で購入を決定。同月22日にはNEWS社株20株分の8900万円（一株445万円）、アルティス株20株分の1億1580万円（同579万円）、ヒューマラボ株10株分の1億4375万円（同1437万5000円）が、群栄から各社の口座に送金された。総額は3億4855万円である。

増資分の株価を聞かされた際、私は「そんな高い値段で、果たして群栄が買うだろうか？」と疑念を持ったが、その結果については尋ねなかった。その後、オリンパスからも群栄からも連絡はなく、群栄が増資分を購入した事実すらどちらからも聞かされなかった。

6月になり、有田社長が弟と役員数人を連れて、GCIを訪ねてきた。私は不在で、羽田とアルティス社長の久松裕明、ヒューマラボ社長の橋本和子が有田社長の一行に対応した。NEWS社社長の丸岡正は外出中だった。

羽田らはこの時、2月の試食会の際に部屋の壁に映して見せた、アルティスとヒューマラボのプレゼンテーション用資料を有田氏らに渡した。プレゼンテーション用資料には、試食会の段階では付いていなかった事業価値のデータが、巻末に数ページ付けられていた。これは増資目論見書の数値と同じものだった。私は有田社長が訪ねてきたことも、群栄にプレゼンテーション用資料が手渡されたことも知らなかった。次に有田社長と会ったのは翌年のこと。NEW

S社について話した記憶がある。

群栄が新事業3社の増資分を引き受けた話は、これですべてだ。私と羽田に疚《やま》しいところは何一つない。ところが12年3月7日、私と羽田は群栄に対する詐欺の疑いで再逮捕・起訴され、1審と2審ではこの詐欺罪が加味されて、実刑判決を受けた。

なぜこんな理不尽なことが起こるのか。またまたタイムスリップにお付き合いいただくが、無実の私を何としても実刑にしようと企む捜査当局のシナリオと、有田社長の供述内容について記そう。

有田供述の矛盾

「06年3月27日に群栄本社を訪れた横尾氏と羽田氏からNEWS社、アルティス、ヒューマラボの投資提案審議資料と、アルティスとヒューマラボの分厚い説明書（プレゼンテーション用資料のこと）をもらって説明を受けた。分厚い方は壁に映して説明された。その資料をもって、経理部長に『この資料を検討しろ』と指示した」

「4月に横尾氏からの電話で3社の株価を聞かされたが、私は『いま経理部に検証させているので、もう少し待て』と答えた。横尾氏からは『これはもうビタ一文負けられません。アバウトで1社1億円ずつで行きますから、細かい株数は私に任せてください。金額に少しバラつきが出るかもしれませんが、私に任せてください』と言われたので、彼に任せた」

これが特捜部の聴取に対して、有田社長が供述した内容だ。3月27日に新事業3社の投資提案審議資料やアルティス、ヒューマラボのプレゼンテーション用資料を渡した覚えは、私にはない。私は東京拘置所の独房で、弁護人から差し入れられた「投資提案審議資料」「増資提案資料」「増資目論見書」「プレゼンテーション用資料」を熟読した。そしてそこに書かれたデータの妥当性を確認するため、10桁同士の掛け算を朝から晩まで繰り返した。特にわれわれが3月27日に提出したとされる、投資提案審議資料とプレゼンテーション用資料計5通は入念に検証した。

まずデータの妥当性以前の問題として、この資料には①「株式会社アルティス」が「アルティス株式会社」になっている、②投資提案審議資料のＮＥＷＳ社の資本金額が間違っている、③増資提案資料と増資目論見書が作成された06年4月16日は日曜日で、通常ならあり得ない——など、われわれが作成していれば起きるはずのない基本的な誤りがいくつもある。

ヒューマラボの２０１０年の損益計算書の売上高がプレゼンテーション用資料では８００億２４００万円なのに、投資提案審議資料では３２０億１０００万円と全く異なっている。しかもプレゼンテーション用資料のデータの基になっている増資目論見書の作成日は先に記したように4月16日。３月27日の時点ではまだ存在していない。つまり有田氏は、存在していないものを基に作った資料を渡されたというのである。

私が有田社長に説明したことになっている投資提案審議資料の中には、上場予定時の時価総額想定が書いてある。これは当期利益（税引き後利益）に10倍や15倍のＰＥＲ（株価収益率）を掛けて算出した単純なものだが、この数値がすべてデタラメ。どんな掛け算をすればそんな結果になるのか、皆目見当がつかない。数十年の投資経験を持つ有田社長がＰＥＲを知らないはずがない。資料の説明を受けている最中に、誤りに気づくはずだ。

さらにＥＢＩＴＤＡ（減価償却前営業利益＝税引き前利益に特別損益、支払利息、減価償却費を加算した値）の計算方法もことごとく誤っている。３月27日に説明したとされる投資提案審議資料とアルティス、ヒューマラボのプレゼンテーション用資料、これに増資提案資料と増資目論見書も加えると、誤りは１２４ヵ所にものぼっていた。

こんな杜撰な書類を渡すはずがない

ところが有田社長は経理部長に「この資料を検討しろ」と指示し、催促の電話をしてきた私に「今は経理部に検討させているからもう少し待て」と話したというのだ。仮に群栄の経理部が投資提案審議資料を検証していれば、われわれはすぐに誤りを指摘されるはずだが、私と羽田にそのような連絡は一度たりともなかった。オーナー系の上場会社で、社長の指示を平気ですっぽかすような社員がいるだろうか。要するに有田社長は、３月27日の時点ではこの資料を見ておらず（われわれが渡していないのだから当然だが）、経理部にも検討するよう指示などしていない。４月になって送られてきた書類も、すべて有田社長の手元で止まっていた。「オリンパスが立ち上げに力を入れている会社」という〝錦の御旗〟さえあれば、有田社長には十分だった。おそらく、そういうことだろう。

証人尋問に登場した群栄の３人の取締役によると、有田社長は役員会で投資提案審議資料に基づいて説明したようだが、データの検証は行われていないという。有田社長からは「オリンパスが頑張ってやるというから、どうですか、ここで一発乗りましょうか」という程度の説明しか受けなかったようだ。

有田社長は捜査当局に「4月に横尾から電話がかかって来て『1社1億円で、細かい株数は僕に任せてください』と言われた」と供述している。だがその時点で3社の増資の株価はまだ決まっていないのだ。しかも群栄は、4月24日の役員会で3社の増資引き受けを決められず、5月16日の役員会で決定している。買うこと自体が決まっていないのに、なぜ私が「株数は任せてくれ」と発言し、有田社長が「任せた」などと言えるのだろうか。

2日間行われた有田社長の証人尋問では、裁判官が彼の証言内容をかなり厳しく追及した。左陪席の女性裁判官は「有田さん、証人尋問であなたが話したことは、起訴状に書かれていないことばかりです。一つ一つ確認させてください」と前置きし、起訴事実を順番に読み上げた。有田社長は「その通りです」「その通りです」と答えるばかり。裁判所がそこまでやらざるを得なかったのは、われわれの弁護人の反対尋問に対する彼の答弁が、いかに供述書の内容と懸け離れていたかを如実に表していた。

第5章で書いた通り、私と羽田はM&Aの仲介を生業とする野村企業情報で、実際にM&Aを手掛けた事業価値算定のプロである。こんなお恥ずかしい資料は、絶対に作らないし、渡すはずがない。

オリンパスの中塚氏は証人尋問で「投資提案審議資料は自分が作成した」と証言した。上司の山田氏も「増資提案資料と増資目論見書はオリンパスが作りました。私も見てチェックしています」と明言した。中塚氏は「投資提案審議資料の元になるデータは、横尾さんか羽田さんが作った」と証言したが、事業価値算定のプロのわれわれなら、あのように初歩的で杜撰なミスを124ヵ所も犯したりはしない。

公判で検察は「信用できる山田証人の証言によると」というフレーズを連発。裁判所も判決文で、このキーワードを何度も引用した。山田氏の証言がそれほど信用できるなら、なぜ「増資提案資料と増資目論見書はオリンパスが作りました。私も見てチェックしています」という山田氏の証言を採用しないのだろうか。

検察はオリンパスを見逃すつもりだった

私と羽田が3月27日に投資提案審議資料とプレゼンテーション用資料を群栄に持参していないことを示す証拠書類は、他にもある。この章ですでに触れた、井坂公認会計士のベンチャー会社事業価値試算である。ここで問題にするのは、前述した事業価値算定の手法ではなく、文書がオリンパス側に納入された日付の方だ。「06年3月16日」となっている日付は、本当に正しいのか。その点を尋ねられた井坂会計士は、いとも簡単にそれを否定した。

「絶対に3月16日には渡していません。実際に渡したのは3月末から4月で、記載してある日付は後付けです」

投資提案審議資料を作ったオリンパスの中塚氏も、同僚の京相氏もそれに近い趣旨の証言をしている。そう考えると、投資提案審議資料の作成は3月27日に間に合っていない可能性がかなり高くなる。これは井坂会計士のパソコンを調べれば簡単に分かることなのに、検察はなぜかその日付の特定を避けている。われわれがLGT銀行をオリンパスに紹介したとされる、98年3月の六本木での食事会の日付を特定しないのと全く同じ理由だろう。

検察には、オリンパスを叩くつもりなどない。彼らは容疑を頑として認めないわれわれの取り調べを少しでも長引かせようと、詐欺罪を付け加えた。われわれが最初から証券取引法・金融商品取引法違反の容疑を認めていれば、詐欺罪は付かなかったに違いない。詐欺罪で立件するのなら、問われるべきなのはわれわれではなく、オリンパスの方ではないのか。

第10章 国税との攻防

２００６年の秋も深まったある日のこと。オリンパスの取締役コーポレートセンター長に就任していた山田秀雄氏から電話があった。

「オリンパスに東京国税局の税務調査が入った。ＧＣＩにも反面調査が行くと思う。1時間ぐらいで終わると思うので、対応をよろしく頼む」

程なくして東京・神谷町のオフィスビル5階に入るＧＣＩを、東京国税局調査第一部の調査官数人が訪ねて来た。彼らの要請は「今年3月に『ＮＥＷＳ　ＣＨＥＦ』『アルティス』『ヒューマラボ』の株式をＧＣＮＶに売却した、ＮｅｏとＩＴＶというファンドの出資者（所有者）を教えてほしい」。

オリンパスが出資し、ＧＣＩケイマンが運用している、公表ベースのベンチャー投資ファンドＧＣＮＶは、この時の税務調査の焦点の一つだった。国税局がＧＣＮＶの投資先を調べると、総額１０７億８０００万円を投じて、ＮｅｏとＩＴＶというファンドから、３社の株式を購入していた。ところが3社株のもともとの値段は、ＮＥＷＳ社が20万円、アルティスとヒューマラボに至っては5万円でしかない（これは国税局が調べれば簡単に分かる）。この値段に、ＧＣＮＶがＮｅｏとＩＴＶから購入した株数を掛けると、1億１１２０万円にしかならない。ところがＧＣＮＶは、その97倍もの巨費を投じて3社の株式を購入していた。つまりＮｅｏとＩＴＶには、合わせて１００億円を超える売却益が入ったことになる。

国税当局はこの直前の税制改正で、日本企業の株を売却して利益を上げた海外の投資家にも課税できるようになった。改正前から日本株を保有している海外の投資家もその対象で、Ｎｅ oとITVはこれに当てはまった。国税局はNeoとITV（Neoが全額を出資しているので、事実上はNeoの一部）の出資者を突き止めて課税しようとしたが、それが誰なのか分からない。しかもGCNVが3社株の購入代金を送金した銀行口座は、鉄壁の保秘で知られるプライベートバンクのLGT銀行である。泣く子も黙る国税局も、この壁を突き破るのは容易ではない。手詰まりになった国税局は、GCNVの運用者であるわれわれに、NeoとITVの出資者の正体を尋ねてきたのだ。調査には海外専門の調査官も加わっていた。

「税金を払いたくない」と言った山田氏

新事業3社株の売買では、ITVに17億円、Neoに89億6900万円、合計106億6900万円のキャピタルゲイン（売却益）が転がり込んでいる。GCNVもNeoも、オリンパスの出資で設立されたファンドだが、「オリンパスのファンドが、別のオリンパスのファンドに売却しただけ」という理屈は通らない。それぞれが別の会社型ファンドで、Neoの出資者は当然、売却益に課税される。Neoの出資者であるオリンパスに対する追徴税額は、本税だけで約21億2000万円、仮に懲罰的な重加算税を課せられれば約28億7000万円にもなる。国税局としては、是が非でも課税したい巨額の調査事案である。調査官が小野に尋ねた。

「Neoはどこが出資して設立したファンドなのか、Neoから株を購入したあなた方なら分かっているだろう。出資者とその連絡先を教えてほしい」。健全な市民感覚を持つ小野はこう考えた。

「二十数億円の税金が発生するのだから、Ｎｅｏの運用益から払うのは当然だ。出資者のオリンパスにその旨を伝えよう」

小野は山田氏に電話を入れた。ところが、その反応は予想外のものだった。

「それはダメだ。税金を20億も30億も払いたくない。Ｎｅｏの出資者は、絶対に明かすな」

つまり山田氏は「脱税に協力しろ」と小野に指示したことになる。小野は耳を疑った。だが運用者としては、出資者の意向を無視するわけにもいかない。小野は不本意ながら、調査官に「われわれはＮｅｏのアドバイザーで、運用者ではありません。口座のあるＬＧＴ銀行に聞いてください」と答えた。

ここで断っておくが、山田氏は「国税局に損失隠しを発見されるとマズいから、Ｎｅｏの出資者を明かすな」と言ったのでは、断じてない。われわれはそもそも、オリンパスの損失の存在自体を知らない。むしろ小野がこの時懸念したのは「逆粉飾」（売り上げや利益などを実態より意図的に少なくすること＝所得隠し）の方だ。国税局は税金が取れれば、それで十分なのである。決算が粉飾されているかどうかは、問題にしない。むしろ粉飾決算で利益（所得）を多めにしてくれた方が、税金が余計に徴収できて、都合がよい。粉飾に気づいても、わざわざそれを指摘するような真似はしないものなのだ。

「あなたでは埒が明かない」

国税局は当初、ＧＣＩ社長である私を呼んで事情聴取した。私はＧＣＮＶとＮｅｏの余裕資金をＱＰの社債で運用していることは聞かされていたが、細かな実務はすべて小野に任せ、報告を受けることもなかった。

「どんな会社の社長でも、自分の会社のカネがどうなっているのかは、必ずチェックしているぞ」

「小野を信頼して、すべて任せています。社長は全部知っておかないとダメなものなんですか？」

「どこの会社でも、社長はそこまで知っているものだよ」

調査官にそう言われても、資金面の管理はすべて小野に任せているのだからどうしようもない。そもそも私、羽田、小野の３人は当初から、お互いの情報の共有化を図る必要性を感じていなかった。ＧＣＩは設立当初を除いて３人で運営してきたが、それぞれが得意分野を持っているので、お互いに干渉することはなかった。

税務調査２日目。調査に立ち会うためＧＣＩに出社すると、調査官は「あなたの肩書は社長だけど、実態は社長じゃない。あなたでは埒が明かないから、いてもらわなくて構わない」と私を余計者扱いした。私はこの当時、ＮＥＷＳ社に掛かり切り。ＮＥＷＳ社の容器を使って連日、明け方までフライと焼き鳥の研究に没頭していた。協力を依頼した知人の料理人が本業を終えてから研究をスタートさせるので、深夜から早朝にかけての作業が続いていた。

私は港区虎ノ門のＮＥＷＳ社、羽田は港区麻布台のアルティスとヒューマラボに直接出社することがほとんどで、神谷町のＧＣＩにいる小野とは滅多に会わない。私と羽田はＧＣＩのバックオフィス（事務職）系の書面を見たことがなく、逆に小野は新事業3社の現場を覗きに来たこともなかった。

結局、小野はそれから半年近く、LGT銀行から書面を取り寄せるなど、調査官に協力させられた。だが妙なところで義理堅い彼は、最後まで「Neoに出資しているのはオリンパス」と口を割ることはなかった。業を煮やした調査官は、終《しま》いには「われわれは、あなたがNeoの出資者を知っていると思っている。それほど言いたくないのなら、GCIに25億円課税する」と小野を脅した。この反面調査でGCIが追徴された税額は、消費税数千万円に過ぎなかったが（肝心のオリンパスはこの件で課税されずに済んだ）、板挟みになった小野は、この一言に恐怖を感じ、一時は鬱病になるほどだった。

さらにこの調査の最中、国税局は私個人に露骨な嫌がらせをしてきた。GCIがある港区の一部を管轄する芝税務署と国税局の調査官合わせて4人が、都内の私の自宅に調査に来た。

われわれ3人は、GCNVの運用に関する成功報酬をオリンパスから受け取る際、それぞれが設立した個人会社でいったん受け取り、そこから給与をもらう形にしていた。私の会社の名称は「グローバル・アイ」。税務処理については、まずグローバル・アイで法人税を払い、そのあと私がもらった給与から所得税を支払う。税金ばかり取られるので、途中からは給与としてではなく、グローバル・アイから借り入れている形に変更したほどだ。

私の自宅はGCIの社宅扱いで、室内も事務所として使えるような仕様に設計してあった。私は毎月100万円の家賃をGCIに払って住んでいた。新築した社長の自宅を社宅として登記するのは、中小企業ならどこでもやっている節税策だ。ところが調査官からは「なぜここが社宅なのか？　住む所と、食べ物と、服は自分で買うのが常識だ」と問い詰められ、私は社宅をＧＣＩから買い取らされる羽目になった。私がＧＣＮＶから受け取った成功報酬の半分が、これで消えてしまった。調査官は、同居を始めたばかりの高齢の母まで聴取した。最後に調査書類に署名させられた時、さすがに私は腸が煮えくり返る思いだった。

運用者を完全に降りたはずでは……

オリンパスの反面調査が終わった07年春、鬱病になっていた小野がオリンパスに対してついにキレた。最終確認書に署名・捺印する際、調査官から「これで終わったと思うなよ」と捨て台詞を吐かれたのだ。

「なぜ税金を払ってはいけないのですか。こんなに気持ち悪い状態は、もう嫌です。Ｎｅｏの運用者の立場から降りさせてください」

私はこの年の2月からＮＥＷＳ社の社長に就任し、ＧＣＩにほとんど出社していなかった。小野の顔を見るのは、せいぜい2ヵ月に1度。国税局への対応は小野に任せ切りで、つらい思いをさせた。その小野から「Ｎｅｏの運用者を降りたい」と言われてしまうと、私に止める術はなかった。

Ｎｅｏの規約を見ると、ＧＣＩケイマンはいつでもＮｅｏの運用者を降りることができた。しかしそれは商道徳上、許されることではない。出資者の了解を得たうえで、後任の運用者を見つけてから辞めるのが筋である。小野はまずオリンパスの了解を取ったうえで、LGT銀行の臼井康弘に「Neoの運用者を降りるので、代わりを探してほしい」と依頼した。臼井は「LGT銀行アジア担当取締役を外れたゲルハルト・ウォルチ氏が適任」と判断。小野は07年5月、英語に堪能な羽田とともにリヒテンシュタインのウォルチ氏を訪ねて、承諾を得た。

通常であればGCIは、こうした契約書の作成を英領ケイマン諸島の弁護士事務所「メイプルズ・アンド・カルダー」に依頼する。だがこの時の契約書はすべて、LGT銀行側が作成した。その契約書を見ると、Neoの運用に関する役割をウォルチ氏に「委託」することになっていた。ウォルチ氏は「日本語が分からないので、GCIには事務作業の下請けを引き受けてほしい」という条件付きで、運用を引き受けたのだ。だが帰国した小野から「Neoの運用に関する権限はすべて、ウォルチ氏に渡しました」との報告を受けた私は、その言葉に何ら疑いを持たなかった。これについてはのちに東京地検特捜部から、「GCIケイマンはNeoの運用から完全に手を引いたことになっていない」と追及されることになる。

オリンパスはわれわれに消えてほしかった

小野の意向でNeoの運用から手を引いたGCIだったが、実はこの時期、オリンパスの方も「Neoの運用者を代えたい」と考えていたようだ。森氏は検察の取り調べや証人尋問で「GP（運用者）の交代は、オリンパスにとっては渡りに船だった。次の税務調査でGCI側が『Neoの出資者はオリンパス』と喋らないとも限らないし、NeoやITVが保有する新事業3社株の売買を利用して、損失隠しルートを解消しようと考えていたので、GCIには消えてもらった方がよかった」と証言している。LGT銀行のウォルチ氏が運用者になった方が保秘は確実だし、海外にいるからNeoの出資者について喋る相手もいない。それに簿外損失のこともすべて知っていて、必ず隠してくれる。簿外損失の存在を知らないわれわれGCIはむしろ、「損失隠しルート解消のためには邪魔な存在」と認識されていたのである。

ウォルチ氏は07年7月、自らが代表者を務める「Gurdon Overseas S. A.」(ガードン社)を中米のパナマに設立。さらに同月12日には、Neoの会計事務を担当する会社として、英領バージン諸島(BVI)籍のペーパー会社「E-Quality Services」(イー・クオリティ社)を購入し、小野を社員として雇用しようと画策する。

小野は07年6月25日の臼井宛てのメールに、「新しく会社を作る必要はありません。ポートフォリオ(運用資産)の会計は私が個人で担当します」などと書いたように、会計事務を担当する会社の設立に当初から前向きではなかった。

ところが臼井にとっては、これは由々しき事態だった。なぜならLGT銀行は、われわれGCIがNeoの運用者であることを条件に、GIM-Oの資金をTeao経由でNeoに流してきたからだ。臼井がLGT銀行の幹部を説得するため、契約書などに私の署名を偽筆していたことからも、それは明らかだった。そのためにはGCIがNeoの運用から完全に手を引いたわけではないことの証しとして、小野の存在が必要不可欠だったのである。

同年7月5日、小野をシンガポールに呼びつけたオリンパスの森氏は、「何が起きてもオリンパスが責任を持つ」旨の念書まで作成し、小野を説得。その結果として、①ＧＣＩのわれわれ３人が、ウォルチ氏に対する保証の確認書にサインする、②小野個人ではなく法人のイー・クオリティ社として、ガードン社の下請け業務を行う——という２点を小野に承諾させた。ＬＧＴ銀行が実際にイー・クオリティ社を購入したのは、この日より後のこと。私と羽田は、こうした経緯を小野から聞かされないまま、内容のチェックもせずに、保証の確認書などに署名した。

成功報酬の意味

オリンパスは07年９月にＧＣＮＶを中途解約する際、ＧＣＮＶが保有していた新事業３社株を２２２億７５００万円で、さらに08年３月末にはＮｅｏとＩＴＶが保有していた新事業３社株を４７０億８５００万円で買い取った。そしてその約半月後の08年４月17日、ガードン社とイー・クオリティ社との間で「ガードン社に入る成功報酬の９割を、助言者のイー・クオリティ社に支払う」という契約書が交わされている。その文書には、イー・クオリティ社を代表して小野の署名がある。小野は「運用者の立場から降りたのに、成功報酬をくれるのか！」と小躍りしたに違いない。なぜ、このような契約書が交わされたのか。

そのカギは、東京地検特捜部の出張尋問に応じた、ウォルチ氏の供述調書の中にあった。ウォルチ氏は、ガードン社がＮｅｏの運用者に就任する際、ＬＧＴ銀行ＣＥＯ（最高経営責任者）でリヒテンシュタイン公爵家のマクシミリアン公子に「運用報酬をもらってもよいものか」とお伺いを立てた。公子はその際、「ガードン社として毎月の管理費は当然、受け取るべきだ」と答えたという。言い換えれば、これは「運用報酬はもらうな」という意味で、ウォルチ氏は「これは受け取ってはいけない性格のカネなのだ」と理解した。

つまりLGT銀行は、新事業3社株の高値売買が、損失隠しスキームの解消のために行われたということを認識していた。そして「犯罪行為に加担して成功報酬を受け取った」と指弾されないように、あらかじめ火の粉を振り払う手立てを打っておいたのだ。小野はこうしたLGT銀行側の思惑など全く気づかず、機嫌よく署名したことだろう。

08年9月11日、役目を終えたNeoのLGT銀行の口座から、ガードン社のLGT銀行の口座に12億5925万円が振り込まれた。この金額は単に、Neoの口座に残っていた資金をオリンパスが送金しただけに過ぎない。さらに同月29日には、ガードン社の口座から、イー・クオリティ社のLGT銀行シンガポールの口座に10億9740万円が振り込まれた（シンガポールの口座に振り込まれた理由は後述する）。ガードン社（ウォルチ氏）の取り分は1億6185万円。ガードン社とイー・クオリティ社の取り分の割合は、4月に結んだ契約通り、ほぼ1対9である。

突然追加された9億5000万円

実は小野は「Neoの成功報酬の支払いは、1回で終わり」と考えていたという。ところが08年10月、オリンパスの森氏がウォルチ氏に、「成功報酬として9億5000万円を追加したい」と申し入れた。ウォルチ氏は「ガードン社はすでに閉鎖して、銀行口座も閉じている。新しく会社を作って口座を開くから、少し待ってくれ」と回答したあと、パナマ籍の「Nayland Overseas S. A.」（ネイランド社）を購入。閉鎖したＮｅｏの出資者だったオリンパスの簿外ＳＰＣ「Ｔｅａｏ」との間で、報酬額を９億５０００万円とする投資アドバイザー契約を同年12月1日付で結んだ。

これに続きウォルチ氏は同日付で、ＧＣＩがＬＧＴ銀行からＧＩＭ－Ｏの紹介料を受け取る際に使っていた、英領バージン諸島籍のペーパー会社「Instage Ltd.」（インステージ社）とネイランド社の間で、投資アドバイスに関する契約を結ぶ。これはネイランド社がインステージ社にＴｅａｏに対する投資アドバイスを委託し、その報酬としてインステージ社に９億３０００万円が支払われるというものだ。

この２回目の成功報酬が支払われた理由は、今もって分からない。ただ、この原資になった９億５０００万円が同年10月22日、ＱＰと並ぶ損失隠し専用ファンドのＣＦＣの口座から、Ｔｅａｏの口座に送金されている。ＣＦＣを経由させた損失隠しルート解消の送金作業は、この1週間ほど前に終了していた。山田氏らは「前回の成功報酬では金額的に不足かもしれないので、もう少し振り込んでやれ」とでも考えて、閉鎖前のＣＦＣに残っていた資金を、成功報酬と称して送金する気になったのではないか。

それにしても、ウォルチ氏の言動は不可解だ。閉鎖した銀行口座など1日あれば簡単に再開できる。新たに会社を買う方が、よほど面倒である。証拠書類を見る限り、ガードン社はこの時点ではまだ存在し、口座の資金も動いている。おそらくウォルチ氏は、予期せぬ追加の成功報酬の申し出に慌てたのではないか。というのもウォルチ氏は半年前、マクシミリアン公子から「成功報酬は受け取ってはいけない」と示唆されている。にもかかわらず、追加の成功報酬が支払われることになったため、「報酬の1割を受け取る契約を結んでいるガードン社では、報酬額が多すぎる」と考えて、別のペーパー会社で受け取ることにしたと考えられる。

しかもネイランド社（ウォルチ氏）が今回受け取る報酬額は、たったの２０００万円。ＣＦＣから支払われる９億５０００万円の成功報酬の２・１％に過ぎない。

ところでネイランド社とインステージ社が交わした契約書は、実にひどい代物である。小野はこの契約書をウォルチ氏から一度たりとも見せられたことがない。ウォルチ氏側が勝手に作成したのだ。さらにひどいのは、インステージ社側の署名者になっている、ＬＧＴ銀行シンガポールの女性社員の署名。別の文書からスキャナーで読み取った上で印字していることが明らかに分かる。この女性社員にインステージ社の署名権があったのかどうか、われわれは誰一人知らない。要するにＧＣＩ（小野）の与り知らないところで勝手に作成された、偽造契約書なのである。

いずれにしても、こうした経緯で08年12月19日、ＴｅａｏのＬＧＴ銀行の口座から、ネイランド社のＬＧＴ銀行の口座に９億５０００万円が支払われ、同月24日にはネイランド社からインステージ社のＬＧＴ銀行シンガポールの口座に９億３０００万円が送金された。

シンガポールのユニット・トラスト

前述した通り、08年9月29日にガードン社からイー・クオリティ社に支払われた10億974０万円と、同年12月24日にネイランド社からインステージ社に支払われた9億3０００万円は、各々のLGT銀行シンガポールの口座に振り込まれた。

この送金手続きはすべて、LGT銀行側の主導で行われた。というのもLGT銀行は、イー・クオリティ社に支払われる11億円近い成功報酬がわれわれに渡るのを見越して、グループ会社のLGT信託シンガポールに、われわれ3人のための節税スキームを構築したのである。それは「ユニット・トラスト」と呼ばれる投資信託を使ったもので、その先にはさらに、3人それぞれの名義の財団法人（チャリティー法人）がぶら下がっていた。これは「チャリタブル・トラスト」と呼ばれる、富裕層の間では一般的な節税スキームだ。設立に伴うフィー（手数料）稼ぎを狙った臼井が発案したに違いない。ユニット・トラストなどの開設や送金の手続きに関わったのはGCIでは小野だけで、私と羽田は送金指示書などに署名してはいるものの、内容の説明はいっさい受けていない。

ユニット・トラストは「持ち分型投資信託」と訳される。シンガポールでは、非居住者が出資して組成され、シンガポール在住のファンドマネージャーが管理するユニット・トラストの所得には課税されない。日本と外国の双方で所得を得た日本の居住者は、すべての所得を日本で申告する義務があるものの、この場合

はシンガポールで「非課税」という課税処分を受けているので、二重課税を避ける「外国税額控除」の観点から、日本では課税されない。

この節税スキームが構築された手順を説明しておこう。08年9月3日、LGT信託シンガポールに「パン・パシフィック・インベストメント・ユニット・トラスト」（略称パン・パシフィック）という名称の投資信託が設立される。2日後の同月5日には、LGT銀行のわれわれの個人口座から合計8万7163ドル（当時の円ドルレートで約1013万円）がパン・パシフィックの口座に送金された。パン・パシフィックの持ち分は出資額に合わせて私が5口、羽田が3口、小野が2口となっている。パン・パシフィックの運用益は、この持ち分に応じて分配されるのである。この手続きと並行してLGT銀行は前述したように、われわれがパン・パシフィックから分配を受ける運用益の受け皿として、リヒテンシュタインに3つの財団法人を設立した。

リヒテンシュタインは個人や家族の利益、つまり「私的利益」を守るための財団法人の設立を世界で初めて認めた国家として知られ、同国に設立された財団法人は極めて厳格な守秘義務制度で保護される。創設者や受益者の名前を開示する必要はなく、申告した純資産のわずか0・1%にしか課税されない。

LGT銀行シンガポールのイー・クオリティ社（のちにはインステージ社も）の口座から、L

ＧＴ銀行シンガポールのパン・パシフィックの口座に入金された資金は、われわれが最初に出資した８万７１６３ドルの運用益と見做され、課税の対象にならない。その資金がさらにリヒテンシュタインの財団法人のＬＧＴ銀行口座に振り込まれるので、日本の国税当局は手も足も出ない。富裕層の資産運用と租税回避スキームの構築を生業《なりわい》とするプライベートバンクが、いかにも考えつきそうな節税スキームで、それこそ税務の素人であるわれわれには到底思いつかないものである。

これはマネロンなのか?

前述したようにインステージ社はもともと、ＧＣＩがＧＩＭ－Ｏの紹介料をＬＧＴ銀行から受け取るために使うペーパー会社である。だからネイランド社から９億３０００万円が振り込まれる時点で、インステージ社のＬＧＴ銀行シンガポールの口座には１億４０００万円以上の残高があった。こうした資金も加えた合計21億６９６５万円が09年３月５日、イー・クオリティ社とインステージ社からＬＧＴ銀行シンガポールのパン・パシフィックの口座に振り込まれた。これらの送金の実務はすべてＬＧＴ銀行の行員が行い、われわれは関与していない。

ＬＧＴ銀行側は同日、この21億６９６５万円にもともとの口座残高23万３０８９円を加え、それを３人のパン・パシフィックの持ち分に合わせて分割。リヒテンシュタインの３人の財団法人の口座に、それぞれ送金した。各々の財団に振り込まれた金額は私が10億８４９４万円、羽田が６億５０９６万円、小野が４億３３９８万円。私は財団に送金されてかなり経ってか

**横尾氏らがマネーロンダリングに問われた
Neoの運用成功報酬の支払いスキーム**

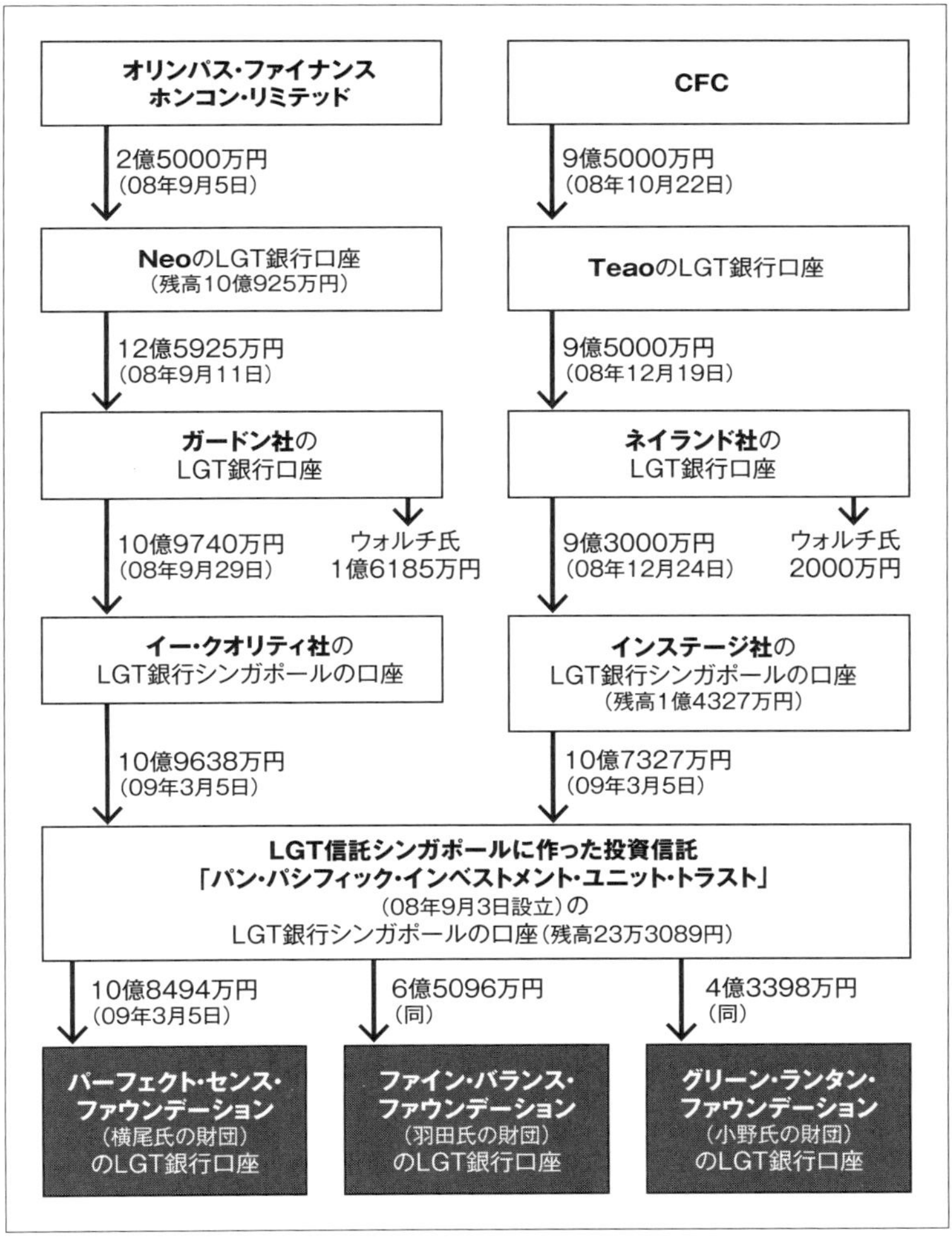

ら、来日したウォルチ氏からこの話を聞かされ、初めてその事実を知った。

さて、東京地検特捜部はこの節税スキームが組織犯罪処罰法違反（マネーロンダリング＝資金洗浄）に当たるとして、最初の逮捕から1年4ヵ月も経過した13年6月11日、勾留中のわれわれ3人を再々逮捕・起訴した。この時の不可解な経緯は後述するとして、LGT銀行がわれわれに提供した（というよりLGT銀行が一方的に進めた）節税スキームは、資金の流れを隠すことができるのか？

捜査当局がカネの流れを調べる際は、対象者の名前を金融機関に伝え、その名前に関する口座への入出金を調べる「名寄せ」を行う。われわれのケースもLGT銀行に問い合わせれば、パン・パシフィックの設立時に3人の個人口座から送金されていることが分かる。だからイー・クオリティ社とインステージ社からパン・パシフィックへの送金も、パン・パシフィックから3人の財団への送金も分かってしまう。カネの流れを隠蔽しようと考えれば、パン・パシフィックなど設立していない。

検察側はこの他にも、①オリンパスが新事業3社の買収を利用して架空の「のれん代」を計上するという犯罪行為に加担し、その成功報酬（犯罪収益）を得た、②成功報酬を受け取る資金の流れの中に、不必要なペーパー会社を挟んで隠蔽を図った――などと主張する。だが①についいて、われわれは新事業3社株の売買代金が架空ののれん代に計上された事実を知らないし、②についてはすべてウォルチ氏とLGT銀行が仕組んだことで、小野の依頼でイー・クオリティ社とインステージ社が組み込まれたわけではない。ネイランド社とインステージ社との間の契約書が、小野の与り知らないところで偽造されたことは、前述した通りだ。

つまりこのスキームは、ＬＧＴ銀行が考えた単なる節税策に過ぎない。これがマネロンに当たると言うなら、プライベートバンクの合法的な租税回避スキームの大半は犯罪になってしまうだろう。

時間稼ぎが狙いだったマネロン容疑の逮捕

ではは東京地検特捜部はなぜ、こんな無理筋のシナリオを描いてまで、組織犯罪処罰法違反の疑いでわれわれを逮捕・起訴したのか？　この件についてわれわれは、最初に逮捕された12年2月の時点でさんざん取り調べられ、特捜部は犯罪性はないという私の供述に納得したはずだった。このスキームを違法と判断するなら、その時点で逮捕・起訴できたはずなのだ。それが公判前整理手続き中の13年6月までずれ込んだ理由は何なのか？　そこには拘置所の私からの指摘に狼狽した検察側が、目前に迫った初公判の日取りを先延ばしするため、泥縄式にマネロン容疑をデッチ上げざるを得なくなったという、裏の事情が隠されている。

東京拘置所で弁護人から差し入れられた証拠書類を読んでいた私は、13年4月から5月初めにかけ、第8章で詳述した臼井の複数の偽筆に気づいた。さらに山田氏の供述調書を読んでいて、オリンパスがわれわれに9億５０００万円の追加報酬を支払った理由について、山田氏が「横尾さんから『臼井が鬱病になったのはお前のせいだ』と脅されたので支払った」と、明らかに虚偽の供述をしていることを発見した。臼井の診察記録によると、彼が鬱病になった時期は、オリンパスの森氏がウォルチ氏に追加報酬の支払いを打診した08年10月より半年以上も後のことだ。ちなみに臼井が鬱病になった理由は、オリンパスとは全く無関係だ。

私は13年5月13日に提出した予定主張書面で、臼井の偽筆を指摘。さらに6月7日に提出した予定主張書面では、山田証言の矛盾を指摘した。この時点で、初公判の予定日まではあと1ヵ月ほど。私の指摘を受けた検察側は、パニックに陥ったに違いない。

山田氏や森氏、それに臼井の供述調書を録り直す必要に迫られた特捜部は、そのための時間稼ぎの方策として、新たな容疑をデッチ上げざるを得なくなった。こちらが6月7日の金曜日の朝一番で予定主張書面を提出すると、特捜部はその日の午後に山田氏を呼んで聴取している。山田氏はこの時「改めて考えてみると、脅されたのではなく、横尾さんに対する謝礼だった。『あなたが全部取ってもいいし、臼井君と2人で分けてくれてもいい』と話した」と、当初の供述を簡単に翻している。山田氏の供述が如何にいい加減なものなのか、これだけでも分かるというものだ。

もちろん私に、山田氏とこんな会話をした記憶はない。だが特捜部は、山田氏のこの新たな供述に基づいて、翌週の6月11日の火曜日に、われわれ3人を組織犯罪処罰法違反の疑いで再々逮捕した。このため初公判の日取りは、その年の12月25日まで半年近くも延びてしまった。

つまりマネロン容疑は、供述調書を録り直す時間を稼ぐために、特捜部がデッチ上げた、全く根も葉もないストーリーなのだ。

そういえばマネロン容疑で再々逮捕された際、これまで会ったこともない若い検事が取り調べにやって来た。取り調べている内容を理解しているとは、とても思えない低レベルの検事だったが、若い分だけ人格的には多少まともで正直だった。私が「臼井の偽筆をいつ知った？こちらの指摘で、初めて分かったんじゃないのか？」と問い質すと、しばらく沈黙した末に、「その通りです」と消え入るような声で答えた。今の東京地検特捜部の力量など、所詮はその程度なのである。

第11章

逮捕——私は闘う

東日本大震災があった２０１１年の夏が終わる頃、友人の一人から電話が掛かってきた。

「自民党の有名な代議士の政策秘書から『東京地検特捜部がオリンパスを調べている。雑誌の記事には君の友達の横尾さんの名前が上がっていたが、大丈夫か？』と連絡があったぞ」

月刊情報誌『ＦＡＣＴＡ』の同年８月号（7月20日発売）に掲載された「企業スキャン　オリンパス『無謀Ｍ＆Ａ』巨額損失の怪」という記事を私が目にしたのは、発売から1ヵ月余り経ってからのこと。知り合いからもらった、記事のコピーを読んだ。

「オリンパスが本業とは縁遠い小さなベンチャー企業を08年３月期に３社まとめて７００億円近くで購入して子会社化し、翌年には、ほぼその全額をこっそり減損処理している」

記事が取り上げているのは明らかに新事業３社のことだった。その一つ、「ＮＥＷＳ　ＣＨＥＦ」に私が相当入れ込んでいたのは前述の通り。それをあたかも全く価値がない会社のように書かれ、私は無性に腹が立った。当時はまだ「オリンパスはＮＥＷＳ社の価値を認めたからこそ、子会社化したのだ」と信じて疑わなかった。

「デタラメな内容だ。『ＮＥＷＳ　ＣＨＥＦ』をバカにしやがって」

だが、私と羽田の３社との関わりは、実はこの時点ではとうに終わっていた。オリンパスが新事業３社を子会社化した直後の08年5月、私は「ＮＥＷＳ　ＣＨＥＦ」の社長を降ろされ、1年後には取締役も辞めさせられた。羽田も08年5月に「ヒューマラボ」の社長を降ろされ、ＮＥＷＳ社と「アルティス」の取締役も降ろされた。この人事について、オリンパス側から納得のいく説明を受けたことは、私も羽田も一度もなかった。石もて追われるように、３社から放り出されたのだ。

オリンパスが３社株の購入代金約６９３億円のうち、約５４３億円を「のれん代」として08年３月期に計上していることや、09年３月期に約５５７億円を一括して減損処理していることなど、記事に書かれている内容がそもそも正しいのかどうか、私にも羽田にも判断する材料がなかった。ただただ、「信じられない」という気持ちだった。

正確な情報が何一つ入ってこない

ところが11年10月14日、『ＦＡＣＴＡ』の記事について説明を求めたオリンパスのマイケル・ウッドフォード社長を菊川剛会長が解任。業務執行権のない取締役に降格されたウッドフォード氏が解任の内幕をマスコミにリークしたことから、騒ぎが拡大する。『ＦＡＣＴＡ』の記事に沈黙していたマスコミも、特捜部のリークとしか思えない、事実無根の記事を垂れ流し始めた。その中で私は常に、オリンパスの粉飾決算の主犯として登場していた。私は内偵捜査の結果として捜査線上に浮上したのではなく、最初から容疑者であることが当然視される存在だった。

ウッドフォード
元オリンパス社長

ある経済誌が掲載した記事には本当に驚かされた。シンガポール在住の日本人弁護士や、訳の分からない投資グループを、私が顎で使っているというのだ。私はその記事に登場する人物の誰一人として面識がない。いったいどこで裏を取ったのか。さらにその記事には「菊川社長（当時）の肝煎りでオリンパスが投資したベンチャー企業が、100社から200社ある」とも書かれていた。これも私には心当たりがない話だった。

報道内容の真偽を確かめようとオリンパスの秘書室に電話しても、「あなたが、あの横尾さんですか？」などとまともに取り合ってもらえず、私自身もマスコミ情報しか得られない。そうした中で米国の『ニューヨーク・タイムズ』紙が突然、「横尾宣政と実兄の昭信が反社会的勢力に2000億円もの大金を渡していた」という、事実無根も甚だしい記事を掲載した。

兄はNeoがITVを経由して00年3月に投資した日商岩井のIT系ベンチャーキャピタル「ITX」の社長を務めたあと（第8章参照）、オリンパスに引き抜かれて中国総支配人に約3年間就任。オリンパスの粉飾決算問題が浮上した当時は、空港の売店運営で知られる双日グループ系の商社「JALUX」の再建を任され、社長に就任したばかりだった。ところがこの『ニューヨーク・タイムズ』の記事について、ようやく決まった各国の提携相手から問い詰められ、立ち往生してしまった。私自身も中国国営企業と合弁で、北京空港にカフェレストランを出店する話が決まりかけていたところだったが、完全にストップしてしまった。台湾の財閥と進めていたビジネスの計画も、この報道で水泡に帰した。

私と兄は一刻も早く正確な情報を得ようとしたが、オリンパスからは何一つ誠実な答えが返ってこない。業を煮やした兄は「宣政、オリンパスを粉飾決算で訴えよう」と激怒。私も「じゃあ、山田を呼んで追及しよう」と提案し、山田氏を帝国ホテルまで呼び出した。この時、兄は「これは粉飾なんだろう？」と迫ったが、山田氏はほとんど何も答えなかった。印象に残っているのは、山田氏が「第三者委員会の委員長の甲斐中《かいなか》辰夫というヤメ検弁護士は、オレが選んだんだ」と言っていたことくらい。私は相変わらず、正確な情報を入手できないままだった。

菊川はウッドフォード解任後の混乱の責任を取るとして、11年10月26日に代表取締役会長兼社長を辞任。11月1日には弁護士と公認会計士で構成される第三者委員会が設立され、同月6日から7日にかけて同委員会の事情聴取を受けた菊川、常勤監査役（当時）の山田秀雄、副社長（同）の森久志は損失隠しに関与した事実を認めた。翌8日、オリンパスは記者会見を開いて粉飾決算を認め、森を解任。山田も辞意を表明した。12月6日、同委員会は185ページにも及ぶ調査報告書を公表した。

そもそも第三者委員会は、われわれが関係書類を提出しない限り何一つ調べることができない。小野は相当数の書類をかき集めて調査に協力した。

「オレが常識であり、法律だ」

11月半ば頃、警視庁捜査2課の湊という刑事が兄を訪ねて来た。湊刑事は「ＩＴＸの時の手帳などを貸してほしい」などと兄に依頼したという。ＩＴＸ社長だった兄がオリンパスに同社株の購入を依頼したのは、あくまでも業績不振の日商岩井の救済が目的。「弟の依頼でオリンパスの粉飾決算に関与した」などという、荒唐無稽なシナリオが成立するはずがない。そもそもＩＴＸ株の件では、オリンパス側が直前になって１５０億円の投資予定を50億円に減額し、大騒ぎした経緯がある（第8章参照）。オリンパスの損失隠しのためにやったのなら、あり得ないことだ。湊刑事の訪問を受けた兄は、すぐに私に電話をくれた。

「湊という刑事が、お前にも会いたいと言っているぞ」

「こちらから電話すればいいのかな」

「その方がいいだろうな」。そこで私の方から電話して、湊刑事と面会の約束をした。

「警視庁の本庁に行けばいいのか？」

「いや、あなたはいま話題の人だから、報道陣に見つかるとマズい。両国の江戸東京博物館の前で待ち合わせよう」

約束の時間に博物館前で待っていると、いかつい顔の湊刑事がやって来た。私はそのまま車に乗せられ、近所の薄汚れたビルにある捜査２課の分室で、３時間を超える事情聴取を受けた。湊刑事から最初に告げられたのは「パスポートを提出してください」。私が「それは私が海外逃亡しないようにするためなのか？　つまり私は、粉飾決算の容疑者なのか？」と尋ねると、「その通りです」と言明された。

初日の任意の事情聴取が終わると、待ち合わせ場所まで車で送ってくれた若い刑事からこんなことを言われた。

「横尾さんがまともな人でホッとしました。（指定暴力団）山口組に２０００億円も渡した人だというから、どんな怖い人だろうと。下手したら殺されるんじゃないかと不安でした」

『ニューヨーク・タイムズ』の記事のことを言っているのだ。

「あなた方は僕のことを事前にいろいろ調べたんじゃないの？」

「われわれがいま持っている情報は、週刊誌と新聞の記事しかありません」

そんな状況なのに、なぜ私は最初から容疑者なのか。「出発点からして、すでに間違っている」と感じざるを得なかった。

その後も何度か湊刑事に呼び出され、都内のあちこちで事情聴取を受けた。ある日、有楽町のビックカメラの前で待ち合わせると、湊刑事が「今日はまた別のところです。東京地検特捜部の検事さんが会いたいと言っています」と言う。そして車内のカーテンをすべて引いた小型マイクロバスに乗せられ、日比谷にある法務省・検察庁合同庁舎に連れて行かれた。これが特捜部の1回目の事情聴取だった。

最初の担当は、40代の佐久間という男性検事。オリンパスの菊川氏も担当しているという。初冬でかなり寒いのに、事情聴取する部屋には暖房もない。私が暖房を要求すると、佐久間検事は紙を丸めたもので机をバンバン叩きながら「そんなこと知るか！　オレたちはお前らのような金持ちじゃない。貧乏人だから、暖房も入れられない」と怒鳴り、こんな暴言を連発した。

「お前は金融の知識だとか、常識だとか言うかもしれないが、オレたちにはそんなもの全く必要ない。オレが常識であり、法律だ。お前は年収５０００万とか1億とかもらっているが、それだけもらえるなら、人は命令されれば誰でも殺す。そんなこと常識だ。何ならオレが通行人にアンケートを取って来てやろうか」

「裁判になったら助かる、なんて思うな。裁判官なんて六法全書しか知らない、一般常識のないバカな連中だ。お前の言っていることなんか、全く理解しないからな」

「いくらオリンパスの連中が主犯だと言っても、彼らは立派な会社の役員たちだ。路上生活者とはわけが違う。その連中が『横尾さんにやってもらった』と言っているのだ」

数回にわたった佐久間検事の任意の事情聴取は、ことほど左様に暴言のオンパレード。私は寒さに震えながら、連日7〜8時間の聴取に耐えた。

金商法さえ知らなかった担当検事

特捜部の事情聴取が始まってから数日経った12月21日、東京地検特捜部と警視庁捜査2課が合同でわれわれの関係先を家宅捜索した。自宅にいた私は、弁護人から「自宅ではなく、会社に行ってください。ＧＣＩ社長なのだから、会社で立ち会うべきです」と指示され、港区内の会社に向かった。家宅捜索はすでに始まっていて、佐久間検事とは別の、背の高い40代前半の男性検事が指揮していた。

「オレは吉開多一。今日からはオレがお前の担当だ。午後3時に特捜部に来てくれ」

その時点で私はすでに携帯電話を取り上げられ、弁護人とは連絡の取りようがない。指定された時間に特捜部に出向くと、吉開検事が待っていた。私が「佐久間検事ではないのか？」と尋ねると「あんなバカに、お前は落とせない。だからオレに代わったんだ」と勝ち誇ったように話す。ところが吉開検事は、証券取引法が07年10月に金融商品取引法に名称変更されたことや、それに伴って「有価証券報告書の虚偽記載」の公訴時効が5年から7年に延長されたことも知らない。私に指摘され、大慌てで30分以上も調べ回る始末だった。

私の自宅の家宅捜索では、92年3月に山田氏から聞かされて書いたオリンパスの運用損失額のメモが、コミッション表を入れた封筒の中から見つかっていた。私にとっては約20年ぶりに目にするものだった。ところが吉開検事はそちらには一向に興味を示さず、コミッション表の方をしげしげと眺めながら「どうやったらこんなに稼げるの？」と尋ねてきた。「随分とピントの外れた検事だな」と思った。

任意の事情聴取の段階では、こちら側にもまだ無罪を示す確たる証拠がなかった。ところが弁護人が「やっていない証拠はある」と言うと、吉開検事は「それがあるなら教えてくれ、それがあるなら見せてくれ。後出しジャンケンは汚いぞ」とむきになった。有罪を確信できる証拠は、特捜部にも存在しなかったのだ。

逆に私が「特捜部が持っている有罪の証拠があるなら見せてください」と頼んでも、吉開検事は「いっぱいあるが、それは出せない」と言い張る。「それは汚い。こちらに『後出しジャンケンは汚い』と言っておきながら、自分は出せないのか？」。あとで考えると、有罪を示す物的証拠は最後まで何もなかったのだから、吉開検事が「出せない」と言い張るのも当然だった。それ以降、吉開検事は「横尾さんはいっぱい書いて、証拠を残してるよなあ」などと、カマをかけるような発言ばかりした。小野は担当検事から「横尾は真っ黒だ。いっぱいいろんなことを書いているし、腹黒くて汚いやつだ」などとカマをかけられたという。

森氏からの不可解な電話

前述した通り、われわれは捜査当局の任意の事情聴取と併せて、オリンパスの第三者委員会の調査にも協力していた。私は2度にわたって委員会から事情を聴かれ、それぞれ3時間近く説明した。その際には委員会の複数のメンバーから「申し訳ありません。でも横尾さんたちはこの事件に全く関係ありませんから」と言われ、われわれが捜査当局から任意の事情聴取を受けていることを明かすと、彼らは「えっ!?　なぜですか？」と不思議がった。

第三者委員会の事情聴取の際、小野が資料をまとめて大量に提出したことがあった。するとメンバーからこう言われたという。

「ＬＧＴ銀行から資料を取れるだけ取り寄せてもらえませんか？　資料を取り寄せる権限は口座を管理していた人にしかなく、ＧＣＩの方にお願いするしか手がないんです」

そこでわれわれは、羽田が作成した「ＧＣＮＶやＮｅｏなどの文書を、あるだけこちらに送ってください」という英文の依頼書に私が署名し、ＬＧＴ銀行に送付した。ところが、待てど暮らせど文書が来ない。数週間後に再度ＬＧＴ銀行に依頼すると、第三者委員会から「ビンガム・マカッチェン・ムラセという法律事務所に届いているようです」と連絡があった。

われわれが郵送先に指定したのはＧＣＩで、そのような法律事務所ではない。その時に分かったことは、オリンパスがそれまで顧問契約していた法律事務所を「ビンガム・マカッチェン・ムラセ法律事務所」に変更し、誰かがそこに郵送するようＬＧＴ銀行に指示していたことだった。われわれが資料を手に入れる前に、自分たちに不利なものがないかチェックしていた輩がいたのだろう。

もう一つ不可思議なのは、森氏から掛かってきた電話だ。第三者委員会がオリンパス社員の事情聴取を進めていた11月11日の午後、森氏から羽田に電話があった。

「ところで羽田さん、ＱＰって何だったたっけ？」

「はあ？　オリンパスに指示されてＧＣＮＶの金を運用させた相手先じゃないですか」

森氏は「そうでしたか」と言って電話を切った。不審に思った羽田はすぐに私に連絡した。

「さっき森さんから変な電話があった。横尾さんにはありませんでしたか？」

その時点で私に森氏からの電話はなかったが、羽田からの電話の直後に掛かってきた。

「横尾さん、ＱＰって何でしたっけ？　私は覚えていないのです」

「オリンパスから紹介された運用会社でしょうが」

「そそそ、そうでしたっけ？」

ＱＰは再三登場したように、オリンパスが作った簿外ファンドだ。われわれは山田氏の指示で、ＧＣＮＶとＮｅｏの資金でＱＰの社債を購入。ＱＰがそのカネを運用していた。私はあとで羽田と「あの電話は何だったのだろう？」と考えてみた。森氏からの電話があった時期は、第三者委員会の聴取が行われている真っ最中。電話を掛ける森氏の面前には恐らく、第三者委員会のメンバーが座っていて、森氏が私や羽田に掛けた電話を録音していたのではないか。そこでわれわれが怪しげな発言をすれば、これ幸いとほくそ笑んだことだろう。QPは森氏自らが取締役をしていたのに、わざわざわれわれに尋ねて、私と羽田の致命傷になるような回答を引き出そうと試みた。私はこの時、山田氏が以前、「第三者委員会の委員長の甲斐中辰夫というヤメ検弁護士は、オレが選んだんだ」と言っていたことを思い出し、「第三者委員会もオリンパスと繋がっているのだな」と直感した。

ようやく山田氏から話が聞けたのは、オリンパスの高山修一社長（当時）が記者会見を開いて粉飾決算の事実を公表する前日の、11月7日深夜のことだった。麻布十番のカウンターバーで飲んでいた私は、店内の階段の下で30分ほど山田氏と電話で話した。

「迷惑をかけるかもしれないが、申し訳ない。今は粉飾額を知らない方がいい」

山田氏はそればかり繰り返した。

長い勾留生活の始まり

12年2月16日、われわれ3人は証取法・金商法違反（連結有価証券報告書の虚偽記載）の共犯の疑いで警視庁捜査2課に逮捕された。この日はわれわれ3人だけでなく、オリンパスの菊川氏、山田氏、森氏が主犯として、さらにアクシーズ・グループの中川昭夫氏がわれわれと同様に虚偽記載の共犯として逮捕された。

前日に弁護人と会っていて「どうも明日は危ない」ということになり、私は念のために港区内のホテルに泊まった。一夜明けて16日。テレビを見ると「菊川氏逮捕へ」というニュースが流れている。弁護人に連絡して、われわれの逮捕が決まったことを確認。霞が関の弁護士会館で落ち合った弁護人に財布などを渡すと、車で迎えに来た湊刑事に逮捕され、新宿区西早稲田の戸塚警察署に留置された。羽田と小野も、それぞれ別の警察署で留置されていた。この日は指紋の採取や写真撮影だけが行われ、取り調べはなし。留置場で一晩を過ごした。

翌朝、私は早くも東京地検に身柄を移されることになり、戸塚署を車で出ると、待ち構えていたマスコミのカメラの放列から猛烈なフラッシュを容赦なく浴びせ掛けられた。何一つ疚しいところのない私は、何かを被ったり下を向いたりして顔を隠すつもりはなかった。車が入った法務省・検察庁合同庁舎の地下では裁判官が何人か待っていた。

「言いたいことを言いなさい」「私はやっていません」「ああ、そうですか」

その後、吉開検事の取り調べを受け、葛飾区小菅《こすげ》の東京拘置所に向かった。この日から1度目の起訴日となる3月7日までここで勾留されていた。

逮捕後は特捜部の吉開検事による取り調べが続いた。特捜部は、私が山田氏の電話を基に書いた、1992年3月現在のオリンパスの損失額のメモにこだわり、われわれがオリンパスの巨額損失の存在を認識したうえで損失隠しに協力したというシナリオに固執した。吉開検事は逮捕前から終始一貫して第三者委員会の報告書を見ながら私を取り調べ、二言目には「これ（第三者委員会の報告書）をもっと読め」と私に言った。取り調べが行き詰まるたびに、彼は1

時間ばかり第三者委員会の報告書を熟読していた。

特捜部のシナリオがどれほどデタラメなのかは、本書をここまで読み進めていただいた読者には理解できたはずだ。小野は15年3月18日の1審の最終陳述で、次のように述べた。

「言い方は不適切かもしれませんが、私の認識とは若干違っても、私が受け入れられるようなレベルの検察の主張であれば、打算的考えから思わず認めていたかもしれませんが、今回の主張はあまりにも真実と懸け離れており、認めたくても認められないという気持ちでした。逆説的ですが、それこそ私がここまで自分の認識通りに無実の主張を続けられた理由だと思います」

さて、吉開検事の取り調べが終わると、捜査2課に連絡して状況を報告。湊刑事は「今日はゲロ（自白）しなかっただろうな。落とされなかっただろうな。落ちるならオレの方で落ちてくれよな」と、そればかり気にしていた。湊刑事とは、私が借りている貸金庫を一緒に回ったことがある。湊刑事は、逮捕前の私が貸金庫に預けた証拠書類を引き出し、別の場所に隠匿したのではないかと疑っていた。だが私は貸金庫の開け方さえ知らない。どの貸金庫も1年以上稼働していないことが分かると、彼は「よかった、これで大丈夫だ」とホッとしていた。彼は自分たちが立件しようとしている事件の中身が、本当に把握できていたのだろうか。

それに有価証券報告書の虚偽記載の共犯とは、実に噴飯ものだった。われわれにはオリンパスの有価証券報告書に記載する権限もなければ、提出することもできない。正直言って「どうやって立件するつもりなのだろう？」と思っていた。案の定、1審判決はわれわれを「オリンパス側との共謀共同正犯は成立せず、幇助犯にとどまる」と認定した。もちろんこの認定でさえ、われわれには到底受け入れ難い誤りだ。

意味不明の現場検証

最初の逮捕日から20日後の3月7日、われわれは証取法・金商法違反の罪で起訴されたあと、群栄化学工業に対する詐欺容疑で再逮捕された。東京拘置所でそのまま執行すればいいものを、急に「出かける用意をしてくれ」と言われて一度拘置所から出され、千代田区の丸の内警察署に連行されて再逮捕となった。前回は、戸塚署で留置されたのはひと晩だけだったが、今回は詐欺罪で起訴されたあともしばらく同署で留置されていた。

丸の内署では他の容疑者と相部屋だった。午前8時半頃になると署の前に容疑者を乗せる巡回バスがやって来る。全員が腰縄で繋がれて検察庁の地下に入り、順番を言って同じ部屋で堅い木製の椅子に座って待つ。しかし、午後5時頃までに3分ほどの取り調べが1回だけという日もあった。あとはひたすら待たされるだけ。あまりに腹立たしいので取り調べに答えないでいると、吉開検事は「そんな態度なら、しばらく取り調べしない」とキレた。丸の内署の警察官には「普通なら今日行けば明日は休みとか、間を置いて取り調べるもの。留置期間中の平日すべて検察庁に連れて行かれたのは、うちの署では横尾さんが初めてです」と同情された。

では土日は休ませてもらえたかというと、さにあらず。全く無意味な現場検証である。小型のマイクロバスのような車に乗せられて、巨漢の刑事にギチギチに挟まれ、往復3時間かけて群馬県高崎市の群栄化学工業の本社まで連れて行かれる。そこで試食会を開催した部屋などを確認するのだ。これは羽田も同じことをやらされたようだ。殺人事件でもあるまいし、なぜこんなくだらない真似をさせられるのか。嫌がらせ以外の何物でもなかった。

詐欺容疑に全く心当たりのない私と羽田は、当然のことながら容疑を認めず（群栄の新事業3社の増資分引き受けに関与していない小野は、詐欺罪では起訴されなかった）、詐欺罪で起訴されたあとも保釈される可能性はなかった。私は再逮捕から東京拘置所に身柄を移されるまで、1ヵ月半にわたって丸の内署で留置されたが、髭剃りなどはアルコール消毒しかされておらず、B型肝炎ウイルスに感染するのではないかと不安になった。警察署の留置場には薬物事犯の容疑者も多い。賭博の代貸しをやっているという同部屋の男は「もうB型肝炎、C型肝炎で肝臓がボロボロ」と話していた。

われわれ3人は妻だけではなく、家族とも接見禁止にされた。だが私の家族は羽田とも、彼の細君ともほとんど会ったことがない。これも嫌がらせにしか思えなかった。

まるでブラック企業の特捜検察

閑話休題。実は証取法・金商法違反容疑で取り調べ中の2月後半から、吉開検事の言動が俄かにおかしくなった。彼は11年の大王製紙事件の井川意高《もとたか》会長（当時）や、06年のライブドア事件の熊谷史人ライブドア副社長（同）を取り調べたと話していた。私が「ライブドア事件の立件は誤りだ。村上世彰《よしあき》氏がインサイダー取引罪に問われるのは間違っている」と指摘すると、吉開検事は驚くべきことを言い始めた。

「いや、そうじゃない。村上ファンドで村上の右腕的な存在の丸木強が『役員会の決議なしでもインサイダー取引になると考え得る』という論文を書いている。部下がそう書いているのだから、何の問題もない」

「えっ⁉　その程度の根拠で捕まえたの？」「そうだよ、だから起訴したんだ」

私は空いた口が塞がらなかった。詐欺容疑の取り調べの終盤、私は「オレは詐欺なんかやっていない、群栄の有田社長を騙したりしていない」と強く主張した。すると彼はこう言い放った。

「お前が詐欺をやってないことぐらい分かっとるわい！　だけどお前が群栄に行かなかったら、群栄が損なんかしなかったことは間違いないじゃないか！　お前と群栄の有田社長の接点がなかったら、群栄は損なんかしてないだろうが！」

吉開検事だけでなく、事務官までが書類を丸めて机を叩くようになった。明らかに挙動不審だ。不思議に思った私は、弁護人に「吉開検事が最近おかしいんだけど、何かあった？」と尋ねてみた。すると吉開検事には、４月の定期異動で大阪地検に異動する辞令が出ており、それも特捜部に異動するのではないことが判明した。当時は大阪地検特捜部主任検事による証拠改竄事件の直後で、東京と大阪の検察は犬猿の仲。その渦中の大阪地検に異動になるのだから、左遷といってよい。吉開検事は針の筵《むしろ》に座らされる気分だったことだろう。だからモノを投げたりして、私に八つ当たりしたのだ。その原因が私を落とせなかったことにあるのは、間違いあるまい。私は「特捜検察はエゲツナイ所だなあ。まるでブラック企業だ」としみじみ思った。ちなみに吉開検事は、大阪に異動した2年後に検察庁を辞職している。

私は「検察と昔の野村證券は、体質が全く同じだ」とも感じていた。「客に損させるのも仕方がない」野村と、「冤罪を作っても仕方がない」特捜検察。検事は、証券知識を全く持たず、利回り計算もできない証券会社の営業マンと同じだった。証取法が金商法に変わったことすら知らないのだ。「なるほどなあ」。私は一人で納得した。

取り調べ可視化の必要性を痛感

詐欺容疑で取り調べの最中、私は連日午後5時まで特捜部で吉開検事の取り調べを受けた。そして6時頃に丸の内署に戻って夕食を食べると、8時から9時の消灯時間までは湊刑事の取り調べが待っていた。彼とは毎日、お茶を飲みながら雑談するだけ。実に待遇が良かった。私は湊刑事がいったい何のために毎日丸の内署に来るのか、さっぱり分からなかった。彼自身も、私が詐欺の容疑者などと思っていなかったのではないか。

起訴されたあと、罪を全く認めようとしないわれわれ3人が保釈される見通しは立たなかった。起訴後も東京拘置所に空き部屋がないという理由で、私は丸の内署に約1ヵ月留置された。

東拘に移送されたのは12年4月13日。この日から私の長い長い拘置所暮らしが始まった。東拘に入る際に体裁が悪かったのは、右手に金商法違反、左手に詐欺と書かれた荷物を持ち、重罪を犯した被告のような出で立ちだったこと。勾留された6階のフロアの責任者からは「横尾さん、大変でしたね。あなたが来られる時は、東拘中がお祭り騒ぎでした」と言われた。私は「いや、何も感じませんでしたよ」と平静を装ったが、肛門を見られたり、局部にビー玉や真珠を入れていないか検査されたりと、屈辱的な思いを味わった。

ところで私は「特捜部の取り調べの可視化は絶対に必要だ」と感じている。私の逮捕後の取り調べは録画されているが、それ以前の任意聴取の段階はいっさい録画されていない。しかしそちらの方が肝心なことを供述していることも多い。

それから山田氏らオリンパス側の実行犯全員の供述調書に「検察官は優しいし、信用できる人だから、私の取り調べの録画は必要ありません」とあるのも問題だ。これでは検事が好き放題に作文したものが罷《まか》り通ることになる。そうした供述調書を彼らが被告となる事件の証拠にするのは構わないと思うが、われわれが被告となる事件の証拠として採用するのは、極めて不適切だと断言する。

証拠書類と首っ引きで膨大な計算

東拘では半年に一度、入れられる独房が変わる。私は職員の方の配慮で、6階の日当たりのよい部屋を行き来した。12月の終わりになると東拘は満員になる。形ばかりの年越しそばやお節料理、紅白饅頭、羊羹が出るので、わざと軽い無銭飲食などで入って来る輩が絶えない。死刑囚には月に1〜2度、必ず環境ビデオのようなものを見せるので、独房からテレビのコードが出ている。それで「この人は死刑囚なんだな」と分かった。

オウム真理教の死刑囚の一人も、同じフロアにいた。死刑囚として初めて法廷で証言した人が、同じフロアの９１０１号室に入っていた。なぜ部屋番号を今でも覚えているかというと、野村證券時代に担当した日本郵船の証券コード番号と同じだったからだ。

オウム真理教事件の死刑囚が法廷で証言する日は、他のすべての法廷が休廷になったが、われわれの法廷だけは日程の都合上、開廷された。14年夏ごろのことだったろうか。その日に限って1台のバスにわれわれ3人だけ。「今日は随分と待遇がいいな」と思いながら裁判所に到着すると、われわれ以外は誰もいない。ようやく事情が呑み込めて、地下の管理をしている人に「今日、僕らの公判がなければ、皆さんはお休みだったのですか？」と尋ねてみた。すると「言っちゃなんだけど、あなた方さえ来なければねえ。そのために今日も、こうして20人ほどいるんですよ」。われわれは、本当に休ませてもらえなかった。

勾留されて間もない頃、かなりガックリきたことがある。弁護人から「勇気づけの本を入れておくぞ、頑張れ」と励まされ、タイトルを見ると「日本の刑事訴訟の無罪確率は０・１％」と書かれているではないか。ショックで目の前が真っ暗になったが、弁護人は「いや、でもな。最後までオレは無罪だと言い続けた人は、０・１％ぐらいは無罪になるんだ」と言い張る。差し入れられた小説の半分以上は読まずに、ひたすら他の被告や関係者の供述書と証拠書類ばかり読んでいた。そして、そこから自分で新たな無罪証拠を探し出していった。

証拠書類は弁護人がコピーを差し入れるか、郵送されてくる。それにしても、オリンパスの連中の検面調書は、本当に根も葉もないデタラメばかりだった。さらに残念なことに、自分の会社にいた社員まで、私を裏切っていた。

取り寄せたものが東拘に届くと、刑務官が「横尾さん、荷物届いたよ」と独房まで届けてくれる。例えば私が群栄化学の有田社長に見せたとされている、新事業3社に関する投資審議提案資料とプレゼンテーション用資料の事業価値算定。拘置所内にはコンピューターがないので、ＤＣＦ法などは億単位の数値×１・２５の何乗とか、膨大な量の計算をすべて手計算でやり直した。10桁×10桁といった筆算をして、それを表にしておく。できるだけ正確にやろうと考えて、検算までやったため、気の遠くなるような作業になった。

計算は1枚の紙で1つ完結すればいい方。計算を1ヵ月間やり続けて、あっという間に紙がなくなった。計算に使ったリポート用紙やボールペンは東拘内の売店で買えたが（必要な時はいつでも買えるように、妻が常時3万～5万円を用意してくれた）、「この計算は必ずもう一度使うだろう」と考えられるものは表にしておき、必要な時に再利用した。

勾留されてから1年ほど経つと、所内の売店で計算機が購入できることが分かった。喜び勇んで買ってみると、これが累乗の計算機能が付いていないお粗末な代物。「掛けるのはこれで何回目だったたっけ？」と指を折りながら計算した。

その計算機は四則計算の機能しかないのに、値段は何と約７０００円。なぜか税金の計算機能があったが、私には不要だった。保釈されたあと、近所の文房具店で売っていたほぼ同じ機能の製品を見ると、たったの７００円だった。

勾留中に読んだ書類は高さ10m

勾留期間中、刑務官から「横尾さんは一度も睡眠薬を飲まないけど、寝られているの？ 昼寝はしないの？」と何度か尋ねられた。私は「薄い座布団に座って考え続け、書き続けていると、頭を使ってとても疲れます。よく寝ていますよ」と笑って答えていた。実際、横になるとすぐに寝つき、8時間は睡眠時間をとった。

ただ、夜中にふと意識が覚醒し、重要な事実を思い出すことがある。これに備えるため、私は就寝する際にボールペンの芯だけを枕元に2本置き、思いついたことをメモに書き残した。消灯後の筆記用具の使用は禁止されている。独房の上部には監視カメラが設置され、消灯時間を過ぎても暗めの蛍光灯が点《つ》いているので、「バレるかもしれない」と思ったが、一度も注意されることはなかった。

とはいうものの、私も所詮は人の子である。12年の秋に一度だけ、精神状態が極端に不安定になった。午前3時を過ぎていただろうか。目が覚めると感情を抑え切れなくなり、独房の壁に頭をぶつけて回った。まだ暗いうちにボタンを押して刑務官を呼び、キツい精神安定剤をもらって飲んだ。すると次の日は弁護人が面会に来ても呂律《ろれつ》が回らず、小説を読んでも1ページも進まなかった。当時のフロア責任者の刑務官からは「安定剤は弱いのを飲みなさい。昨日飲んだのは絶対に飲んではいけない。これを飲み続けると精神的に参ってしまうから、我慢しなさい」と言われ、それで元に戻った。

東拘で弁護人に差し入れてもらったり、郵送してもらったりした証拠書類は、とてつもない分量になった。保釈後に自宅に持ち帰って並べてみたが、仮に縦に積んだ場合は10mほどの高さになりそうだった。私はリポート用紙を1万5000枚ほど使って、これを分析した。独房で胡坐《あぐら》をかきながら机に向かっていた時間は、確実に一日12時間を超えていただろう。そのせいでひどい腱鞘炎に悩まされ、手首を硬い床にぶつけて、痛みを麻痺させながら書いていた。

独房でメモを書く時には万年筆を使った。東拘の売店で購入できる万年筆は1本500円ほど。ペン先は金属製ではなくプラスチック製だった。万一の場合を考えた措置なのだろう。ペン先とインクは一体で、インクがなくなるとペン先ごと交換した。使い続けていると、ペン先はだんだん柔らかくなり、字が丸くなっていくが、週に1本しか買うことができない。刑務官に「腱鞘炎で筆圧がかけられないので、申し訳ないけど」と頼むと、まとめて買えるように手配してくれた。私はそれをストックして、メモを書き続けた。

親身になってくれた刑務官たち

最終的に私と羽田は、接見禁止のまま966日間（2年8ヵ月）も勾留された。詐欺罪の付かなった小野も接見禁止で約820日（2年3ヵ月）である。われわれ3人は公判期間中も手錠&腰縄姿で、東拘から刑務官に伴われて出廷した。最初に証取法・金商法違反の容疑を不本意ながら認めていれば、その後の詐欺と組織犯罪処罰法違反の罪は付かなかっただろう。オリンパスの3人や中川氏と同じように、最長でも40日の勾留で終わった可能性は高い。

それにしても刑務官の方々には、本当に良くしてもらった。例えば郵便は午後2時45分までに提出しないと、翌日扱いになってしまう。締め切り時間ギリギリになって「まだ間に合うかな」と思っていると、「今日中に必ず投函するから」と待っていてくれた。「今日中に届く荷物があるのですが、検査で1〜2日かかりますよね。弁護人からの書類で、どうしても必要なんです」とお願いすると、その日のうちに処理してもらえた。午後7時を過ぎるとフラッと私の独房に入って来て、「一人じゃ退屈でしょう」と雑談に小一時間付き合ってくれる人や、私のなけなしのスーツを「皺が寄るから」と袋に入れて吊るし、裁判前日に持って来てくれる人もいた。ありがたかったのは歯の治療。普通なら順番待ちで1ヵ月以上かかるのに、「歯が痛くて」と言うと、途中からはその日に診てもらえるようになった。

ある刑務官には「横尾さんにはどうしても、この経験を本にしてもらいたい」と言われた。「いま東拘にいる3000人の被告の中で、おそらく1割は冤罪でしょう。小さな事件の裁判で勝っても意味はない。オリンパス事件という日本中を騒がせた大事件の裁判で、あなたが勝てば、日本の司法制度も少しは変わるかもしれない。そのためにも絶対に本を出版して、自分の無罪を主張してください」

裁判所の地下出入り口にバスで到着し、腰紐で繋がれたまま法廷に上がっていく時のこと。反対方向から歩いてきた刑務官に、何度か思いがけない言葉をかけられた。

「横尾、あんな腐ったガキども（特捜検事）に絶対負けるな。叩きのめせ」

私は東拘の幹部職員の方が語ってくれた経験を思い出していた。

「特捜部の検事がここで取り調べるでしょ。その時には刑務官も同行するが、容疑者に対する検事の殴る蹴るは、本当にひどかった。大阪地検特捜部主任検事の証拠改竄事件のあとは多少ましになったので、あなたはその分ラッキーだ。リクルート事件の江副浩正さんは気の毒だった。取り調べ中もずっと立たされ続けて、見ている方がつらかった。あんなの、人間のすることじゃない」

東拘の刑務官もつらい思いをしているのだ。

責任をなすり付け合う菊川氏と山田氏

われわれ3人の1審公判は13年12月25日の初公判に始まり、原則として週1回、水曜日の午前10時から午後5時まで、東京地裁刑事416号法廷で開廷された。1月8日の2回目から5月14日の17回目までは山田氏（3回）、菊川氏（1回）、森氏（3回）、中塚誠氏（3回）、京相正志氏（2回）、臼井康弘（4回）の順に検察側の証人として出廷した。2月12日の第5回公判に出廷した菊川氏は、露骨に検察側の意向に沿った証言をした。少々長いが、ほぼそのまま引用する。

「横尾さんは当初、当時の下山（敏郎）社長に損失を計上するよう進言されたと聞いていますが、残念ながら下山さんはそれを拒否され、そういうことをしなかった。ちゃんとその時処理していれば、今回のような事件は起こらなかったと思います。その後どういう経過かは分かりませんが、横尾さんはご協力いただくことになった。もし横尾さんが当初協力を拒否するか、あるいは早い時期に辞退というか手を引くというか、そういうことをしていただければ、その後の展開はかなり違ったものになったのではないかと今は思っています。このスキームはオリンパスの社員ではとても構築・維持できるような内容ではございません。なぜ横尾さんが当初協力を断るか、あるいは早い時期に協力から手を引かなかったのか。何かオリンパスに対してオブリゲーション（責任）を感じておられたのか、大変疑問に思っています」

この証言にはさすがに「何を抜かすか、このバカ野郎」と叫びそうになった。私が下山社長に損失を計上するよう進言したとか、損失隠しに協力したとか、デタラメばかり並べ立てるだけでなく、責任をすべて私に押し付けて逃げようとする意図が見え見えだったからだ。

そういえば公判の証言で明らかになった、菊川氏と山田氏の責任のなすりつけ合いは見物だった。山田氏は「私が高山新社長に巨額損失について打ち明けた際、菊川さんは『いやあ、実はオレも昨日初めて聞いたんだ』と言った。私はそれを聞いて愕然とし、涙が出た」などと証言。これに対して菊川氏は「私はそんなことは言ってない！　高山には初めから説明していた」と、山田氏の証言内容を真っ向から否定した。どちらの証言が真実なのかはさて置くとして、2人とも自分の責任を逃れるために、作り話をバラ撒いているのである。呆れ果ててものも言えない。

そもそもオリンパス巨額粉飾決算事件の最大の元凶は山田氏である。山田氏は自分一人で損失を拡大させ、上層部が「こんなもの表に出せない」と判断せざるを得ないレベルにまで膨らませた。そうなると上層部は、損失の中身に最も詳しい山田氏に、決算対策を一任するしか手がない。このため山田氏は責任を追及されることなく、彼のために設けられたと言われる副社長のポストにまで上り詰めた。巨額損失を作り出したお陰で、山田氏は20年間のバラ色の人生を送ったのだ。絵に描いたような〝焼け太り〟である。森氏と中塚氏は何も知らずに山田氏の下に組み込まれ、いつの間にやら損失隠しに巻き込まれたに過ぎない。むしろ犠牲者とも言える存在なのだ。

私が08年5月にＮＥＷＳ社の社長を無理やり降ろされ、オリンパスと縁が切れたあと、銀座にあるワインバーで、デート中の山田氏とたまたま出くわしたことがある。同年秋のことだったと思う。食事中に近況を尋ねられたので、「容器と調理法の開発費が嵩んでカネに困っています」と正直に答えた。ＮＥＷＳ社から外された後も、私は同様の研究を独自に続けていたのである。食事が終わると、山田氏が唐突に言った。

「オリンパスには誰にも分からないカネがいっぱいある。君に3億円やるから、待っていろ」

山田氏がその約束を果たすことはなかった。だが私の中では、山田氏の発言に対する疑念が、今も燻《くすぶ》っている。

「あなたは絶対に冤罪だ」

われわれは勾留中に何度も保釈申請を出した。だが共謀のおそれがあるという理由で、毎回却下された。最終的に私と羽田は、36回にわたって行われた1審の証人尋問がすべて終わった翌日の14年10月9日、ようやく保釈を認められた。小野は一足早く、同年5月下旬に保釈されていた。

保釈前日、公判を終えて東拘に戻る途中、バスの中からぼんやりと外を眺めていると、きれいな満月だった。満月は首都高速を走るバスの真横をついてきて、高速を下りて東拘に入るまでの間も同じだった。

「今日は何だかついている。明日あたり、ひょっとすると保釈になるのかな」

翌日の午前中、保釈の予感を信じて、記念に独房の中の様子を描き写していると、本当に保釈が認められた。6階の責任者が飛んできた。

「保釈だ。間違いなく、今日中に出られる」

「そんなこと言われて荷物を全部持って庭に出ても、弁護人が来ないと駐車場で寝ることになるんですよ」

「絶対にそんなことはないから、信用しなさい」

午後3時頃、早めの夕食を出された。

「晩御飯はこれが最後だから、食べていってよ。その間に荷物はこっちで詰めておく。横尾さんは触らなくていいからね」

夕食を食べている間に、荷物は本当にすべて詰め込まれていた。「カネがない、カネがない」と言い続けていたので、保釈保証金は1500万円に負けてもらえた（羽田も同額）。長くいるほど保釈金は減っていくもののようだ。顔馴染みの刑務官数人に見送られてフロアを降りていくと、今度は新旧の体操担当の刑務官が見送ってくれた。1階に降りると、かなりの数の刑務官が整列して、弁護人が運転する迎えの車に乗った私を、手を振って見送ってくれた。

私は勾留中にお世話になった刑務官の一言を思い出していた。

「まだ気持ちは壊れていない？　あなたは絶対に冤罪だよ。われわれは裁判に同行するし、あなたの毎日の生活態度を見ているから分かる。裁判官よりはるかにね」

（文中一部敬称略）

あとがき

2015年7月1日、われわれ3人に対する東京地裁（芦澤政治裁判長）の判決が下った。私は懲役4年・罰金1000万円の実刑、羽田拓も懲役3年・罰金600万円の実刑。未決勾留日数のうち800日が懲役日数から引かれることになった。小野裕史も懲役2年・罰金400万円の有罪判決だったが（未決勾留日数の算入は650日）、群栄化学工業に対する詐欺罪がない分、4年の執行猶予が付いた。3人合わせた追徴金は8億8399万4335円とされた。

実際の未決勾留日数は私と羽田が966日、小野が約820日だったので、懲役刑に算入された日数としては異例の多さだ。これについて私の周辺の司法関係者は「芦澤裁判長は『無罪なのは分かっているが、東京地検特捜部の事件に無罪判決は書けない。その分、収監日数は短くしておくので、納得しなさい』と言っているのだ」と解説した。

もちろん、われわれが納得できるはずがない。オリンパスから巨額損失の存在を聞かされたうえで、損失隠しやその解消に協力したのでは断じてない。それは本書で具体的に証明した通りだ。当然、われわれは控訴した。だが16年9月29日の東京高裁判決（井上弘通裁判長）はこれを棄却した。

1審の公判期間中には、検察側が信じ難い暴挙に出た。われわれが詐欺罪で起訴された12年

3月28日から2年半以上も経過した14年10月7日になって、何と訴因変更（検察官が公判中に、起訴状記載の事実の範囲内で罪名を変更したり、事実を追加したりすること）してきたのである。それは、群栄の有田喜一氏の証人尋問（第9章参照）で出てきた「横尾さんが『投資提案審議資料はオリンパスの役員会で承認されている』と発言した」という証言の追加だった。もちろん、私にはそんなことを言った覚えはない。

捜査段階で有田氏がこの事実を思い出さなかったこと自体、信憑性が疑われる問題だし、何より起訴から2年半以上も経ってから訴因変更を申請して、しかもそれが認められるなどとても考えられない。「時期的限界」を超えた非常識な行いだ。それに検察は、われわれに反論の機会を与えないタイミングで、訴因変更を申請した。何としても私と羽田を実刑に陥れようという、検察と裁判所が一体となった意図を感じる。

ところで1審判決と2審判決には、極めて重大な食い違いがある。

1992年3月に、オリンパスの山田秀雄氏から損失の現状と処理策について電話で聞かされた私が、手書きで作成したメモ。1審判決はこれを重視して、以下のように述べる。

「オリンパスはその後も損失を公表しない状態が続き、簿外損失がなくなったことを横尾が確認ないし認識したと認められるような事情も存しない。オリンパスの簿外損失の存在についての横尾の認識は続いていたとみるのが自然である」

まず、この損失は簿外のものではない。オリンパスの特金の中で発生した、正真正銘の帳簿上の損失だ。それ以上に重要なのは、1審判決がこのメモの存在を前提にして、有罪の論理構成を組み立てていることだ。オリンパスの損失に関する認識について、私自身が残した物的証拠はこのメモしか存在しないからだ。

ところが2審判決は、この前提をあっさりと覆して次のように述べる。

「実際には何事もなく数年間も経過していることからすると、この間、横尾の簿外損失の存在についての具体的な認識が続いていたとみるのが自然である、との現判示は、直ちに賛同できない」

「92年から（山田が新宿野村ビル支店長の横尾に外国銀行の紹介を依頼した）97年までの間における横尾の上記認識を基礎付けるだけの直接的な証拠は他に存在しないので、やはりこの点に関する現判示は十分な根拠を欠くと見るよりほかない」

要するに1審でわれわれを有罪にした最大の根拠が、2審では否定されているのである。2審判決はそのあと、取って付けたように「いずれにしても横尾の損失隠し等に関する認識自体が否定されるものでないことは明らかで、原判決には判決に影響を及ぼすことが明らかな事実誤認があるとまでは認められない」としているが、これも無理がある。それに私は、97年に山田氏から外国銀行の紹介を依頼されてなどいない。そもそも検察は、山田氏が私に依頼したという日付すら特定しようとしない。にもかかわらず、2審は1審判決を支持したうえで、われわれの控訴を棄却しているのだ。さっぱり意味が分からない。

また、われわれが新事業3社株の増資分を群栄化学工業に引き受けさせたことを詐欺罪とする1審、2審の判決は、法的に矛盾だらけだ。M&A（企業の合併・買収）や、新事業3社のような未上場会社の株式を譲渡する場合、株式は当事者同士で相対取引される。その際、投資の判断に必要な情報の開示を求めるのは買い手側（群栄）であり、売り手側（つまり、われわれ）は求められてもいない情報を自ら開示する義務はない。特に群栄のような上場会社が相対取引の買い手だと、買い手と売り手は対等で、買い手が売り手に説明責任を求めることはできない。それに買い手が正しい情報を求めるためには契約書に「表明保証責任」条項を盛り込むが、今回はそれも存在しない。

しかも、われわれがオリンパスの粉飾隠しを目的に新事業3社の増資を行ったと仮定しても、それを群栄に開示する義務はない。なぜなら粉飾しているのは新事業3社ではないし、そもそも資金調達の際にその目的を明らかにする義務は上場会社にさえない。ましてや未上場会社においてをや、だ。もしこのまま、売り手側に一方的に責任を押しつけるような判決が確定すれば、日本では未来永劫、M&Aが行なわれなくなってしまう恐れがある。われわれはあくまでも無罪を勝ち取るため、最高裁に上告した。

12年2月に逮捕される時、私は正直なところ「無罪方向の証拠なんて、ほとんどないじゃないか」と考えていた。ところが時間をかけてじっくり取り組むと、次から次へと出てくるではないか。冤罪の経済事件というのは、被告本人が諦めずに根気よく闘う気持ちを失わなければ、無罪の証拠は数多く出てくるものなのだ。

オリンパス側の証人たちは当初、検察側の主尋問に「横尾さんには損失があることを伝えていた」と口を揃えた。ところが、弁護人が反対尋問を進めると、山田氏以外は「よく考えてみると伝えていません」「損という言葉も出していません」「少なくとも私は横尾さんに損とか、損の金額を言ったことはありません」などと、誰もが証言内容を変えた。次に「なぜ最初にそんなことを言ったのですか?」と尋ねると、その全員が「山田さんがそう言っていました」「山田さんがすべて話したと思っていました」と明かした。判決は「オリンパスの山田、森、中塚、京相の4人全員が同じ意見なので信用できる」と指摘する。だが全員が山田氏の言ったことを真実と考えて証言しているのだから、一致するのは当然なのである。

私は1審の法廷で「私がやったなら、こんな程度の低い真似はしない。もっときれいな方法でやる」と断言した。検察やオリンパス側は「このスキームは、専門知識がなければできない」と主張するが、金融の専門知識があれば、逆にこんな低レベルの手法は使わない。

オリンパス巨額粉飾決算事件に巻き込まれて以来、私は「野村證券ではあれほど活躍したのに……。野村を辞めたことに悔いはないのか」と聞かれることがある。もちろん辞めていなければこんな状況にはならなかったわけで、悔いがないといえば嘘になる。

上司の言うことを聞かない型破りの私にとって、結果主義の野村の社風は一番フィットしていた。結果を厳しく求められたが、真剣に戦ってそれを達成すれば、若くても権限を与えてくれる、極めて自由闊達《かったつ》な社風だった。入社してわずか4~5年の若造にドル建てのゼロクーポン債を好きなだけ買わせてくれる会社が、他にあるだろうか。結果を出す社員に好き放題を許してくれる会社としても、野村以上の会社はなかっただろう。銀行やメーカーに入っても私は日本的な組織に馴染めず、どうしようもないサラリーマンになっていたことだろう。

ただ野村證券社員としての私の人生は、第一線の営業マン・事法マンとして縦横無尽に活躍させてもらった金沢支店と第2事業法人部時代の10年間で、ある程度終わった気がする。悔いが残るのはむしろ、野村を辞めてからの怠惰な自分に対してだ。能力がなかったのか、安易に流されてしまった。新規ビジネスを成功させようと思えば、対象分野をもっと絞り込むなど、戦略的なやり方があったはずだった。

オリンパスの下山敏郎会長からGCNVの運用を任された時、私は最終的には1~2社にまで投資対象を絞り込み、残った資金をそこにすべて投入しようと考えていた。そのためにGCNVの資金の7割近くに手を付けず、QP債を購入して短期運用していた。オリンパスの損失隠しのためにやっていたのでは、断じてない。

私の狙いは、世の中に存在しないビジネスを手掛けることだった。だがそんなものはなかなか見つからない。競争の激しいITやバイオは所詮二番煎じだと思い、いっさい手を出さなかった。市場シェアを取りに行っても、それで100年間稼ぎ続けられる見通しはない。これから打って出るビジネスは、少なくとも50年間圧勝できる見通しがなければできない。だから逆に食や農業の方に目を向けたが、少し手を広げ過ぎたきらいがあった。

悔しいのは「さあ、これから投資対象を絞り込んで思い切り突っ込もう」と思っていた矢先の07年9月、GCNVを無理やり途中償還させられてしまったことだ。あれで私の構想は何もかも水泡に帰した。投資対象をもう少し早く絞り込んで、まとまった資金を投入していれば、事態は変わっていたのかもしれない。

もう一つの誤算は、オリンパスからユーバスを買い取れなかったこと。データベース・マーケティングは、私が野村を辞めて独立する理由になったビジネスだ。データベース・マーケティングはどんな分野にも必要不可欠であり、どんなに反対を受けても買い取るべきだった。ユーバスを握ってさえいれば、いかようにもやり方はあった。

繰り返しになるが「野村を辞めなければよかった」と思うことは、今でも時々ある。だが死んだ子の年を数えても仕方がない。上告審の闘いに全力投球するだけだ。昔から私は「不可能だ」と言われることにファイトを燃やした。絶対にあきらめなかった。87年10月のブラックマンデーで、オリンパスが「回復不可能」と言われた300億円の損失を被った時も、ワラントと鉄鋼株を使って約8ヵ月かけて回復させた。根本的に執念深いのである。

東京拘置所に弁護人が差し入れた本のタイトルに「日本の刑事事件の無罪確率は0・1%」と書かれているのを見て、目の前が真っ暗になったと書いた。だが、ものは考えようだ。0・1%とは、1000人に1人ということ。「結構高い確率じゃないか！」と思えるようになった。野村證券の中で勝ち抜く可能性を考えてみよう。私は0・1%よりもっと低い確率の中で勝ち残った。あの当時、日本に証券マンは何人いたのか。1000人に1人の確率の勝負なら、絶対に勝てる自信がある。

本書の出版に当たっては、講談社第一事業局企画部の鈴木崇之担当部長のお世話になった。裁判の展開が脳裏を離れず、ともすればオリンパス事件に絡む企業会計上の専門的な話に触れたがる私に対して、一般読者の目線に立った、厳しくも心温かい指導をしていただいた。お陰でバブル期前後の野村證券社内の空気を、かなり忠実に再現できたのではないかと思う。

本書の最後に、わがままな私を野村證券時代から支えてくれた妻のひとみと長女の友佳、長男の俊哉に心からの感謝を捧げたい。高齢の母、鈴子にも感謝する。特にオリンパス巨額粉飾決算事件で逮捕されて以降、2年8ヵ月もの長期間にわたる拘置所暮らしに耐えることができたのは、ひとえに家族の励ましのお陰である。また、これまでの私を支えてくださったすべての先輩や友人たちにお礼を申し上げる。

2017年1月

横尾宣政

取材・構成　田中周紀

【著者略歴】

横尾宣政（よこお・のぶまさ）

1954（昭和29）年、兵庫県出身。78年に京都大学経済学部を卒業後、野村證券に入社。金沢支店を皮切りに、第２事業法人部、浜松支店次席、営業業務部運用企画課長、高崎支店長、新宿野村ビル支店長などを歴任。98（平成10）年６月、20年にわたって勤務した野村證券を退社・独立した。
その後、コンサルティング会社グローバル・カンパニー・インコーポレートを設立し、社長に就任。ベンチャー企業の発掘、指導、投資などに携わる。2011（平成23）年に発覚したオリンパスの巨額粉飾決算事件では粉飾の「指南役」とされ、翌12年に証券取引法・金融商品取引法違反容疑で逮捕される。詐欺、組織犯罪処罰法違反の容疑も加えられるが、当初から一貫して容疑を否認。１審・２審で有罪判決を受け、現在、最高裁に上告中。

野村《のむら》證券《しょうけん》第《だい》2事業《じぎょう》法人部《ほうじんぶ》

2017年2月21日　第1刷発行
2017年3月 9 日　第2刷発行

著　者…………………横尾宣政《よこおのぶまさ》

発行者…………………鈴木 哲
発行所…………………株式会社講談社
東京都文京区音羽2丁目12－21［郵便番号］112－8001
電話［編集］03－5395－3522
［販売］03－5395－4415
［業務］03－5395－3615
印刷所…………………慶昌堂印刷株式会社
製本所…………………黒柳製本株式会社
図版作製………………朝日メディアインターナショナル株式会社

ISBN978-4-06-220462-0

講談社の好評既刊

ジョー・マーチャント
服部由美 訳
「病は気から」を科学する
科学も心も、万能ではない。英国気鋭のジャーナリストが最新医療における「心の役割」について、緻密な取材をもとに検証する
3000円

ケイト・ブラウン
高山祥子 訳
プルートピア
原子力村が生みだす悲劇の連鎖
チェルノブイリ、福島——繰り返される悲劇の原点は〝核開発の歪んだ理想郷〟にあった！「原子力村」の起源を辿るノンフィクション
3000円

鈴木敏文
勝見 明 構成
働く力を君に
コンビニエンスストアを全国に広め、日本一の流通グループの総帥として流通業界を牽引し続けてきたその仕事の要諦をすべて語る
1300円

ドミニック・ローホー
原 秋子 訳
シンプルだから、贅沢
自分のスタイルをもつと「ほんものの贅沢」が味わえる。フランス人著者のシンプルな生き方のメソッドが今世界的に支持されている
1200円

佐野洋子 文
北村裕花 絵
ヨーコさんの〝言葉〟
それが何ぼのことだ
NHKの人気番組「ヨーコさんの〝言葉〟」オールカラー書籍化第2弾。ふしぎな力がわいてくると好評の痛快なイラスト&エッセイ
1300円

スティーヴン・マーフィ重松
坂井純子 訳
スタンフォード大学
マインドフルネス教室
エリートの卵たちの意識を変えた感動授業。集中力・洞察力を高めることで、隠された能力はどんどん開花する、いま大注目の手法！
1700円

表示価格はすべて本体価格（税別）です。本体価格は変更することがあります。

講談社の好評既刊

アシュリー・バンス
斎藤栄一郎 訳
イーロン・マスク 未来を創る男
「次のスティーブ・ジョブズ」はこの男！ いま、世界が最も注目する若き経営者のすべてを描く。マスク本人が公認した初の伝記
1700円

林 真理子
見城 徹
過剰な二人
二人は、いかにしてコンプレックスと自己顕示欲を人生のパワーに昇華させてきたのか。文学史上前例のない、とてつもない人生バイブル
1300円

石 平
暴走を始めた中国2億6000万人の現代流民
2016年から中国バブルの完全崩壊が始まる——「山本七平賞」を受賞した中国情報の第一人者が語る驚愕のインサイドストーリー
1600円

込山富秀
「青春18きっぷ」ポスター紀行
日本中のファンが待っていた！ 若き日のあなたを旅人にしたJR「青春18きっぷ」ポスター25年分と制作秘話を一挙掲載‼
1800円

若杉 冽
東京ブラックアウト
「原発再稼働が殺すのは大都市の住民だ‼」現役キャリア官僚のリアル告発ノベル第二弾「この小説は95％ノンフィクションである！」
1600円

相川俊英
国に頼るからバカを見る 反骨の市町村
お仕着せの政策とばらまかれる補助金では地方創生などできない！ 自前のアイディアでよみがえった自治体、それぞれの奇策とは⁉
1500円

表示価格はすべて本体価格（税別）です。本体価格は変更することがあります。